创新创业
教育入门与实战

陈晓暾 陈李彬 田敏 编著

清华大学出版社

北京

内 容 简 介

如今社会正处于"全民创业,万众创新"的大环境下,在创业方面,国家已经出台了许多优惠政策,例如降低公司创办门槛、简化审批流程、推行小微企业贷款、规划具有政策倾斜的产业基地等。但不论古今中外,创业都是一项成功率偏低的事情,尤其国内的创业主力军都是大学生,这个阶段的人有想法、有能力,但是缺乏正确的指导,因此大多数都是随起随落。本书旨在从学习阶段就开始逐步培养大学生的创业能力,拓展他们的创新思维,并介绍当前最新的商业模式与创业方法。

本书总共7章,第1章为创新与创业能力,主要介绍新时期背景下的"双创"需求,以及它们的新种类;第2~6章分别介绍市场分析、组建团队、选择创业方向、众筹募资、创业计划等5个主要方面的内容;第7章为新企业开办的一些经验总结。

本书可作为高等院校本、专科创新创业教育的通用教材,也可作为企业继续教育的培训教材,还可以作为拓宽视野、增长知识的自学用书。

图书在版编目(CIP)数据

创新创业教育入门与实战 /陈晓暾,陈李彬,田敏编著. -- 北京:清华大学出版社,2017(2022.8重印)

ISBN 978-7-302-45143-3

Ⅰ.①创… Ⅱ.①陈…②陈…③田… Ⅲ.①互联网—影响—传统产业—研究—中国 Ⅳ.①F124

中国版本图书馆CIP数据核字(2016)第233012号

责任编辑:陈绿春
封面设计:潘国文
责任校对:徐俊伟
责任印制:朱雨萌
出版发行:清华大学出版社
  网 址:http://www.tup.com.cn,http://www.wqbook.com
  地 址:北京清华大学学研大厦A座   邮 编:100084
  社 总 机:010-83470000   邮 购:010-62786544
  投稿与读者服务:010-62776969,c-service@tup.tsinghua.edu.cn
  质 量 反 馈:010-62772015,zhiliang@tup.tsinghua.edu.cn
印 装 者:小森印刷霸州有限公司
经 销:全国新华书店
开 本:170mm×240mm   印 张:21   字 数:323千字
版 次:2017年3月第1版   印 次:2022年8月第6次印刷
定 价:39.00元

产品编号:065628-01

前言

广大青年学生是大众创业、万众创新的重要参与力量。为推进高等院校创新创业教育和大学生自主创业工作，贯彻落实党的十七大提出的"提高自主创新能力，建设创新型国家"和"以创业带动就业"发展战略的重大举措，以教育部"普通本科学校创业教育教学基本要求"为指导，各高等院校加大了创新创业教育力度，开设了创新创业课程，增加了创新学分，将创新创业教育融入人才培养全过程。

本书结合大学生群体的实际特点，帮助大学生了解和掌握创新与创业的相关知识和规律，提高大学生的创新意识和创业能力。本书具有知识新颖、内容丰富、案例鲜活、贴近实际、注重素质培养和能力提升等特点。在编写过程中，内容取舍以实用、实际、实效为原则，精讲细练，对各知识点和技能进行着重叙述。案例贯穿全书，使本书颇具可读性，更以训练、思考、测试等多种形式充分调动读者的思维活跃性，从而使其达到触类旁通、快乐学习的目的。

1. 本书内容介绍

本书共分为 7 章，具体内容如下：

第 1 章为"创新与创业能力"，主要介绍新时期背景下的"双创"需求，以及它们的新种类。

第 2 章为"市场分析"，主要从市场运作角度来讲解创业时需要注意的地方，有效补充部分创业者的市场经验。

第 3 章为"组建团队"，介绍创业团队的重要性、团队的人员组成、团队的创建方法与技巧，以及高效团队的塑造方法等。

第 4 章为"选择创业方向"，结合创业原则与当前市场的实际情况，为创业者精心分析各种创业方向，以及创业机会的把握。

第 5 章为"众筹募资"，介绍目前创业最重要的资金来源——众筹——的发起方法以及注意事项。

第 6 章为"创业计划"，探讨了正确书写一份创业计划书的重要性——不仅能打动投资人，更能挑明初创企业的未来。

第 7 章为"新企业的开办"，主要介绍一些新企业在开办时的经验教训。

2. 本书主要特色

通俗易懂，紧接地气。目前市场上有些创业类书籍所描述的创业环境与融资条件等因素与国内实际情况大不相同，因此本书在写作手法上紧接地气，对于一些晦涩难懂的金融或市场词汇、术语，在介绍基本概念之后，还会用一些与日常生活有关的小比喻来解释，做到通俗易懂，不论读者学历高低，均能做到无障碍阅读。

案例丰富，结构合理。不同于同类书籍中的内容，本书在注重理论知识的同时，还列举了数十个有代表性的创业案例，且都以当前的创新类企业为主。这些例子与正文相辅相成，互为补充，不仅能让读者更好地理解生涩的创业理论，还能让读者认识到创业故事背后的成因。

3.本书适用对象

本书可作为高等院校本、专科创新创业教育的通用教材，适合在读的大学生们阅读；也可作为企业继续教育的培训教材，可作为有创业想法的在职青年拓宽视野、增长知识的自学用书。

4.本书创作团队

本书由陈晓暾、陈李彬、田敏主笔，参加编写的还包括陈运炳、申玉秀、陈志民、李红萍、李红艺、李红术、陈云香、陈文香、陈军云、彭斌全、林小群、刘清平、钟睦、刘里锋、朱海涛、廖博、喻文明、易盛、陈晶、张绍华、黄柯、何凯、江涛、陈文轶、杨少波、杨芳、刘有良、刘珊、赵祖欣、齐慧明、胡莹君等。

本书出版受到 2016 年大学生创新创业训练计划项目基金支持，项目名称：基于互联网＋的少数民族服饰创业项目——维爱电子商务有限公司，项目编号：201610708002。

在编写本书的过程中，我们以科学、严谨的态度，力求精益求精，但错误和疏漏之处在所难免。在感谢您选择本书的同时，也希望您能够把对本书的意见和建议告诉我们。

售后服务邮箱：lushanbook@gmail.com

作者

2017 年 1 月

目录

第 1 章

创新与创业能力

1.1 新时期的创新

在"大众创业，万众创新"的大背景下，许多人响应号召走上了创新与创业的道路。但时过境迁，创新一词在今天已经被赋予了多重含义，可国内大多数创业者对于创新的理解，仍停留在过去传统的认知上。因此，有必要对新时期的创新做一次新的解读。

创新，是指以现有的思维模式提出有别于常规或常人思路的见解为导向，利用现有的知识和物质，在特定的环境中，本着理想化需要或为满足社会需求，而改进或创造新的事物、方法、元素、路径、环境，并能获得一定有益效果的行为。其英文为 Innovation，起源于拉丁语。

因此创新可以总结为新思维、新发明和新描述为特征的一种概念化过程，主要包含以下三层含义。

● 更新老的事物；
● 创造新的东西；
● 改变旧的观念。

上面所说的"观念""东西""事物"，所指范围非常广泛，从猿人的钻木取火（更新老的事物），到哥白尼的日心学说（改变旧的观念），再到手机的出现（创造新的东西），其实都属于创新。

可是目前许多创业者对于创新的理解，仍停留在"创新＝首创"的狭隘认知上，即：做出其他人不曾做过的事情，或做出前所未有的事物。这与国内教育环境的局限性不无关系，下面通过一个小故事来说明。

小故事：日渐模糊的创新者们

相信很多读者都在如图 1-1 所示的教室中学习过，在墙壁的空白处都会挂上一些名人名言，其中不乏像张衡、牛顿、瓦特这样的创新典

型人物。

图 1-1　挂有名人名言的教室

　　这些伟大人物的名字之所以能广为人知，都是因为他们在各自领域中做出了卓越的贡献，为人类带来了新的理念与技术。其他类似的还有蔡伦之于造纸、毕昇之于印刷、莱特兄弟之于飞机……在历史的教科书中，我们也能很容易地知道谁发明了电话，谁发明了电报等。正是这种简略的描述，便会让人产生"创新＝首创"的认识误区。

　　但新时期的创新，绝非如此简单。举几个简单的例子，谁发明了手机？谁发明了电视？其他诸如空调、微波炉、吸尘器等新事物呢？这些新事物在刚刚出现的时候，难道不属于创新吗？因此，在越往后的创新行为中，创新者本人的名字会越来越模糊，只会留下他们共同创新的事物。

　　在过去，某些杰出的创造者，如张衡、瓦特等，利用自己夺目的才华，突然从普遍不创新的环境中脱颖而出，做出惊人的成绩。在这种情况下，"创新＝首创"的描述无可厚非，因为创新者本人与他所取得的成就的确可以画等号。

　　但是时代不断前进之后，教育的普及程度越来越高，任何个体都有可能参与到创新中来。因此创新的活动便连成一片，在任何时间、任何地点都有可能发生。这种情况下，便再也无法分辨创新者与创新事物

之间的关系，唯一无法否认的便是，这的的确确属于创新。

因此，新时期的创新者们，要注意自身角色的转换，如果仍抱着自己埋头苦干，然后一举成名天下知的想法，恐怕很难适应新时期的创新环境。

1.2　新时期的创新能力

总体来说，新时期的创新已经从以个人能力为主的单点突破式行为，演绎成了资源整合型的团队协作方式。因此，新时期的创新需要新的创新能力。

小故事：创新中的"学霸"与"学渣"

铃声一响，考试开场。

"书包、书籍、笔记、纸张等一律不得带入考场；考生离考场前不得与他人说话，疑问举手，请求监考教师解释（只限于试题印刷不清）；不得左顾右盼、看别人答卷，试卷下不准垫有书籍、资料、笔记本、自带的纸张等。"监考老师在讲台上宣读考场纪律，这便是大家最熟悉不过的闭卷考试情景了。

在这个情景中，学霸们气定神闲，胸有成竹，下笔有如神助。在面对最后的高难度大题时，也能妙手解连环，利用自己渊博的知识与往日答题经验，费一番工夫攻坚拿下，自然成绩显著；而学渣们却个个抓耳挠腮，左顾右盼，半天写不出一个字。

而如果换一个场景，考场规则做了修改，改为开卷考试。同学间不仅相互之间可以随便抄，随便问，还可以翻书查资料，甚至拿起手机求助场外观众等。在这样的场景中，学霸们的优势荡然无存，因为学渣

也可以获取到他的答案，还可以自由选择是抄哪个学霸、具体抄多少。

这便是传统创新与新时期创新的典型区别。在传统创新中，像爱因斯坦、居里夫人这样的学霸型创新者们，可以凭借着自身优异的天赋来取得常人难以企及的成绩，而这种成绩自然仅属于他们个人。可是到了第二个场景，学渣们可以利用起自身的人脉，整合若干学霸的资源，来获取一个最优解，最终的成绩属于学霸，更属于学渣。

1.2.1 案例：乔布斯和第一代 iPhone

乔布斯是公认的创新大师、智能手机的开创者。但就是这样的一位声名卓著的创新者，却不会写一行代码，对于手机中的诸多技术也是一知半解，在专业的技术人员眼中，是典型的"学渣"式人物。但就是这样的乔布斯，才可以成为新时期创新的领军人物。

自从 iPod 推出后，乔布斯就一直希望将收发电子邮件、打电话、听音乐三大功能整合在一个设备上，而且这款设备不仅要足够好看，还要尽可能的使用方便，而且最好是触屏的。更夸张的是乔布斯想让手机像计算机那样可以安装或删除程序。因此，每当乔布斯和公司高层讨论得出的结论都不乐观，大家认为对于公司来说这是一种自杀行为。

● 因为芯片和带宽的限制，用手机来浏览网页、下载音乐或者影片速度会很慢，从技术上看根本不可能实现。
● 至于用手机收发电子邮件，黑莓手机早已占领了这一领域的市场。
● 当乔布斯提出触屏的概念时，摩托罗拉早已经做出了这样的手机。
● 智能手机与传统手机的根本区别，便在于是否存在操作系统，以及是否可以让用户任意下载程序的底层程序。但在乔布斯刚刚提出这个概念的时代，要让系统在手机芯片上运行，无异于天方夜谭。

虽然有太多的人反对，但乔布斯并未放弃任何可能。在2003年，苹果甚至曾考虑收购摩托罗拉移动，但是对当时的苹果来说，这起收购交易的成本太高，苹果根本无力承担。

尽管困难重重，苹果终究靠着自己的力量，开始了这项几乎不可能的任务。2005~2006年间，苹果设计了三个版本的iPhone。在这个艰苦的过程中，许多工程师离开了公司。参与这个项目的主管之一汤尼·费戴尔（Tony Fadell）说，iPhone的开发任务堪比"人类首次登陆月球"，有太多的未知。

在当时，乔布斯希望iPhone搭载Mac的OS X操作系统，但是要让OS X顺利在手机芯片上运行，就必须将程序缩小至原有的十分之一。为实现这一目标，工程师不得不重写程序代码，而且由于当时并没有开发出实际可用的手机芯片，工程师只能暂时用模拟的方式测试程序代码。

另一个难题是多点触控技术。尽管多点触控技术已经存在了多年，但从来没有人运用在消费性电子产品上，并且是将这项技术运用在小尺寸屏幕及玻璃材质上。此外，苹果还必须找到拥有这项生产技术的LCD厂商，并抢到他们的产能空档期。

此后，为了测试无线通信对人体的影响，苹果还设立了测试实验室，并购买了大量设备，运用大脑模型测试人类在使用手机时所受到的辐射强度。根据估计，为了研发第一代iPhone，苹果总计砸下了1.5亿美元的资金。

2006年，开发出第二版iPhone，铝制机身，相当有质感，这是乔布斯和设计总监艾维的得意之作，但却害惨了工程部门，因为金属材质会阻碍无线通信的传输。乔布斯和艾维都是艺术家，他们对于物理学一无所知，于是工程师们要费尽唇舌向两位解释其中的原理。

除了解决技术难题、每周 80 小时的超时工作，工程部门的另一个压力是，不能和任何人透露自己的工作内容。苹果内部门禁森严是众所皆知的事实，但除此之外，项目成员出差时，还必须伪装成其他公司的员工，绝不能让对方发现自己来自苹果；提供给某些供应厂商的电路图和工业设计图也都是假的，以免机密外泄，因此这些供货商完全不知道自己的产品是提供给 iPhone 使用，直到产品发布会之后，才恍然大悟。

正是这种对 iPhone 所有有关人员的毫无道理的"挑剔"要求，以及上下游产业链的整合，才最终促成了 iPhone 这一款划时代的创新产品。但细细观察其整个过程，可以发现乔布斯本人并未在技术层面上做出过贡献，只是对技术方向进行了选择和判断，与之前小故事中介绍的学渣在考场中抄来抄去的行为极为相似，而且最终还得到了高分。

所以在这个时代，当创新正成为一项普遍性的现象时，谁能找到最广阔的连接途径，谁能做出最精准的判断，谁就有可能成为新时期伟大创新与伟大创造的承担者。

1.2.2　创新能力的来源

创新能力其实每个人都有，但现实的情况却只有少数人在创新，而创新的人中能取得成功的就更是少之又少。其中的关键原因不在于创新能力的缺乏，而在于个人创新能力是否得到了释放。

一个成功的创新者善于有目的地、系统地思考问题，通过理性或感性的分析掌握社会的期望、价值观和需求，采取行之有效且重点突出的措施，从小处起步，集中满足一项具体的要求，从而使创新能力充分释放，产生良好的创新效果；而一个失败的创新者却爱耍小聪明，舍本逐末，分散了有限的精力，总想改变世界，而不是先改变当前的生活，致使创新能力由于目标太不切合实际以至于得不到正常的发挥。因此，如何最大限度地释放一个人的创新能力，才是创新问题研究的主要方向。本书将这种创新能力归纳如下。

1. 欲望来源

一个人形成某种欲望，对释放创新能力能够产生积极的影响，因为欲望可以集中人的精力、注意力，使人深入到所研究的问题中去，专心致志、废寝忘食、乐此不疲，不断做出一些新的、与众不同的事情。

小故事：发明大王爱迪生

托马斯·爱迪生是最广为人知的大发明家。他一生中获得了1000多项发明专利，这是一个令人震惊的数据，他的发明几乎涵盖了整个工程学，包括留声机、电灯、电话、电报、电影等，在矿业、建筑业、化工等领域也有不少创作和真知灼见。为什么爱迪生会有如此高超的创新能力呢？我们虽然无法用一两个简单因素来概括，但他持之以恒的创新欲望无疑是其中的一个重要原因。

在爱迪生去世的时候，他留下了3500本笔记，这些笔记至今还保存在新泽西州爱迪生国家博物馆中。爱迪生始终认为好的方案来自于大量的备选选项，只有达到足够的数量，才有可能从中筛选出高质量的结果。这和我们通常所说的"贵精不贵多"似乎有些矛盾，但实际上爱迪生所说的以量取胜并不是以次充好，而是强调不要满足于眼前的数个方案。克服思维的惰性，不要满足于少量看似有效的想法，从这些想法中选出的"最佳"方案可能仅仅是矮子之中的将军。

如何才能以量取胜？爱迪生认为良好的习惯和勤奋的工作是解决问题的关键。他坚持认为天才是99%的汗水加上1%的灵感；灵感很重要，汗水也必不可少。他要求自己每10天完成一个小的发明，每6个月完成一项大的发明。这种勤奋的态度的确令人震惊，例如在发明碱性蓄电池时他做了50 000多次实验；在发明灯泡时他做了9000多次实验。与他合作的人深受感染，很多人都自发为自己设定较高的标准，这便是创新欲望的形成。

　　我们都知道想法并不会自发产生，它需要我们有意识地持续努力，去形成这种创新的欲望。假设有人让我们花 3 分钟来想想一块普通的砖除了建房子以外还能用在哪些地方？毫无疑问，我们能很快找到一些新的用途。据统计一名成年人通常能得到 3~6 个新想法。但如果让我们找出 30 个或更多的想法，对于没有正确思维策略的人来说，几乎是不可能的。

　　因此，要有意识地去培养和激发自己的欲望，有意识地使自己对某个事物和某个科学领域产生浓厚兴趣，自觉地去深入了解它、研究它、热爱它，培养起创新的强烈欲望，时时刻刻想着创新，事事处处琢磨着创新，这样，一定会使一个人的创新能力得到极大发挥。

2. 突变来源

　　自然界、社会和人类思维的发展，都不是一条不间断的"量"的渐进线，"量"的渐进过程发展到一定程度就要中断，即引起质变、飞跃。事物通过渐进中断，才能实现由旧质到新质、由旧事物到新事物的转化，这个转化过程便是创新的过程。

小故事：模仿游戏

　　《模仿游戏》是一部改编自安德鲁·霍奇斯编著的传记《艾伦·图灵传》的电影（图 1-2 为其剧照），讲述了"计算机科学之父"艾伦·图灵的传奇人生。故事主要聚焦于图灵协助盟军破译德国密码系统 ENIGMA，从而扭转第二次世界大战战局的经历。该片获得第 87 届奥斯卡金像奖最佳改编剧本奖，以及包括最佳影片、最佳导演、最佳男主角、最佳女配角在内的 7 项提名。

图1-2 《模仿游戏》剧照

　　该剧的主人公艾伦·图灵是一位有性格缺陷的天才，他几乎很难与同事进行正常的交流，更别提一起工作了。过高的智慧并没有成为他对外沟通的桥梁，反而成了一堵隔绝他和外部世界的围墙——但不可否认的是，他在这堵墙内完全释放了自己的数学天赋与解密能力。

　　第二次世界大战期间，德国发明了一种看似不可破译的密码ENIGMA，这是一种用机器进行加密和解密的密码，这种密码被德军广泛使用，包括定位出没于大西洋运输线上的潜艇，这些潜艇以令人心惊胆战的速度击沉英军的船只，被丘吉尔称为"大西洋海战"。丘吉尔担心英军会因补给短缺而战败，而解决的唯一办法便是阻止德军的潜艇战术，破解ENIGMA就是阻止德军的方式之一。如果英军能破译这些情报，他们即可确定位置并击毁潜艇。但在整整13年里，英国和其他国家用尽各种方法，都没能破译这种密码，因为这种分析和计算的工作非常复杂，26个字母在ENIGMA机中能替代8万亿个密文字母。如果改动接线，变化会超过2.5千万亿亿个，因此全世界的人都认为ENIGMA是不可破译的。

　　但艾伦·图灵却有了一种"突变"式的想法：ENIGMA之所以无法破译，是因为过去都只尝试用人工去进行破解，但是如果机器可以

呢？于是他想到了去创建一种机器，一种针对 ENIGMA 的机器，通过机器来进行破译。这样，在经过千难万险之后，图灵和他的团队终于制造出了一台这样的机器，这是亘古未有的新事物。通过这台机器他们掌握了破译 ENIGMA 密码的一整套方法，从而了解了德军的动向，掌握了战争的主动权，为英美联军击败德国做出了突出贡献。

而这台机器便是所有计算机的前身，由此人类进入了一个全新的时代。图灵日后也在此基础之上不断进行计算机科学与人工智能的研究，他的许多思想和预见都在他死后不断得到验证。国际计算机协会于1966 年设立"图灵奖"，以专门奖励对计算机科学研究与推动计算机技术发展有卓越贡献的杰出科学家。可以说后来这一切，都源于图灵那个"突变"式的想法，即用"机器"去替代"人"。

创新的机理是突变论，是原有极限的突破，新生事物的产生。达尔文的渐进变化论，说明了生物在既定的道路上不断完善自身适应环境的能力，突变进化论（灭绝、杂交等）虽具有风险性，但却能开辟新路，产生新的事物。

3. 压力来源

《孟子》中有句话，叫"入则无法家拂士，出则无敌国外患者，国恒亡"，讲的就是一个"居安思危"的道理，如果没有竞争，那就不会有进步，久而久之，就会自取灭亡。人的聪明才智需要在一定的压力场内才能得到释放，这就是为什么人们常说"压力就是动力""变压力为动力"的原因。

小故事：复写纸的来源

复写纸（图 1-3）想必大家都已经司空见惯，无论是签合同、做票据、做存档都需要用到它。在享用它带来的便利的同时，也应清楚它背后所隐藏的创新思维。

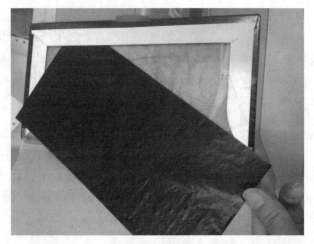

图1-3 复写纸

19世纪初，英国的韦奇伍德在伦敦经营着一家文具商店，同今天的许多商贩、电商一样，韦奇伍德想要扩大自己的客源，也会想到打广告这一招。但在那个年代，并没有印小传单的公司，也没有"水军"做推广。因此韦奇伍德只能经常自己用铅笔给固定客户写信，向别人介绍自己店里新进的几种文具。广告自然大同小异，因此可想而知这些信的内容几乎一模一样。他日复一日像机器人一样写着重复的广告，难免有些厌烦，就在心里想："能不能一遍就写出两封、三封信呢？"想必被老师惩罚过抄书的人应该能理解这种心情。在这种沉重心情下，韦奇伍德若有所思地看着后一张纸上留下的上一张纸的字痕，字痕有印记但没颜色，那加上颜色不就可以了吗？

很快，韦奇伍德就想出了一个加颜色的方法——将一张薄纸放在蓝墨水中浸润，然后夹在两张吸墨纸之间使之干燥而成，书写时，可将其衬在一般纸之下，从而获得复制件。于是在1806年，韦奇伍德获得了他的"复制信函文件装置"的专利权，"复写纸"也作为一项新事物进入了人们的日常生活。

韦奇伍德的发明问世时，英国的商业活动已很发达，复写纸大有

用武之地。眼看他的发明大受欢迎，韦奇伍德干脆办了一家工厂，专门生产这种特殊纸张。后来又经过一些改良，这就是今天我们常用的复写纸。

我们的一生都在试图摆脱压力，但终归是徒劳的。科学家认为，人需要激情、紧张和压力。如果没有既甜蜜又痛苦的冒险滋味的"滋养"，人的机体就根本无法存在。对这些情感的体验有时就像药物和毒品一样让人"上瘾"。适度压力可以激发人的免疫力，从而延长人的寿命。试验表明，如果将一个人关进隔离室内，即使让他感觉非常舒服，但没有任何情感的体验，他会很快发疯。

4. 刺激来源

刺激在创新活动中具有特殊意义。金钱、实物等物质刺激和荣誉、地位、获得知识、成就感等精神刺激都会产生创新动力。这在体育竞赛中体现得最为明显。越是在巨额奖金的国际大赛中，越是容易出现刷新世界纪录的成绩，常常是奖金、荣誉越高、对手越强，竞赛的成绩越好，一些选手甚至可能超常规发挥水平，取得令人难以置信的成绩。可以说这每一项新的世界纪录都是刺激使创新能力得到极大释放的结果。现在，科技界、经济界及社会各行各业都设立了名目繁多的奖项，不言而喻都是在利用物质刺激和精神刺激的作用。

1.2.3　创新的原则和过程

对于外部世界来说，创新是一项直观的社会实践，而对于创新者个人来说，创新又是一段曲折的心理路程。没有人生来就是创新者，也不是所有的奇思妙想都能算作是创新。如果没有正确的原则规范及过程指导，那创新活动就很有可能陷入钻牛角尖或误入歧途的境地。

1. 创新的原则

创新的原理是依据创新思维的特点，对人们所进行的无数创新活动的经验性总结。又是对客观所反映的众多创新规律的综合性归纳。因此，

它能为人们更好地认识创新活动、更好地运用创新方法、更好地为解决创新问题提供条件。为帮助读者深入理解，本书总结了3项创新原则，分别介绍如下。

1）由浅入深原则

"千里之行始于足下""不积跬步无以至千里"这些看似老去的观念其实并没有过时，对于现代创新来说仍是最佳的注脚。有现代管理学之父之称的彼特·德鲁克也曾写道："有效创新都从小处开始，而并非宏伟壮阔"。如今的人们生活在一个高度分化的世界，职业之多及新职业诞生之迅速，都是前所未见的，而像过去"工业革命"那样大开大合的现象已绝难再有。

因此，处于这个时代背景下的人们，都追求一种"精致主义"：无论是职位还是所用物品，都必须是"精英"。弄清楚了这个时代的背景，就能理解为什么会有"抢购日本马桶""韩国代购化妆品"之类的社会现象，也就明白了创新的第一个原则——由浅入深。

当下的任何岗位、任何事物，都是经历数次分化后存在下来的，因此都有不可替代的作用。这个作用不管再怎么小，只要一丝不苟地追求下去，深入挖掘它的潜力，那最后体现出来的价值也会比浮夸不实、哗众取宠的东西要大得多。放眼看看任何大公司，毫无例外地都出身平凡乃至卑微。微软专注于曾被IBM视为鸡肋的软件业务上，而成为世界上最有价值的公司；苹果之所以能靠Macintosh震动业界，很大程度上是利用了被Xerox忽视了的创新技术。

由浅入深的好处之一就是你经得起失败，摔了跟头，站起来，拍拍尘土，再试一次，最后你终究会成功。

2）跨界组合原则

"由浅入深"原则可以确保创新的方向不至于偏离正确轨道，因为它基于一项有价值的工作，但要想推广创新或形成创业公司持续的创新

能力，光靠这一点还远远不够。正如本书开篇与 1.2.2 小节的案例所言，当下的创新更注重对外部信息的整合与判断，而不是独自一人的刻苦钻研。以前我们容易把创新者想象成独自立于高山之巅的人，他会从山上下来，向世人宣告所得到的启示，但事实是，重要的突破通常来自各个领域知识的集合。

遗传学的发现就是很好的例子。1865 年，孟德尔发表了豌豆的遗传特性的开创性研究，但直到半个世纪后这个概念才与达尔文的自然选择理论相结合，从而在医学和科学领域造成了一股创新的洪流。更近一点的例子是苹果的生态系统，乔布斯推出 iPod 时，市场上已经充斥着各种数字音乐播放器了，但他把 iPod 和 iTunes 捆绑在一起，使得内容更易获取，也更符合音乐公司的利益。接着他又把 iPhone、iPad 等产品加入到这个组合中来，创造了更多的组合和更多的价值。

3）坚持不懈原则

组合的问题在于找到正确的组合耗时甚久。Larry Page 和 Sergei Brin 把学术引用系统和计算机科技结合到一起，开发出了世界上最好的搜索引擎。然而，直到数年以后他们才遇到 Overture 的商业模式，找到了能赚钱的组合。在荒野里摸索了几年后才找到成功的康庄大道，这种事情并不少见。Sony 一开始是一个失败的电饭锅生产商；HP 一开始做的是一些奇奇怪怪的小玩意，例如自动马桶冲洗装置和震动人体帮人减肥的机器。Jeff Bezos 在最近的采访里强调了坚持不懈、不屈不挠在 Amazon 的成功中的重要性。他说："我们执著于远见，而在细节上更灵活。我们不会轻易放弃。" 很多时候，看上去光芒四射的东西其实是一些人咬牙挺过了多年的失败后才做出来的。

2. 创新的过程

新时期的创新，是一种经济行为，其目的是获取潜在的利润，市场实现是检验创新成功与否的标准。因此创新者不是发明家，而是能够发现潜在利润、敢于冒风险并具备组织能力的企业家。所以现在的创新

过程，是一个连接了技术与经济，将技术转化为生产力的过程。而对于市场经济的基本组成部分——公司来说，创新更是一个综合化的系统工程，需要企业中多个部门的参与、合作。

本书将创新的过程分为"两大步"和"四个阶段"，即：

● "两大步"：一步是"想"，另一步是"做"。
● "四个阶段"：分为准备阶段、思考阶段、顿悟阶段和验证阶段，各阶段的主要特征如表1-1所示。

表1-1 创新过程

序号	阶段名称	过 程 特 征
1	准备阶段	找准问题，搜集资料，分析问题，找到创新的关键点
2	思考阶段	找到问题的关键点后，开始寻找解决问题的突破口
3	顿悟阶段	在顺着问题的突破口思考的过程中，会有所顿悟
4	验证阶段	只有通过验证，才是可信的

创新就要敢于想前人所未想，做前人所未做。如果连想都不敢想，更别说去做了，因此"想"是创新的第一大步。首先要敢"想"，也就是要善于进行创造性思考。"我一直都是那么做的""以前人们就是这么做的"，如果面对别人的诘问，我们很可能说出这样的话来为自己开脱，那些非常规的，或者自己从未尝试过的做法，会有什么样的效果呢？可能自己连想都没想过。这便是工作与思维上的惯性。如果平时就一直按着这种惯性动作循规蹈矩，会渐渐削弱人们的创新能力，因此在平时可以经常做一些"敢想"的练习。

而仅有好的想法，是远远谈不上创新的，还需要创新者本人去实践。事实上，并不是每个创意都能转换为很好的商业成果，都能被市场与大

众接受。不去实践一次，是不会知道新想法到底怎么样的。"如果我搞砸了，肯定很多人会笑话我""这怎么成功，我一大早就该知道的"，相信很多创新者都会或多或少有这种前怕狼后怕虎的顾虑，然而并不需要对此觉得愧疚，这是一种很正常的心理反应。爱迪生试验了1000多种材料，才最终找到了钨丝作为白炽灯的灯丝，这期间也曾多次怀疑"理想材料"是否真的存在，而且还走了不少弯路。连发明大王都曾如此窘困，又何况刚刚接触创新的创业者呢？要知道，创新是一个探索未知的过程，而未知是一切恐惧的来源，敢于踏出探索未知的人，已经比很多人有勇气了。正如罗斯福所说的那句名言，"除了恐惧本身，没什么好恐惧的"，这句话同样适用于创新。

小故事：小灯丝背后的大故事

爱迪生（图1-4）可以说是19世纪最伟大的发明家，他的名字和一系列辉煌的成就联系在一起。但是在他的成功背后，其实经历过许许多多失败的尝试。据说他在研究电灯的过程中有过上千次失败的记录。

图1-4 爱迪生和他发明的电灯

爱迪生曾翻阅了大量的有关电力照明的书籍，决心制造出价钱便宜，经久耐用，而且安全、方便的电灯。他从白热灯着手试验。把一小截耐热的东西装在玻璃泡里，当电流把它烧到白热化的程度时，便由热而发光。他首先想到的是炭，于是就把一小截炭丝装进玻璃泡里，刚一通电碳丝马上就断裂了。

"这是什么原因呢？"爱迪生拿起断成两段的炭丝，再看看玻璃泡，过了许久才忽然想起，"噢，也许因为这里面有空气，空气中的氧又帮助炭丝燃烧，致使它马上断掉！"于是他用自己手制的抽气机，尽可能地把玻璃泡里的空气抽掉。一通电，果然没有马上熄掉。但8分钟后，灯还是灭了。可不管怎么说，爱迪生终于发现：真空状态对白热灯非常重要，关键是炭丝，问题的症结就在这里。

那么应选择什么样的耐热材料呢？爱迪生左思右想，熔点最高，耐热性较强的要算白金了！于是，爱迪生和他的助手们，用白金试了好几次，可这种熔点较高的白金，虽然使电灯发光时间延长了好多，但不时要自动熄掉再自动发光，仍然很不理想。爱迪生并不气馁，继续着自己的试验工作。他先后试用了钡、钛、铟等各种稀有金属，效果都不很理想。过了一段时间，爱迪生对前边的实验工作做了一个总结，把自己所能想到的各种耐热材料全部写下来，总共有1600种之多。接下来，他与助手们将这1600种耐热材料分门别类地开始试验，可试来试去，还是采用白金最为合适。由于改进了抽气方法，使玻璃泡内的真空程度更高，灯的寿命已延长到2个小时。但这种由白金为材料做成的灯，价格太昂贵了，谁愿意花这么多钱去买只能用2个小时的电灯呢？

实验工作陷入了低谷，爱迪生非常苦恼，一个寒冷的冬天，爱迪生在炉火旁闲坐，看着炽烈的炭火，口中不禁自言自语道："炭炭……"可用木炭做的炭条已经试过，该怎么办呢？爱迪生感到浑身燥热，顺手把脖子上的围巾扯下，看到这用棉纱织成的围脖，爱迪生脑海中突然萌发了一个念头：对！棉纱的纤维比木材的好，能不能用这种材料？他急忙从围巾上扯下一根棉纱，在炉火上烤了很长时间，棉纱变成了焦焦的

炭。他小心地把这根炭丝装进玻璃泡里，一试验，效果果然很好。爱迪生非常高兴，紧接着又制造了很多棉纱做成的炭丝，连续进行了多次试验，灯泡的寿命一下子延长了13个小时，后来又达到45小时。

这个消息一传开，轰动了整个世界。使英国伦敦的煤气股票价格狂跌，煤气行也出现一片混乱。人们预感到，点燃煤气灯即将成为历史，未来将是电光的时代。大家纷纷向爱迪生祝贺，可爱迪生却无丝毫高兴的样子，摇头说道："不行，还得找其他材料"，"怎么，亮了45个小时还不行？"助手吃惊地问道。"不行！我希望它能亮1000个小时，最好是16 000个小时！"爱迪生答道。

大家知道，亮1000多个小时固然很好，可去找什么材料合适呢？此时爱迪生心中已有数，他根据棉纱的性质，决定从植物纤维这方面去寻找新的材料。于是，马拉松式的试验又开始了。凡是植物方面的材料，只要能找到，爱迪生都做了试验，甚至连马的鬃，人的头发和胡子都拿来当灯丝试验。最后，爱迪生选择竹这种植物。他在试验之前，先取出一片竹子，用显微镜一看，高兴得跳了起来。于是，把炭化后的竹丝装进玻璃泡，通上电后，这种竹丝灯泡竟连续不断地亮了1200个小时！这下，爱迪生终于松了口气，助手们纷纷向他祝贺，可他又认真地说道："世界各地有很多竹子，其结构不尽相同，我们应该认真挑选一下！"助手深为爱迪生精益求精的科学态度所感动，纷纷自告奋勇到各地去考察。经过比较，在日本出产的一种竹子最为合适，便大量从日本进口这种竹子。与此同时，爱迪生又开设电厂，架设电线。过了不久，美国人民便用上了这种价廉物美、经久耐用的竹丝灯泡。

竹丝灯一直沿用了很久，但爱迪生却并未停下脚步。1906年，爱迪生改用钨丝来做，使灯泡的质量又得到了提高，这便是使用至今的灯泡。当人们点亮电灯时，每每会想到这位伟大的发明家，是他给黑暗带来无穷无尽的光明。1979年，美国花费了几百万美元，举行长达一年之久的纪念活动，来纪念爱迪生发明电灯100周年。

1.2.4　创新与创业的关系

虽然创业与创新是两个不同的概念，但是两个范畴之间却存在着本质上的联系，内涵上的相互包容和实践过程中的互动发展。第一次提出了创新概念的奥地利著名经济学家熊波特认为，创新是生产要素和生产条件的一种从未有过的新组合，这种新组合能够使原来的成本曲线不断更新，由此会产生超额利润或潜在的超额利润。创新活动的这些本质内涵，体现着它与创业活动性质上的一致性和关联性。

创新是创业的基础，而创业推动着创新。从总体上说，科学技术、思想观念的创新，在促进人们物质生产和生活方式的变革，引发新的生产、生活方式，进而为整个社会不断地提供新的消费需求，这是创业活动之所以源源不断的根本动因；另一方面，创业在本质上是人们的一种创新性实践活动。无论是何种性质、类型的创业活动，它们都有一个共同的特征，那就是创业是主体的一种能动的、开创性的实践活动，是一种高度的自主行为，在创业实践的过程中，主体的主观能动性将会得到充分的发挥和张扬，正是这种主体能动性充分体现了创业的创新性特征。创新与创业的关系可总结为如下 3 点。

1. 创新是创业的本质与源泉

经济学家熊波特曾提出，"创业包括创新和未曾尝试过的技术。"创业者只有在创业的过程中具有持续不断的创新思维和创新意识，才可能产生新的富有创意的想法和方案，才可能不断寻求新的模式，新的思路，最终获得创业的成功。

2. 创新的价值在于创业

从一定程度上讲，创新的价值就在于将潜在的知识、技术和市场机会转变为现实生产力，实现社会财富的增长，造福于人类社会。而实现这种转化的根本途径就是创业。创业者可能不是创新者或发明家，但必须具有能发现潜在的商机和敢于冒险的精神；创新者也并不一定是创业者或企业家，但是创新的成果则是经由创业者推向市场的，使潜在的

价值市场化，创新成果才能转化为现实生产力。这也侧面体现了创新与创业的相互关联。

3.创业推动并深化创新

创业可以推动新发明、新产品或是服务的不断涌现，创造出新的市场需求，从而进一步推动和深化各方面的创新，因而也就提高了企业或整个国家的创新能力，推动经济的增长。

1.3　创新精神

所谓"精神"，是指人的意识、思维活动和自觉的心理状态、意志、性格等。创新精神特指人的创新意识和创新性格，其中，又包括创新愿望和创新动机。

1.3.1　相关概念

在构成创造力的因素中，创造性是一个充分条件，而排在这个充分条件第一位的则是创新精神。创新精神是创造发明的内动力，是主导，是前提，它是指挥一个人行动的能源。所以，想要创新的人，首先要培养自己的创新精神。有人对 800 名男性进行了几十年的追踪调查发现，成就最大的人，并不是智力最好的人，而是创新精神最强的人。由此也可以看出，创新精神是创造者与普通人的最大区别。

一个真正的创新者一定具备以下特征：

- 虚心好学，坚持不懈。
- 善于发现问题、分析问题和解决问题。
- 敢想、敢干，敢于实践。
- 百折不挠。
- 以造福人类为终极目标，而不是为了追求财富。

1.3.2　创新意识

创新意识中最重要的是要有创新的愿望；其次是要有正确的创新动机。一个人的愿望形成是需要外部环境的，例如小孩子从小就受到家长的鼓励和引导，从而热爱创新，一名工作人员，受到单位的倡导和激励制度的影响，从而热爱创新，等等。

在创造力的概念中，还有一点很重要，那就是创造力带有方向性。换句话说，创造力是矢量。那就意味着在一个群体中，很有可能出现这样的情况：每一个个体的创造力都很高，但由于方向的混乱，因此最终表现出来的群体创造力反而为零。

造成这种现象的原因在于环境。一个人的创造能力能否源源不断地释放出来，与环境有很大关系。环境是否鼓励创新，有没有相应的激励制度等，都影响创造力的发挥。通过影响创新精神、创新动机等而影响创新能力。所以这就是为什么很多企业都通过制定好的创新激励制度来持久地鼓励员工的创新行为的原因。国家也是一样，国家通过各种科技进步奖项、鼓励科技创新企业、提倡自主创新、实施 863 计划等一系列措施来鼓励民众的创新活动，从而提升国家的整体创新能力。

1.3.3　创新性格

人的创新活动，表现了创新者鲜明的个性特征。成就卓著的创新人才，以他们自己的切身体验，对创新活动所必需的良好性格品质提出了各自的要求。创新和培养性格是人的统一发展过程中相互联系、相互依存的两个方面。

人的性格与人的活动相联系，良好的性格品质，是进行创新活动的必要前提。创新的成功仅在再坚持一下的努力之中，但为什么有人在成功到来的黎明前放弃了努力呢？因为他的性格怯懦，缺乏勇气和恒心，看不到拂晓的后面是黎明的曙光。当一个人可以以他的创新成果在人群中冒尖，出类拔萃的希望就在眼前，为什么有人惧怕失败而畏葸不前担

忧成功后的压力而临行怯步呢？因为他的性格中有自卑和狭隘的弱点，缺乏大无畏的创新精神。

在那些杰出的创新型人才中，几乎无一例外地存在着这样的规律，性格越是鲜明、优秀，创新的风格也越引人注目，创新的成就越辉煌夺目。诗人臧克家在《关于我自己》一文中说："我的性格是热情、爽快，大小事认真，决不苟且。写作、读书、处世都是如此。这样的性格，给我带来了许多难言之痛，但也从中得到极大的乐趣和安慰。"

1.创造力对性格的影响

创造力对性格优化起促进作用，这就是为什么杰出的创造人才都有令人羡慕的优良性格，如我们熟知的李四光、华罗庚、彭加木、爱因斯坦、居里夫人，都是我们的楷模。

创造力主要是创造性思维和创造技法的综合。创造力又有才能特征和个性特征，所以心理学家希布尔称创造力是"架在两个通常有很大区别的心理学领域——才能和个性之间的桥梁"。因此，可以沿循创造力这座桥梁，使创造力促进性格优化，使性格制约创造力的发展。

创造力中的想象力、思维的独立性和主动性等对性格的完善是有促进作用，它可以使人勇敢、充满朝气和活力、具有开拓进取的创造性性格。

2.性格品质对创造力的促进和培养

可从两个方面，即从性格品质影响创造力的实验研究和从卓越的创造人物的性格对创造力的影响的分析得出结论：性格品质对人的创造力有影响。中国就有"勤能补拙""人一能之，己百之""人若志趣不远，心不在焉，虽学无成"等说法，都是说性格对创造力或能力的制约关系。

1）性格品质影响创造力发展的实验研究

美国心理学家推孟对 150 位有成就的人的研究结果表明，创造力、能力和智力的发展不仅取决于其本身，也和性格特征有关，这些性格品质是：为取得成功的坚持力，善于为实现目标不断积累成果和自信心。

2）从创造人物性格分析中获得的结论

下列性格品质对创造力影响较大，或者说下列品质是能力结构中必备品质：

①热情；

②勤奋；

③高度的责任感；

④自信心；

⑤好奇心。

在创新活动中，由于创新的艰巨和具有易失败的特点，更由于创新中掺有人际关系的复杂成分以及社会现实的正负效应，创造者不仅敏锐地发现自己的性格的两极新特征格外明显，而且他人也会从你的创新中体察到你的性格的优缺点，这些优缺点比一个人不投入创新活动之前要明显得多。这绝不是一件坏事，反而是一件极为明显的好事，因为创新活动提供了创造者优化自己性格的契机。因此，提出了创新中培养优秀的性格品质和改造在创新中暴露的性格弱点的现实课题。创新不仅要出创造产品，更应该出优秀的创造人才，有了优秀的创造人才，创新才可能有更大的发展。从这一点看，创造成果是战术性成果，而创造人才的脱颖而出则是战略性成果！

3. 创新性格的培养

了解了性格与创新的相互作用，我们就可以通过改善自身的性格

特点，来重铸或培养出符合创新的优秀性格，这种重铸的方法如下。

首先，要确立正确的世界观、人生观，奠定优秀性格的坚实思想基础。性格是在社会生活环境中形成、发展的，不同的社会制度、结构、风尚和习惯都会影响人的性格。一般来说，在先进的社会制度中，优秀性格就容易形成。

其次，要普及心理学知识，进行良好的性格教育，加强自我修养。仅仅帮助创造者树立科学的世界观还是不够的，还必须针对创新的特点，对创造者进行系统的性格教育，使他们知道创新中哪些是良好的性格，哪些是不良的性格，克服意义障碍，破除消极的定势影响。有的创造者误将固执、狭隘和自负当作有独立性和自信，势必妨碍创造力的发展。要使创造者知道他们应该具备什么样的性格，以及怎样形成良好的性格等。

再次，应调动社会力量，尽可能地形成有利于创造的良好社会环境，使创造者在和谐、理解、支持、赞扬的环境气氛中健康发展，这对于塑造创造者的良好性格有明显的作用。一些创新教育开展得好的学校成为了"创造者的摇篮"，学校老师和领导在学校大力倡导创新，开创造课、组织创造发明小组、办创造学校、成立创造协会、积极向社会推荐学生的创造产品、大力表彰有创造成绩的学生。调查发现，这些学校的学生一般都有较优良的创造性格——大胆、开朗、勤奋、坦率、进取、谦虚和坚韧。如果我们整个社会都有这些学校的创造环境和气氛，对于创造者的性格塑造无疑是大为有利的。

第四，针对个别差异进行心理健康教育，从理工科大学生的现状分析，粗略估计有近半数的学生性格不是十分理想，在没有重大风浪时还显不出什么大毛病，一遇波折就暴露出许多不适应未来创造的不良性格。大约有1/4的同学有较明显的性格缺陷，已经影响了正常学习和生活。从已经开展这项工作的单位看，心理健康教育对人的性格培养和改造作用是不可忽视的。

从创新的本质来看，创新不仅仅是知识、经验抑或能力、技法问题，更要求创造者具有强烈的动机、浓厚的兴趣、炽热的情感、坚强的意志和进取的性格。关于这一点，对人格因素在培养、锻铸、逐渐成才的大学生来说，尤为关键和重要。大量的事实证明，不仅两个能力差不多的人创造力不等，就是能力平平比能力较强的人更具有创造力也屡见不鲜。这就告诉我们，在创造力开发和创新活动中，都要十分重视创新人格因素的培养。

1.3.4 案例：天生骄傲的"锤子"

在科技界略显平淡的 2014 年，横空出世了一个"锤子"打破了这片沉静，并在接下来的几个月内成为各大新闻版块的首页常客。这个"锤子"便是由"匠人"罗永浩带来的一款新型手机，如图 1-5 所示。

图 1-5 锤子手机 T1

罗永浩，1972 年出生于吉林省延边朝鲜族自治州的和龙县。他曾被评价为"游手好闲"，还曾经被当作新东方最牛和最傻的另类教师，他还被认为曾创办了热衷参与公共事件的政治性网站。然而，就是这样一个被朋友称为"不务正业"的理想主义青年，逐渐地，他却变成了理想主义的代名词，还成为了众多大学生寻找精神慰藉的对象，而现在不管是演艺界还是文化圈的名人对他都不吝褒奖。

老罗最初创业的是牛博网，可是由于种种原因，其在国内的服务器被关闭。二次创业时，做起了英语培训，仅仅 2 年的时间这家公司就

实现了盈利，但是这对于本身就对当老师没有兴趣的罗永浩来说，"一赚钱就没有一丝一毫想做下去的热情了"。尽管这段创业经历无疾而终，但是罗永浩认为经历过这次创业后，他开始懂得了如何去带动一个企业前进。

就在罗永浩踌躇的时候，朋友为他指明了另一条做大众消费品的路，只要是有关衣食住行的都可以考虑。罗永浩权衡左右后，觉得手机是一个十分好的切入点，而且罗永浩自身对电子产品的兴趣也足够支撑他的创业热情。

可是做手机面临着操作难、资金高、供应链搞不定等种种问题，老罗的朋友（不管是以前的同行还是投资者）几乎都反对他去冒险。然而，就在罗永浩即将放弃这个想法的时候，他与唐岩（陌陌的创始人）聊了一下他做手机的思路，唐岩却出人意料地支持他的想法。罗永浩回忆称，他能坚定做下去的信念就是因为当时唐岩的一句话："你都40了，再不做点自己想做的事就来不及了。"

然而，在唐岩的帮助下，老罗虽然拿到了投资，但是仅仅这点投资仍然不能启动老罗理想的手机计划，于是，老罗决定从另一方向入手——从手机 ROM 做起，再慢慢过渡到手机。老罗曾在"知乎"上回想道：从 2012 年开始转型做科技公司的时间是"这辈子身心最累的三年半"，并表示在这段时间中头发掉了一半，胆结石大了一倍，体重增加了 20%。即使如此辛苦，他仍然认为这"最累的三年半"却让他获得了快乐、满足以及成就感。

而提起老罗这个人，许多人认识他的仅仅是因为那句——"彪悍的人生不需要解释。"那些最先知道锤子公司的人就是因为老罗，而锤子公司在老罗的影响下，也给人一种彪悍的感觉，引申一下就联想到了"天生骄傲"。"天生骄傲"这个词用来形容老罗似乎再合适不过了，这个词也使锤子公司有一种光明向上、积极健康的感觉。

对于未来发展，罗永浩曾表示，未来"锤子"不会考虑从技术角度突破，主要的精力要放在将世界最前沿技术的整合利用上，当然，到了一定的阶段会防御性地注册相关专利。正如同老罗所说的，锤子公司并不是靠技术取胜，其最大的创新是在视觉上的，其典型代表就是图标的设计排布和交互动画。老罗曾花费大量的时间来对比现今 Android 和 iOS 图标存在的问题，Android 凌乱、iOS 显得死板、单调，这已是用户非常认同的现状，他最后得出的结论也十分简单"图标该是怎样就是怎样"。另一方面的创新就是功能，落到实处的也不过就是短信通话联系人的管理、日历和时钟等小工具的优化、启动器的程序管理。还有一个方面则是一些人性化的设计，这些设计其实也贯穿在前面的几个改进部分中，例如对拍照片保存方向的提醒、短信的快捷回复等。

锤子公司着重于设计感，他们从人性化入手，再加上老罗独具创新的发布会，曾引发了巨大的轰动。如果没有老罗的理想主义和独特经历，锤子公司也许不会受到如此关注，但是当人们聚焦于"锤子"的创新时，并没有发觉过度的技术上的领跑，而是如同老罗所说的，"他们的主要精力就是放在将世界最前沿技术的整合利用上，在已有的技术基础上做出创新。"如同本书前文所说的一般——站在学霸的肩膀上。

锤子公司延续了老罗的情怀与性格，老罗称锤子公司是一家有情怀、有气质、有想法、有匠心精神的公司。而与另一位创业巨擘——乔布斯相比，两者似乎有着某种相同的特质——匠心精神，然而似乎就是因为这种精神，才使锤子公司有着与其他公司全然不同的设计风格，而这正是创新应有的样貌。

1.4 微创新

2010 梦想者——网络草根创业与就业论坛，2010 年 9 月 19 日在北京国际会议中心举行。360 董事长周鸿祎在论坛上说："所有的公司应该要立足一个字"创"，作为创业公司，创新非常重要，那怎么理解

"创新"呢？很多人认为我是小公司，我是草根，我做不出石破天惊的技术，我也不能突然把这个行业颠覆了。最近我有一个心得，感觉最近出现了一种新的创新方式，就是"微创新"，这可能也是对各位草根创业者的借鉴，我觉得微创新是将来做产品创新的很重要方法。"

由此，"微创新"一词开始进入公众视野，但是很多人却未必能真正了解它的内涵。所谓"微创新"，可以理解为一种单点突破，它鼓励创业者找到最能打动用户心理期望值的那个点，把关于这个点的问题解决好，起到四两拨千斤的作用。这种单点突破与兵法中"伤其十指不如断其一指"的诀窍有异曲同工之妙。

微创新是近年来随着外部创新环境的更替而诞生的新型理念，为了更好地对它进行说明与总结，本书将其归纳为 4 个原则（加法原则、减法原则、乘法原则、除法原则），微创新的所有设计实物均可以由这些原则导出。

1.4.1　加法原则

$1+1=$ ？

这是一道再简单不过的数学题。然而，当这个简单的"加法"用于创新时，恐怕很多人都难以迅速给出答案。因为在工作中，有太多 $1+1>2$ 的情形，例如一家公司与另一家公司合作，最后得到的仅仅是两家公司吗？错！有可能得到的是整个行业！

微创新的加法原则正是基于这样一种理念，无论何种产品，从设计到开发，再从生产到物流，还有客服、售后等，涉及到的环节不下数十种，如果每个环节都能努力改善一点点，那最后的产品必然能前进一大步。因此微创新的加法原则是指合理优化管理环节，力图在每一个单元都做到细微的改善，最终让产品的生产达到"精益"效果。

　　创新和管理是一对孪生兄弟。正如某学者所言，"当技术发展走在政府管制和市场前面，至少有一段时间无规则可循，先驱者们奋力前行，任由政府在睡梦中喘息。但是最终，不可避免地求助于政府，说服政府制定规则，为下一次革新浪潮搭建舞台"。当下，技术发展日新月异，大数据、云计算、移动支付、三微一端等技术创新纷至沓来，在为人们带来新机遇的同时，也提出了新课题。首要一点就是管理必须与时俱进，能跟得上创新的步伐，保持动态平衡。否则，在唯快不破的信息时代，只会出现"创新早已起跑，管理还在穿鞋"的窘境。

　　面对创新，管理思维更要创新，要多做一点加法。在守住安全底线的前提下，多做规范引导的工作，让合理、有益、公平的创新之旅走得更远、更健康；让企业的活力迸发、消费者的福利提升，在动态中找到利益的最大公约数。

小故事：丰田的生产方式（TPS）

　　精益生产（Lean Production，LP）是美国麻省理工大学数位国际汽车计划组织（IMVP）的专家对日本"丰田生产方式"的赞誉之称，精，即少而精，不投入多余的生产要素，只是在适当的时间生产必要数量的市场需要的产品；益，即所有经营活动都要有益有效，具有经济性。精益生产是当前工业界最佳的一种生产组织体系和方式。精益生产既是一种以最大限度地减少企业生产所占用的资源和降低企业管理与运营成本为主要目标的生产方式，同时它又是一种理念、一种文化。实施精益生产就是决心追求完美的历程，也是追求卓越的过程，更是一个永无止境的学习过程。

　　丰田的精益生产，即丰田生产方式，是丰田公司在逐步学习之中不断改进形成的，其形成的主要基础来源于对于福特公司的学习，以及丰田佐吉与丰田喜一郎在生产第一线总结的宝贵经验，可以说精益生产是在大规模生产的基础上所提出的创新模式。然而，这种创新起初却是

"被迫"的创新，因为当时以丰田的财力与规模根本不能发展大规模生产，所以公司只能另辟新径尝试小规模的精益生产。

当时主要的竞争对手——美国福特汽车公司，早已开始了先进的大规模生产，而其最核心的根本在于扩大规模、降低成本，只生产单一的车型，因此当年福特的"T型车"只生产与供应黑色的轿车。可是，丰田面临的情形非常不同，当时日本市场的任何一种车型的需求量都非常低，所以无法在同一生产线上大规模生产，丰田必须使用相同的组装线制造出不同车款；其次，福特汽车公司拥有充足的现金及庞大的美国与国际市场，而丰田既没有现金，又生存于一个小国家，在缺乏资源与资本的情况下，丰田必须能快速周转现金；最后，福特公司拥有完整的供应体系，而丰田没有完善的零部件供应体系。鉴于这三个矛盾，丰田没有本钱实施大规模生产。

面对种种矛盾，从美国考察回来的丰田二英与工厂经理大野耐一进行了详细讨论与研究，决定改进大规模生产方式，使其适应丰田与日本的情况。因此，丰田必须设法调整福特公司的制造流程，同时还必须实现高品质、低成本及灵活弹性，正是在这种"不可能"的情形下，丰田开始了"精益生产"的道路。丰田决定改进大规模生产，使其适应日本与丰田的现状。表1-2展示了丰田做出的改进。

此外丰田引进的质量管理体系是福特当时所没有的。全面质量管理体系（TQC）是丰田生产方式的重要特征，丰田于1961年开始引进该体系，1963年，丰田全面推行了质量管理体制，1965年获得戴明质量奖。

当时，丰田作为一个不入流的汽车制造公司，学习福特是其必然的选择，福特对于丰田来说，是一个标杆企业，然而，丰田并没有完全照搬福特的生产流程，而是添加了其系统的思考与实地的调研，不断改进大规模的生产方式与微创新，最终创造了一种有别于大规模生产，甚至改变世界的丰田生产方式（TPS）。

表1-2 丰田的微创新过程

改进环节	福特	丰田
标准化作业	福特公司将泰勒科学管理应用于实践，创造出标准作业方式，复杂的汽车生产被科学地分解为标准作业单元，操作者的作业程序及规范都被明确规定	丰田引进并创新了这种方式，它将作业划分基准，由操作者个人变为作业小组，突出了集体协作的重要性
流水线生产	1913年福特工厂装配了世界第一条流水生产线，此举引发了人类生产方式的革命。装配上千种零部件的汽车生产变得井井有条	丰田也引进流水线生产，并附以自身特色，没有设立仓库
改善提案制度	为让所有员工都能参与管理，福特公司实施了改善提案制度（Suggestion system）	1951年丰田推出"创意提案制度"，其推广更加深入、全面，并一直延续至今。这项源自福特的制度却成为20世纪80年代欧美企业总结丰田的竞争优势所在
企业内培训体制	福特对公司内股长、工场长级别以上的管理层进行泰勒式"科学管理"的教育培训	丰田从福特引进了TWI（Training Within Industry）体制，所不同的是，丰田将其实施范围覆盖到生产现场的所有管理层

1.4.2 减法原则

　　减法原则是将某个产品或者工作流程中的某个部分刻意清除出去，剩余的部分保持现状，然后想象删除之后的结果。例如，删除某项服务或者功能以后这个产品有哪些好处？满足了什么样的市场需求？有何价

值？哪些顾客需要这样的产品？当然，最重要的还是要考虑产品的可行性。我们能生产出这样的产品吗？我们能提供这样的服务吗？怎样才能让这种创新产品变得符合现实？

减法原则的关键在于把你曾经认为必不可少的部分删减掉，当然这个必不可少的部分不应该是最核心的，但也不应该是最次要的，它应该处于中间地带，删除产品中处于中间地带的功能或服务才能让减法策略发挥最大的威力。

在实施减法原则时，首先要明确删除某个功能或服务的目的，如果删除某项服务或功能不是为了更新产品或服务，那么这种删除就没有太大的意义了；其次，不一定非要把某个功能或者服务整体删除，可以做部分减法，例如 Twitter，博客字数只是从无限减少到 140；最后，在删除某项功能或服务后，可以用替代品取代从产品中去掉的某个部件，但应该确保不用相同的东西充当替代品。

小故事：Twitter 140 字上限的由来

Twitter 是社交网络服务及微博客服务的网站，Twitter 被形容为"互联网的短信服务"，也就是中国社交网站中新浪微博的原型。

Twitter 规定输入的内容要保持在 140 个字符之内。至于是什么原因，可能很少有人去思考，但这背后其实蕴藏了 Twitter 成功的一大原因。Twitter 之所以要将字数限制在 140 个字符之内，是因为这样会促使作者专注于表达核心内容。从作者的角度考虑，如何把一件事、一个想法表达清楚，其实并不需要长篇大论，限定字数会让作者的表达更专注于核心内容，能用一句话交代清楚的内容，绝不赘述。有专家研究过，人脑每次处理的信息有限，最多 140 个英文字符。人类的头脑有认知局限，每次只能处理一定量的信息。德国的一位数学家计算出的这个数字是 160 个英文字符，他把该数字作为手机短信的标准长度。

通过对字数限制长度功能，Twitter 找到了自己的竞争优势，其实只有一个类似"头条"的功能，而不是像完整的博客那样长篇大论，人们反而觉得这种极简的信息传递方式十分富有智慧。对于那些"看上去不明显"的问题解决方案，还有一个有趣的观点，那就是一款产品某些容易被忽略的功能，反而可能成为最能体现这款产品价值的地方。

1.4.3　乘法原则

乘法原则就是对某个部件进行复制时，同时也需要对其加以改动，如果不改动，则无异于单一地添加，这样只不过让产品变得更复杂、更啰嗦，丝毫没有提升它的价值。

在运用乘法策略时，要避免进入对产品或服务做简单加法的误区。先明确某个产品或者服务所处的框架，然后将框架内的某个部分进行复制并加以改动，观察改动后产品的变化，并思考这种变化所带来的结果。最后，不要针对部件的属性运用乘法策略，属性是部件的特征，例如闹铃的铃声是部件，但是铃声的分贝则是铃声的属性。

小故事："谁叫我起床"APP

"谁叫我起床"是史上首个将闹钟、真人语音与社交结合起来的趣味应用软件。这款原创易用的应用软件无须过多介绍，设定闹钟时间与叫醒声音的性别，就会有随机的神秘人来准时叫你起床！

"谁叫我起床"是腾讯主办的 "2013 中国互联网创新创业大赛"的潜力应用软件，首发期间的分发总量突破 20 万份。这是目前市场上第一款真人语音叫早的应用软件，用户只要设置好选项，便可以在每天清晨被不同且有趣、神秘的真人语音叫醒，给用户带来期待感。如果 90 秒内你没有醒来，便永远不知道叫你的温柔声线或讲出逗趣笑话的主人是谁。可能大家都不相信，这款应用软件最初的诞生是因为 CEO 任文勇的一个梦。"那段时间由于思考产品的压力太大，任文勇每天早

上是起床'困难户'，有一天，他梦见一个美女用十分温柔的声音叫他起床，结果一下子就醒了，这就是我们这款产品最初的创意来源。"该应用软件的开发公司——八千里网络科技公司市场总监王泽峰如是说。

这款软件采用了类似于阅后即焚的形式，也就是"闹"即焚，如果在规定的时间内没有爬起来关掉闹钟，那么你就不会知道这个给你发送声音的用户是谁，至于长什么样，也就不得而知了，因为都是绑定微博账号的用户，所以基本上都是实名制的用户，说不定因为你的懒惰就和一个女神擦肩而过了。

1.4.4 除法原则

除法原则是把一个产品或一项服务分解成多个部分，再将这些分解后的部分进行重组，找出其可能具有的优点。经过分解和重组后的产品可能产生一种全新的功能，也可能以一种全新的形式呈现某个已有的功能。

除法原则可以具体细分为功能型除法、物理型除法和保留型除法。

- 功能型除法将注意力放在产品的功能上，挑出产品或者服务中的某个功能，改变其位置，然后观察这种位置变化所带来的影响。例如空调，改变压缩机的位置，由原先室内的位置放到室外，这样屋内的热量减少了，噪音也减少了。
- 物理型除法是指对某个产品的实体随意进行分割，按随机原则分解成若干个部分，例如拼图游戏的产生就是物理型除法的具体体现。
- 保留型除法是指把产品按原样缩小并保证这些变小的产品依然保留原产品的功能和特性，例如U盘、更小的食品包装袋等。

除法原则的关键在于分解和重组。因此，列举出部件的清单非常重要，这是启动创新之旅的第一步。在重组方式的选择上，既可以选择按时间方式重组，也可以按空间方式重组。

小故事：U盘的诞生

U盘（如图1-6所示）是很多人生活与工作中必不可少的小帮手，即插即用的方便特性在这个信息化的时代给予了我们极大的便利。但其实这个小小的U盘，更是中国在计算机存储领域20年来唯一属于中国人自己的原创性发明成果。

图1-6　U盘

U盘全称"USB闪存驱动器"，英文名为USB flash drive。它是一种使用USB接口的无须物理驱动器的微型高容量移动存储产品，通过USB接口与计算机相连，实现即插即用。U盘的称呼最早来源于朗科科技公司生产的一种新型存储设备，名曰"优盘"，使用USB接口与计算机连接。U盘连接到计算机的USB接口后，U盘的资料可与计算机交换。而之后生产的类似技术的设备由于朗科公司已进行专利注册，而不能再称之为"优盘"，而改称谐音的"U盘"。后来，U盘这个称呼因其简单易记所以广为人知。

现任深圳市朗科科技有限公司董事长邓国顺，便是U盘的主要发明者之一。1993年，邓国顺硕士毕业后来到新加坡，先后在3家软件公司任职，后来还进入了世界名企飞利浦的亚太地区总部。在国外打工期间，他对企业的运转和流程等方面的知识有了详尽的了解，他觉得这些知识今后一定能派上用场。

　　1998年，邓国顺在好几次出差期间发现，他带去的软盘因不小心弄坏了，导致存储的资料无法读取。他当时就在思考，有没有一种全新的产品可以替代软盘？

　　1999年一个非常偶然的机会，他在新加坡认识了湖南老乡成晓华。两人一见如故，谈到了一个共同感兴趣的话题——整台计算机从主版、CPU到鼠标、键盘都在不断更新换代，唯有软驱却多年不变，始终都是标准配置。能不能抛弃软驱，做一款小巧、稳定且容量比一般软盘大许多倍的移动存储器呢？他们为该想法兴奋不已！32岁的邓国顺从新加坡回国后，和成晓华研发出了替代传统软盘的革命性产品"优盘"，也称为"闪盘"。邓国顺仅对"优盘"申请的专利就已经超过了150件。

　　说干就干！邓国顺和成晓华放弃国外诱人的待遇毅然回国，在深圳市罗湖区租了一套房子，在没有任何现成产品可供借鉴的情况下，开始向一个完全陌生的领域进军。

　　经过1年多的摸索，一个名为"优盘"的存储器终于在他们手中诞生了。在第二届中国国际高新技术成果交易会上，邓国顺把一个比钥匙稍大的"优盘"样品挂在脖子上展示时，马上得到了多家公司的青睐。新加坡上市公司Trek2000internation－alLtd和他们共同投资888万元人民币成立了深圳市朗科科技有限公司。

　　从读书到创业，邓国顺心无旁骛。他的办公室里挂着一个镜框，上面写着这样一句话："成为移动存储和无线数据通信领域的全球领先者。"这就是他的目标和信念。

　　专利的优势也阶段性地体现到了朗科的业绩上。据朗科提供的数据，2003年该公司占据了国内U盘市场50%的份额，销量达150多万个，在短短的3年内创造了销售5亿元人民币的奇迹，邓国顺也因此被IT业界誉为"闪存盘之父"。

1.4.5 案例：U 型螺母

中国的高速铁路在世界上取得了不俗的成绩，然而，对于小小的螺母，却不得不依赖进口，那就是日本哈德洛克（Hard Lock）工业株式会社的被称为永不松动的螺母——U 型螺母（如图 1-7 所示）。

注意螺纹位置为偏心位，此处有凸出

对应螺母此处内凹，两相配合便可以起到锁紧效果

图 1-7　哈德洛克的 U 型螺母

在高速铁路运行时，由于高速行驶的列车与铁轨不断接触所形成的震动非常大，普通的螺丝在这样的震动中会被震松、震飞。而如果不想被震飞，那么就需要螺丝和螺母结合得十分稳定，永不松动才可以。然而这个要求虽然看起来很简单，但要满足它却并不容易。尽管世界上做紧固件（螺丝螺母）的企业可谓是多如繁星，但能生产这种永不松动的螺丝螺母的企业却仅仅只有一家，那就是哈德洛克工业株式会社。

其实，早在 1961 年，哈德洛克工业株式会社的社长若林克彦就发明了不会回转的螺母——U 型螺母。那是在他参加工作 5 年后，若林参观了在大阪举行的一次国际工业产品展示会，他从这次展会中拿回的一袋子资料和样品，就在这些材料中得到了灵感。在这些资料样品中，有一种防回旋的螺母吸引了他的注意力。若林看出了这种螺母的市场潜力，可这种螺母结构复杂，价格偏高，所以若林就想用更简单的结构来代替。最终功夫不负有心人，没过多长时间，若林就开发出了一种结构十分简单的防回旋螺母，其原理如图 1-8 所示。

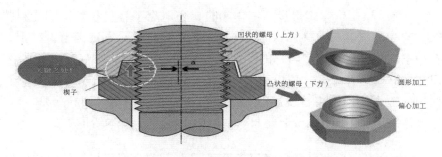

图1-8　U型螺母的锁紧原理

　　若林把这种防回旋螺母取名为"U型螺母"，并创立了一家公司来生产和销售这种U型螺母。这就是若林创立的第一家公司——富士精密制作所。若林开发出U型螺母仅仅用了1个多小时，但是把它推广到市场上却用了两年多的时间。随着U型螺母销售额的增加，若林的信心也随之提高，打出"绝不松动的螺母"的广告。可是没想到，这句广告词给若林带来了许多麻烦。一些装配在挖掘机和打桩机上的U型螺母因为震动过大而出现了松动，这引来了一些客户的起诉。而当时富士精密制作所月销售额已经达到1亿日元，虽然螺母出现松动的现象并不普遍，可是这导致了公司的很多人把那句"绝不松动的螺母"仅仅当作一句广告词来看待，也并没有把这些起诉当回事。可是若林却不这么想。他认为他既然公开声明了这种螺母是绝不松动的螺母，那就应该实现在任何条件下都不会松动。可是这一点能做到吗？大家都持怀疑态度。

　　于是若林不得已离开了自己创立的公司，他带走的仅仅只有U型螺母的专利。1974年，若林为了生产绝不松动的螺母又创立了第二家企业——哈德洛克（Hard Lock）工业株式会社。

　　若林也从古代木结构建筑中的榫头上得到了灵感，发明了永不松动的螺母。但是等待他的却是和第一次创业时一样漫长而痛苦的推广之路。这种螺母推广的最大障碍就是Hard Lock螺母的结构比一般螺母复杂，成本也高，所以销售价格比普通的螺母要高30%左右。

在 Hard Lock 螺母没有销售额时，公司除了靠 U 型螺母的专利费外，若林还不得不做一些其他工作来努力维持这家公司的运营。终于，有一家铁路公司采用了若林的新螺母，也证明了新螺母的实力。铁路公司非常需要这种耐震、防松的螺母，而日本铁路公司又非常多，这给若林和他的新公司带来了发展的机会，日本最大的铁路公司——JR 公司最终也采用了 Hard Lock 螺母，并且全面应用于日本新干线。

Hard Lock 螺母成为了目前全世界唯一的、绝不松动的螺母，它不仅在日本得到了广泛使用，而且在世界各地的主要桥梁和建筑物中也可以见到这种螺母的身影。理所当然，在看到 Hard Lock 螺母的成功后，很多的模仿者也对其进行模仿。实际上，Hard Lock 螺母的原理、结构都是比较简单的，哈德洛克工业株式会社在其网站上对此有详细的介绍。尽管模仿者很多，可成功者几乎没有。这就是 Hard Lock 螺母的技术关键。尽管你明白了这种螺母的原理和结构，可是这绝不松动的螺母就是生产不出来。

虽然从上面的介绍来看，这种螺母的发明好像并不困难，推广却很困难，但实际却并非如此。发明出这种结构的螺母的确不难，可是，要真正地将这种发明变成绝不松动的螺母，还需要在使用的过程中不断地改进。从若林公司的设立到 Hard Lock 螺母的全面使用，若林花费了近 20 年的时间。在这 20 年中不断地技术改进，才成就了现在的 Hard Lock 螺母。

哈德洛克工业株式会社在其网页上特别提到：本公司常年积累的独特技术和诀窍，对不同的尺寸和材质有不同的对应偏芯量，这也就是 Hard Lock 螺母无法被模仿的关键。人家已经把这种螺母的原理和结构都明白地公开了，可是在实际的生产中还需要特殊的经验，这就是哈德洛克工业株式会社独特的技术。没有这种技术，即使懂了这种螺母的原理，模仿者也无法将其生产出来。

从 U 型螺母的案例来看，若林在已有的螺母结构上进行改良，如

同哈德洛克工业株式会社所说的："本公司常年积累的独特技术和诀窍，对不同的尺寸和材质有不同的对应偏芯量，这是 Hard Lock 螺母无法被模仿的关键所在。"就如同我们的主题一般，学渣将学霸们的技术学习过来，并加以改造，付出自己的努力，最终创新出新的技术——与原本的技术相似，却又不同。如此创新，似乎才更加适应现在这个现代化社会。

1.5　逆向思考

当下盛行的另一种创新思想就是逆向思考，即使用逆向思维来发现现有产品的不足之处，并进行改进或重构。

逆向思维也叫"求异思维"，是对司空见惯的似乎已成定论的事物或观点反过来思考的一种思维方式。敢于"反其道而思之"，让思维向对立面的方向发展，从问题的相反面深入探索，树立新思想，创立新形象。逆向思维在各种领域、各种活动中都有适用性，由于对立统一规律是普遍适用的，而对立统一的形式又是多种多样的，所以逆向思维也有无限多种形式。

逆向是与正向相比而言的，正向是指常规的、常识的、公认的或习惯的想法与做法。逆向思维则恰恰相反，是对传统、惯例、常识的反叛，是对常规的挑战。循规蹈矩的思维和按传统方式解决问题虽然简单，但容易使思路僵化、刻板，摆脱不掉习惯的束缚，得到的往往是一些司空见惯的答案。其实，任何事物都具有多方面属性。由于受过去经验的影响，人们容易看到熟悉的一面，而对另一面却视而不见。逆向思维能克服这一障碍，破除由经验和习惯造成的僵化的认识模式，往往能出人意料，给人以耳目一新的感觉。

任何一种有效的思维都必然遵循一定的科学规律，逆向思维之所以能逆行而顺成，取得好的结果，也是有其必然的科学根据的。唯物辩

证法的根本规律——对立统一规律告诉我们：事事有矛盾，时时有矛盾，矛盾无处不在，无时不有，矛盾双方的对立统一引起了事物的运动、变化和发展。对立统一规律要求我们在认识事物时要运用矛盾分析法。逆向思维就是唯物辩证法在思维领域的体现。逆向思维又叫"反向思维"，是指一种与常人思维取向相反的思维形态。如果多数人考虑问题是以自我为出发点的，那么以他人为出发点考虑问题就是逆向思维；如果多数人考虑问题以现在为出发点，那么以未来为出发点考虑问题就是逆向思维；如果多数人对某个问题持肯定意见，那么持否定意见就是逆向思维，反之亦然。由此可见，这个世界上并不存在绝对的逆向思维模式，当一种公认的逆向思维模式被绝大多数人掌握并应用时，它也就变成了顺向思维。求异思维也可以大致看成我们这里所说的逆向思维。下面可以通过一个小故事来更好地说明逆向思维在创新上的妙用。

小故事：吸尘器还是吹尘器？

19世纪，随着地毯的大量普及和使用，清扫地毯成了人们深感头疼的事情。这时人们希望有一种能够迅速清扫地毯上的灰尘和赃物的工具。为了有效地清除令人讨厌的灰尘，人类很早就开始了对除尘设备的研究。人们首先想到的是用"吹"的方法，即采用机器把灰尘吹掉。

1876年，英国人比萨尔经过多次实验，制造出了一种清扫器。这种清扫器，有一个容纳灰尘的箱子，并能够根据地面的情况，更换清扫刷，很快，清扫器被用于宫廷和高尔夫球场的清洁工作。

1901年，在英国伦敦火车站举行了一次公开表演，邀请各国的工程师来观摩美国生产的一种车厢除尘器的演示活动。当"吹尘器"在火车车厢里启动时，灰尘到处飞扬，使人睁不开眼、喘不过气。当时在参观者当中有一个叫布什的技师，他对这种用机器把灰尘吹走的办法，并不是很赞赏，但他从中受到了启发，他想：吹尘不行，那么反过来吸尘行不行呢？布什决定自己来亲自一试。

回到家后，布什趴到地板上，用一块手帕蒙住嘴巴使劲地吸，结果发现手帕的背面沾满了灰尘。根据自己的实验结果，布什终于发明了直接意义上的第一台真空吸尘器，如图1-9所示。1901年8月，布什组建了自己的真空吸尘器公司。

图1-9　布什发明的真空吸尘器

然而，布什最初发明的吸尘器体积太大，又需要通过汽油发动机来驱动，所以，实际使用时只能装在马车上，挨家挨户地上门服务。有一次他把吸尘器用马车拉到马路上，然后将长长的软管伸进用户的房间里去吸尘。但由于吸尘器的软管在工作时发出的声音像巨蟒的怒吼，使过往拉车的马匹受到惊吓而变得狂躁不安，他因此还遭到了警察的处罚。

后来，人们在布什发明的吸尘器的基础上又进行了改进，最终使吸尘器小型化，成为了适合普通家庭使用的小家电。而吹尘器由于功率强大的关系，得以在工厂车间等制造环境中广泛应用，并且是主要的除尘利器，如图1-10所示。

图 1-10　工业吹尘枪

第 2 章

市场分析

不做准备，就是在准备失败。

——著名政治家、科学家 本杰明·富兰克林

2.1　了解市场

创业者的任何创意（不管是用于何种行业）都需要去了解你的市场，了解你的客户，然后才能建立起自己的公司。在经济学中有两个关键词——需求和供给。对于公司来说，要做的就是制造"供给"，去解决"需求"。而创业者要做的就是去找到这两个具体的"需求"——个人层面上的自我实现需求，以及社会层面上的市场需求。

阿什·莫瑞亚在他的书《精益实战》中对这两个需求做出了简明的定义，即自我实现需求是："我有一个值得解决的问题吗？"而切合市场需求的是："我做的东西有人想要吗？"因此在着手创建你的第一次产品原型之前，不妨先考虑以下三个重要的问题。

● 创业试图解决的问题是什么？
● 有这些问题的人都是谁？
● 这些人为什么要花钱买我的产品，而不是市场上已经存在的其他产品？

这些问题的目的可以帮助创业者识别和理解自己产品的内在驱动力，这个驱动力会引导顾客购买产品，并精准地细分市场，为创业者本人留出一席之地。

2.1.1　市场规模

刚上路的菜鸟创业者们通常会犯同一个错误，那就是过高地估计了买家数量。例如创业者想要研发并销售一款用于心脏病诊疗的医疗设备，那么，潜在的、有价值的销售对象并不是世界上所有的医院，而是那些仅落在创业者本人销售渠道之内（受地理因素和业务结构所限）的医院，只有他们才会想要买创业者的产品。另外还要考虑到竞争对手的存在，有些医院会从竞争对手那里购买；或者就是完全没有购买意愿，因为他们用不着。

综上所述，为了让市场的指向更加明确，以及了解目标市场规模的大小，从而判断出最重要的盈利空间。这就要求创业者必须事先做好充分的市场调查，做到有的放矢。这方面可借鉴一些市场营销人员的策略。营销人员通常会将市场规模划分为三个不同的范围（范围嵌套关系如图2-1所示）。

图 2-1　市场范围的划分

1. 总的潜在市场

有时也被称为"总的可用市场"。"总的潜在市场（Total addressable market，TAM）"范围指的是特定的产品或服务在指定的情况下所能获得的最大盈利。这个盈利值仅供参考，因为它的前提背景是建立在没有竞争、没有损耗的理想条件下。关于总的潜在市场范围，有一点还是要分清楚的，那就是它指的"范围"是全球的，还是某个地区的，不然二者之间的值会相差很大。

2. 可服务的市场

"可服务的市场（Serviceable available market，SAM）"

包含在"总的潜在市场"。"可服务"一词点明了该市场的含义，即由那些需要某种服务或具体产品的客户所组成的市场，其中的市场份额是可以争取到的。"可服务的市场"在指定的区域中存在着竞争关系，公司若想拓展该市场，也受限于具体的分销渠道。

3. 可获得的市场

"可获得的市场（Serviceable obtainable market，SOM）"是指已经实际获得的市场份额。该市场受到竞争、成本、外联、分销渠道等诸多因素的限制。但是这部分市场中的客户都是实际的支柱，是必须稳住的对象。

回到上面提到的售卖医疗设备的例子。在这个例子中，"总的潜在市场"指的就是世界上所有的医院；而"可服务的市场"则在此基础上进行了简单的筛选——医院必须位于中国境内、有专门用来接待心脏病人的病室，或者有一个独立的运作系统；接下来"可获得的市场"再对此进行进一步市场筛选——这些医院还没有接触过同类的产品，也就是竞争对手还没有触及这些医院。一般而言，如果到了"可获得的市场"这个环节还有20%或更多的医院与竞争对手有过合作，那这块医疗设备的市场估计就很难有所突破了。这时创业者就应该考虑是否该继续下去，抑或是更换其他的行业。

因此当你和合作伙伴在畅想自己公司的未来时，不妨先现实一点做一些这种市场规模的分析，评估一下自己的SOM，即"可获得的市场"。这些工作除了能让创业者变得更为理性，也会有助于说服那些风投资本家们。

小故事：小油漆厂的市场分析

英国有一家小油漆厂，访问了许多潜在消费者，调查他们的需要，并对市场做了以下细分——本地市场的60%是一个较大的普及市场，

对各种油漆产品都有潜在需求，但是本厂无力参与竞争。另有4个分市场，各占10%的份额。一个是家庭主妇群体，特点是不懂室内装饰需要什么油漆，但是要求质量好，希望油漆商提供设计，油漆效果美观；一个是油漆工助手群体，顾客需要购买质量较好的油漆，替住户进行室内装饰，他们过去一向从老式金属器具店或木材厂购买油漆；一个是老油漆技工群体，他们的特点是一向不买调好的油漆，只买颜料和油料自己调配；最后是对价格敏感的青年夫妇群体，他们收入低，租公寓居住，按照英国的习惯，公寓住户在一定时间内必须油漆住房，以保护房屋，因此，他们购买的油漆不求质量，只要比白粉刷浆稍好即可，但价格要便宜。

经过研究，该厂决定选择青年夫妇作为目标市场，并制定了相应的市场营销组合。

（1）产品。经营少数不同颜色、不同规格的油漆，并根据目标顾客的喜好，随时增加、改变或取消颜色种类和规格。

（2）分销。产品送抵目标顾客住处附近的每一家零售商店。目标市场范围内一旦出现新的商店，立即营销本厂的产品，使其成为销售商。

（3）价格。保持单一、低廉的价格，不提供任何特价优惠，也不跟随其他厂家调整价格。

（4）促销。以"低价""满意的质量"为号召，以适应目标顾客的需求特点。定期变换商店布置和广告版本，创造新颖的形象，并变换使用不同的广告媒体。

由于市场选择恰当，市场营销战略较好地适应了目标顾客，虽然经营的是低档产品，该企业仍然获得了很大的成功。

因此，新时期的创新者们，一定不能忽视市场调查的重要性，切不可迷信"技术越高、市场越大"的荒谬理论。

2.1.2　市场变化轨迹

计算市场规模可以粗略地估计盈利空间，也就是大概能赚到多少钱。而市场的变化轨迹研究则能告诉你能不能赚到钱。市场轨迹是指一个给定的市场环境中，判断它在扩张，还是在收缩，简而言之，它代表的是趋势。

在经济学的计算公式中，市场的扩大或收缩有着许多不同的影响因素。就拿前面的医疗设备的例子来说，也许全国所有的5723家医院都经营不善，效益普遍不好。那么，按此行情进行判断，再打算将设备卖给医院也许就不是一个高明的判断，相反应该考虑卖给三四线城市的小诊所。

对于消费类产品，人口结构的变化是预测市场轨迹的一个重要因素。经常提到的一个例子是我国老年人（60岁以上）的数量，在近几年正在迅速增长。在2010年，全国共有近1.77亿老年人（占全国人口的13.26%），另外还有研究数据表明，到了2030年，这一数字将增长到3.6亿（约占全国人口的20%）！虽然这些信息不会告诉你其中每个人的生活、消费习惯，但同样可以就人口增长做出合理的判断，例如一些老年人用品（包括各种保健药品、家庭医疗工具、老年人娱乐设施）市场必将得到一次增长。

在其他时候，潜在用户的数量可能会保持不变，但行业的经营手法的变化可能导致市场扩张或收缩。例如，黑莓手机的市场份额大幅下降的原因之一，就是公司开始允许员工在工作中使用自己品牌的移动设备。

通过收集数据来判断趋势走向的工作非常具有挑战性。在百度页面搜索相关信息，可以得到很多新闻文章或博客文章，其中会提到市场分析，这些文章所引用的数据通常来自于专业调查公司发布的白皮书，白皮书的确是丰富的信息来源，但很难免费获得，通常要花费几百到几千元购买。

知乎是一个查看其他人是否张贴有相关数据的好地方，在此也可以找到行业专家来咨询自己的问题。有许多知名网友、大 V 会在自己的文章下方链接打开数据集和有用的市场规模资源维护市场研究的部分。

创业过程中的许多决策是非常理性的事情，因此要学会相信数字，而不是凭个人的主观臆断，空想并不足以支撑起一家公司。运行分析基于几个不同的场景（又称为"敏感性分析"），可以帮助创业者评估到一个特定的假设负重下，能有多少的盈利。如果开始了粗略地市场规模评估，可以同时预测基于最好的情况、基于最糟糕的情况和一般预期的结果数字。

小故事：柯达的覆灭

柯达，这个在相机胶卷行业称霸全球百年的企业，于 2012 年 1 月申请破产。它过往的光荣与梦想，已随着数码技术与信息时代的来临化作了一江春水，如图 2-2 所示。

图 2-2　柯达破产漫画

柯达在 1900 年时，就已经是一家销售网络遍布法国、德国、意大利和其他欧洲国家的超级公司。此外，日本的销售办事处已经在筹划之

中，而加拿大的生产厂随着加拿大柯达有限公司的成立也已经开始动工建设。至 20 世纪 90 年代，柯达的生产厂遍及加拿大、墨西哥、巴西、英国、法国、德国、印度、中国和美国。同时，柯达通过世界各地的子公司将其产品销往 150 多个国家和地区。但就是这样一家看似巨无霸的公司，却在短短十年内以摧枯拉朽之势坍塌，其教训之深刻，后世企业不可不鉴。

其实，早在 1976 年柯达就开发出了数码相片技术，并将该技术运用于航天领域。1991 年柯达就有了 130 万像素的数码相机。从这些产品创新时间来看，柯达的技术一开始并不落后，但其数码产品为何迟迟没有发展壮大？前柯达员工总结了如下 3 点原因。

● 知识管理体系固化。柯达的管理层长期被化学专业人士把控，出身电子产业的人士较少。
● 柯达的一切管理，还是围绕着胶片转圈的，据统计，截至 2002年，柯达彩印店在中国的数量达到 8000 多家，比当时的几大快餐巨头的门店还多数倍。
● 柯达的资金、人力也都还沉淀在胶片里，公司在利益和思维上都还是围绕着胶片运转的，自然不能发起数字革命。

也许柯达太成功了，它的模式、思维和运作都紧紧抱着过去的思维和管理方式不放，对于一个巨大、成功的企业，正像俗语说的，"船小好掉头"，一个大企业，一个有自己成功模式的企业，真的很难彻底进行改变，很难在思维上做大的战略抉择。因为，对于他们来说，不仅风险巨大，而且成本太大。已经沉淀的东西想改变太难，特别是经营者在思维上没有彻底地改变，根本不会出现太大的战略调整。整个组织已经深陷自己成功的模式和思维里了。

但这个时代却是飞速变化的时代，一项新技术足以摧毁一个行业，近年来，因为一项新技术的发展而使一个行业全军覆灭的事例太多。也有人提出过，因为技术创新而成功的苹果公司，会不会也因为技术的发

展变化、技术的趋同而导致企业危机的产生。也许，这不是杞人忧天。对于一些成功的企业来说，成功的方法有很多，都有着自己特有的模式，自己沉淀了很多管理方法和运作模式，形成了自己独特的思维和意识。

尤其现在是网络飞速发展的时代，网络已经成为我们的第二生活，如果我们还沉浸在过去的成功、过去的模式、过去的思维，都有可能被时代的列车抛弃。特别是我们的传统企业，一定要正视市场的变化、网络的发展、市场的变迁、思维的调整。

从某种意义上讲，市场永远有机会，中小企业及创业者们只能跟上市场的发展，把握住市场的变化轨迹，掌握战略制胜点，一个新的行业，一个新的企业，都有可能产生并得到快速发展。

2.1.3　案例：可穿戴设备的鼻祖——Jawbone

在可穿戴设备浪潮大行其道的今天，Jawbone 公司被认为是这个领域的鼻祖，其估值一度与 Uber 不相上下。Up 智能手环、蓝牙耳机和音响是该公司的三大标志性产品，如图 2-3 所示。

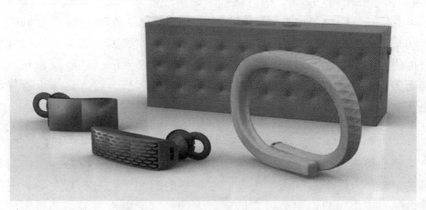

图 2-3　Jawbone 公司的三大标志性产品

Jawbone 的设备其实在一定程度上与苹果公司的产品十分相似。

该公司同样推崇极简主义，Jambox 只有三个大按钮，Up 只有一个按钮。不过与苹果公司的拉丝金属和玻璃的极简主义不同的是 Jawbone 的极简主义风格是温暖、柔软、有质感的。伴随着人们从带有屏幕的产品转向更加直接的触觉的互动时，Jawbone 设计中的人文元素会帮助它占得竞争优势。对于这种戴在身上的设备，如果它的感觉更像是你身体的一部分，而不是像机器人附件，你将会获得更好的体验。

如同 Jawbone 创始人侯赛因·拉赫曼所说的那样："作为硬件创业者，我们处在一个工艺性和工程性的交叉点，我们所做的很多工作对用户几乎是不可见的，而且它的意义超出了设计本身。Jawbone 的团队在过去的十几年里一直在设计产品，我们认为硬件创新已经慢慢从设计转向了美学，这是工程和美学交叉碰撞的地方，这一切的终极目标是通过技术让人们的生活更加美好。"这看上去似乎更像是 Jawbone 顺应市场需求得出的结论。

现在正处于一个"物联网"时代，如今，连接着各种传感器、拥有极强计算性能的智能设备充斥在你的周围，这些设备通过无线与人们互联，无时无刻不在与人们对话。物联网时代，所有的东西都是智能的、联网的、有自己的 APP，但是这并未给用户带来便捷。微波炉、冰箱、汽车、X-Box、机顶盒，所有的东西都有自己的 APP，但是它们彼此之间却无法对话，这对用户其实是一种困扰。侯赛因·拉赫曼认为，用一种统一的原则将所有东西组织起来是非常有必要的。物联网未来的发展趋势，需要通过这些组织原则让用户更好地理解、接入这些设备并与之互动。所以我们的思维角度应该从具体的东西向用户个体转移。

纵观整个创新过程，其实还是在解决"为什么"这个问题，这个产品到底想要解决一个什么样的问题，如何去实施它。侯赛因·拉赫曼提到，我个人在"为什么"上花费了很多的时间，在产品开发不断向前推进的过程中，我还是会经常回到"为什么"上来，思考产品是否符合了最初的设想，所有的创新都是否是按着它指导的方向前进的。到底想通过这个产品解决用户的哪个痛点，要让用户一旦使用了我们的产品，

就再也离不开它，不管他们是迫切希望解决这个问题还是他们现在没意识到自己有这个需求，但是用了我们的产品以后，就无法再离开它。Jambox 就是一个很好的例子，2010 年秋天我们推出 Jambox 的时候，市场上根本没有对蓝牙音箱的需求，但是在 2013 年的圣诞节，蓝牙音箱在音箱市场的份额已经达到了 78%。短短几年我们就颠覆了从 20 世纪五六十年代发展至今的音箱行业。

侯赛因·拉赫曼一直强调"保持用户体验，从蓝牙耳机开始。"他认为，蓝牙是物联网的核心技术。侯赛因·拉赫曼的目光不止放在现在，更是遥远的未来，想象未来的需求，而现在做的产品都是逐渐向最终阶段的过渡。现在产品无法实现的功能，他会在下一个产品上继续尝试，最终带领客户进入他的世界。然而这个过程，将会在不断的过渡中慢慢完成。不仅是从市场的需求中求取创新，更是由创新来引领市场。

2.2　划分市场

如果把市场比作一张大饼，那你要做的不是考虑怎么一口把它吃掉，而是找到最适合自己消化的那一块，然后小心翼翼地将它分割出来——这个过程，就可以称为"划分市场"，也叫"市场细分"。

市场细分是大多数营销人员和品牌开发商用来标识那些最有可能获得新产品的群体的过程。分割涉及广阔的潜在市场，划分不同子集的分享的共同特点和需要的人。这些子集的客户可能会共享类似响应特定的媒体渠道或广告的方法。一旦该品牌已确定了相关字段属性，它可以设计不同的营销组合最有可能达到他们。

市场细分在产品原型制作阶段的目的，就是帮助创业者重新认识并理解创业者所构建的产品，是否符合最初所设想的产品功能，以及目标客户群的品位。这就好比是在开大脚之前再确认一下踢球的方向，你不可能在连边都分不清的情况下拿到 MVP，自然也不能在迷失市场方

向后还能做得很好。

市场细分可以帮助创业者将精力专注于那些最有可能购买自己产品的客户。好的市场细分不仅是鉴别潜在的早期采用者及客户的方法，还是能帮助公司长期生存下去的秘诀。理想的市场细分是界限清晰，且市场容量巨大，而且足够稳定（即市场内部环境将相对地保持不变），或者正在上升期，且已经蕴含了足够的购买力，足以让公司盈利。

2.2.1　客户获取成本（CAC）和生命周期价值（LTV）

在 2.1.1 一节中，一个有意义的划分目标就是可行性，即能否将创业者的产品推上市场，卖给消费者。像那些初创的软件公司，特别是那些实行精益创业的公司，在一开始就会采集客户的两个指标。

第一个指标是客户获取成本（CAC，Customer Acquisition Cost）。该指标表示要获取一位客户，让他来购买你的产品或服务所要花费的成本。它主要包括市场调研、广告投入、促销活动（如第一个订单打 9 折），以及销售提成（销售人员的工资和奖金）等方面的花费。

第二个指标是客户生命周期价值（LTV，Life Time Value）。是指从一个客户开始对企业进行了解或企业欲对某个客户进行开发开始，直到客户与企业的业务关系完全终止，且与之相关的事宜完全处理完毕的这段时间之内所花费的成本。其实在创业的更早阶段，如产品的原型制造阶段就需要了解对于自己的公司来说，哪一种成本更能争取到更多的客户。如果客户们不重视传统上廉价的营销渠道，或者如果创业者的公司不能达到他们的要求（如时间或价格），那么，他们就不会完全认可创业者的实力，尤其是对于那些刚开始上路的创业者来说。

小故事：吉列剃须刀的推广

提起吉列剃须刀（如图 2-4 所示），相信大多数男性都不会陌生。

世界上生产刀片的企业不少，但没有一家拥有吉列一样的知名度。吉列本身的规模也并不大，还进不了世界500强，那为什么吉列剃须刀会在世界上拥有这么高的知名度呢？

图 2-4　吉列剃须刀

在19世纪末期的几十年中，美国有关安全剃须刀方面的专利起码有几十个，吉列只不过是其中之一。使用安全剃须刀不像先前的折叠式剃须刀那样容易刮伤脸，又可免去光顾理发店的时间和金钱，但是这种看似很有市场的商品却卖不出去，原因是它太贵了。去理发店只花10美分，而最便宜的安全剃须刀却要花5美元，这在当时可不是一个小数目，因为它相当于一个高级技工一个星期的薪水。

吉列的安全剃须刀并不比其他剃须刀好，而且生产成本也更高，但别人的剃须刀卖不出去，吉列的剃须刀却供不应求，原因就在于它实际上"贴本"把剃须刀的零售价定为55美分，批发价25美分，这不到其生产成本的1/5。同时，他以5美分一个的价格出售刀片，而每个刀片的制造成本不到1美分，这实际上是以刀片的赢利来补贴剃须刀的亏损。当然吉列剃须刀只能使用其专利刀片。由于每个刀片可以使用6~7次，每刮一次脸所花的钱不足1美分，只相当于去理发店花费的1/10，因而有越来越多的消费者选择使用吉列剃须刀。

吉列的成功在于它采取了一种合适的定价方法，其中包含着一个简单的道理——消费者购买一种产品或服务并不形成最终的经济行为，而是一个中间行为，消费者用这种行为来"生产"最后的"满足"或"福利"。顾客要购买的并不是剃须刀，而是刮脸，刮脸的最终目的是使他看起来形象更好、更体面等。为了达到这个目的，他去理发店、买折叠式剃须刀或安全剃须刀三种选择，而吉列的定价方法使他选择购买吉列剃须刀最为划算。在竞争对手们想方设法降低生产成本时，吉列独辟蹊径，它的定价方法反映了消费者购买的真正"价值"，而不是生产商的"成本"，这是它成功的最大原因。

吉列的定价方法为后来的许多企业所模仿。日本企业的佳能、理光、富士通等大牌厂商就把打印机的价格定得很低，以此来吸引消费者购买，同时它们又把墨盒的价格定得很高。打印机是基本不赚钱甚至是亏本的，而墨盒却有数倍的利润，这样消费者实际付出的是"打印件"的成本，而不是"打印机"的成本。

当然这种做法是需要具备一些条件的：一是亏本的产品与赢利的产品一定要配套。假如消费者买了55美分的吉列剃须刀，又可以从别的厂商那里买1美分的刀片，那么等待它的结果只有破产；二是对消费者的消费情况一定要有一个准确的判断。吉列每销售一把剃须刀亏本1美元，相当25个刀片的利润，它必须对消费者的平均刮脸次数有一个较准确的估计，假如平均每个消费者每年只用二三个刀片，它也就亏定了；三是竞争对手不会或无力进行恶性竞争。假如有人大量收购吉列剃须刀而又不买刀片，吉列也只有破产一条路可走；四是别人的模仿不会对其造成重大威胁。灵活的定价和销售方法可以使顾客愿意为他们所买的东西付钱，而不是为厂商所生产的东西付钱，不管是吉列的定价方法还是分期付款或租赁，价格的处理安排一定要符合消费者实际购买的事物。

2.2.2　消费者人群与消费心理学

根据不同的市场特点，市场可以有多种分类方法，其中最常见的

两种是用户特征分析和用户行为分析。而根据用户特征的市场细分，又包括两种类型的客户分析。

1.人口统计分析

人口统计数据是可量化的统计数据，用以描述一个特定的人口。一个市场人员的基本人口配置文件可能包括年龄、人种或种族、性别。其他的人口统计数据还包括婚姻状况、所受的最高教育水平、经济条件（家庭收入、社会阶层）、职业、代际（80后、90后）以及子女数量。有时，人口统计数据会纳入地区的统计范围。

2.消费心理分析

消费心理将消费者按各自的兴趣爱好，以及活跃领域进行划分（即营销人员常说的IAO变量）。这些因素包括个人的性格特征、处事态度、兴趣爱好或生活方式等。试想，如果在一所高中里，当你听到诸如"运动员""书呆子"或者"非主流"之类的名称，那你可能马上就能联想到相应人员的穿着打扮，并且想象出他们的兴趣爱好及购物习惯。

小故事：为中老年女性"开小灶"

如今满街的时装店开得比金铺、米店还要多，但望衣兴叹，抱怨购衣难、制衣难的中老年消费者依然大有人在。岁月流逝，青春不再，要么是服装尺码规格对不上路、配不上号，要么是款式陈旧、颜色暗淡，连老太太们都看不上眼。据说，服装生产部门也有难言之隐，发福女性身材的各部分尺寸比例可谓千差万别、千人千面，就连版样都很难确定，核算成本、定价格更是难上加难，如果用料多了，价格稍微高一些，买主往往以为：莫不是你乘人之"难"非得宰我一刀不成？

位于老西门的上海全泰服饰鞋业总公司，近年来为中老年顾客解决购衣难题是全国出了名的。但毋庸讳言，以往的解难偏重于拾遗补缺，主要集中于规格、尺码、特殊体形、特殊需求的"量"上的排忧解难为

多。随着时间的推移，银发世界里如今新成员在不断地与日俱增，其中不乏昔日穿着甚为讲究的新一代白领女性。如果说以前在穿衣戴帽的选购上，她们能够随心所欲，如今也终于尝到了购衣难的苦头。

全泰服饰鞋业总公司也因此专门为中老年职业女性的服饰配套问题进行探索。他们遴选公司各系统部门的精兵强将，集中优势人力和物力开展个性化的服装产销咨询、设计、制作一条龙的特色服务。具体的做法是，推选上海市商业系统职业明星和服务品牌、市劳模胡伟华创建的"中老年服饰形象设计工作室"担纲唱主角，配备资深样板师杜福明等主持裁剪，加工制作师傅均需要经过严格技术考核并持有5级以上证书。公司还专门委派采购人员分赴市内外各面料生产和出口主营企业翻仓倒库，寻觅花色繁多的小段"零头布"作为独家拥有的"个性化面料"，形象设计、来样定制、来样定做、来料加工、备料选样定制，犹如"小锅菜"齐上桌，深得消费者的喜爱。

针对一种特定的消费者类型，想人之所想，急人之所急，这样不仅为自己带来了实际的利润，也帮助到了需要的人，可谓之"名利双收"，这正是新常态下最为提倡的创新模式。

2.2.3 行为细分

行为细分是用来将潜在用户进行分类的另一种方法。如果创业者所投入的产品在市场上的竞争对手比较多（例如，智能的健身追踪设备），但创业者本人又掌握着提升该产品品质的方法，例如，延迟电池使用寿命，或者更加易于使用，那么，对于这样的创业者来说，市场细分就不应该还停留在简单的通过性别需求或家庭收入这种划分方法，而应该直接精研技术。

创业者也许想将客户定位至那些消费频繁的买主、大宗货物批发商或者交易猎头身上，因此会想办法增强效益，并为有效分割市场而进行练习，例如，建立一个在给定使用场景下的角色，设想自己产品的理

想使用情况，然后构建一个虚拟的顾客，试想他在购买与使用上会遇到的问题，以及这些问题是否会与创业者所掌握的技术有关联。

行为细分下的另外一个组成子集就是买方动机，这里涉及到用户寻求产品效益的类型。例如，有一个人正在考虑买一件毛衣，那么，他会优先考虑的应该是保暖、舒适度、耐用性，然后才是价格和款式。而大多数决定购买的决策通常都是由一两个主要的购物动机决定的，了解到其中最主要的一点，就能帮助你对职能部门进行战略性的分配。

在 B2B 的世界里，确定创业者的目标客户首先要做的就是划分群体，然后根据不同类型进行二次分割，在这个过程中分割理念应保持不变。当确定了潜在的客户，可能还需通过行业、标准工业分类（SIC）、市场大小、总市值，以及地理等因素对客户进行分组。在个人层面上，创业者会需要考虑客户的需求和购买动机，以此来决定最终的用户。

通常情况下，上述对于买方的分类方法，都是基于经济学基础上的，而真正终端的用户需求则基本上是技术或功能性方面的。因此对于 B2B 模式下的客户，进行行为细分也是可以的。

2.2.4　案例：Lumo Bodytech

现代化的社会中，健康与效率是现在人们关心最多的问题，如何才能保持这两个方面的高效性呢？Lumo Bodytech 公司根据现代人们的需求生产了一系列的产品。下面以 Lumo Lift 为例进行讲述。

以 Lumo Lift 作为唯一能够通过训练实现最佳姿态的活动追踪器，当选了《时代》杂志 2014 年度 25 大最佳发明之一。Lumo Lift 的尺寸为 4.5cm×2.5cm×1.3cm，重 14g，小巧精致，通过一个边长 1.5cm、厚 0.2cm 的正方形铝制磁铁吸附佩戴在胸前或者肩部，如图 2-5 所示。根据官方推荐，Lumo Lift 在穿着紧身的衣物时理想的穿戴位置在锁骨下方 1 英寸的范围内。女性用户可以选择将其固定到文胸的肩带上；

男性用户固定在贴近皮肤的衣物上。Lumo Lift 的功能是跟踪你的姿态和活动，其中包括保持正确姿态的时间、步数、距离和热量消耗，其还有训练更好的站姿和坐姿、背部弯曲等姿态不正确时振动提醒的功能。

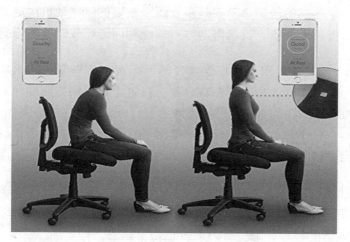

图 2-5　智能矫正器 Lumo　Lift

Lumo Lift 的特点也十分丰富。

① 小体积大能量：由于磁扣的小巧体积，Lumo Lift 既可作为一件首饰，也可轻易藏于衣服之内。

② 姿态提醒：开启姿态提醒，使自己更注意姿态，一旦感应器监测到姿态不佳，Lumo Lift 会立即以振动的方式提醒你要挺胸抬头。

③ 活动追踪：Lumo Lift 能够追踪你的姿态、步数、热量消耗和行走里程。

④ 随时查看：既可以查看每日的姿态和活动小结，还可以查看并比较数周数月中自己的进步历程。

⑤ 时尚饰品：Lumo Lift 小巧且精致，你可以选择不同的配搭方式。

既可以大方秀出你的 Lumo Lift 水晶扣、金属扣或者炫色扣，又可以把它夹在肩带上让它彻底隐形。

Lumo Lift 传感器本身拥有三种颜色，包括黑色、白色、银色，机身售价为 614 元人民币。此外你还可以实现个性化搭配，购买一套不同颜色的磁贴，售价约为 123 元人民币，还可以购买单独的圆形夹子实现更稳定的佩戴效果。

至于电池寿命，Lumo Lift 可以在两小时内充满电，并实现 5 天的续航。将 Lumo Lift 佩戴好之后，需要使用手机应用程序进行校准，你可以先站得笔直，然后将其作为基准数据，传感器会振动 3 次提醒你已经成功设定。接下来，如果你的姿势有些不够准确，传感器就会通过振动提醒你。

改善久坐人群的坐姿、站姿，从而改善脊椎状况，这就是 Lumo Lift 的意义。不过，Lumo Lift 的应用程序仍然缺乏一种相对标准的基准，也没有提供任何建议，所以实际上，是由用户来决定所谓最正确的姿势，这部分的应用体验还有待改进。

Lumo Lift 是一个非常不错的概念，相比运动手环更专注于姿势提醒，有助于生活在大城市的上班族拥有更健康的脊椎。因此庞大的潜在用户人数为该产品的成功奠定了基础。不过，它也存在一些不足，主要集中在软件方面，其没有提供一种更有效的姿势改进、督促形式，仅仅是单调地提醒。但是从创业的角度来说，它无疑给我们打开了一扇全新的大门。

2.3　商业模式

商业模式是管理学中的重要概念，也是创业过程中必须解决的问题。

2.3.1 什么是商业模式?

商业模式是创业者创意、商业创意来自于机会的丰富化和逻辑化,并有可能最终演变为盈利模式。其形成的逻辑是:机会是经由创造性资源组合,传递更明确的市场需求的可能性,是未明确的市场需求或者未被利用的资源或者能力。尽管它第一次出现是在 20 世纪 50 年代,但直到 20 世纪 90 年代才开始被广泛使用和传播,现在已经成为挂在创业者和风险投资者嘴边的一个名词。

有一个好的商业模式,就有了一半的成功保证。商业模式就是公司通过什么途径或方式来赚钱。简而言之,饮料公司通过卖饮料来赚钱;快递公司通过送快递来赚钱;网络公司通过点击率来赚钱;通信公司通过收话费赚钱;超市通过平台和仓储来赚钱等。只要有赚钱的方式,就有商业模式的存在。

简而言之,商业模式是一个企业满足消费者需求的系统,这个系统组织管理企业的各种资源(资金、原材料、人力资源、作业方式、销售方式、信息、品牌和知识产权、企业所处的环境、创新力,又称"输入变量"),形成能够提供消费者无法自力而必须购买的产品和服务(输出变量),因而具有自己能复制但不被别人复制的特性。

2.3.2 商业模式的组成

任何一次关于商业模式创新的讨论、会议或者专题研讨会,要取得良好的效果都应该在开始时就"究竟什么是商业模式"达成共识。我们需要每个人都能理解、定义的商业模式,以便于描述和讨论。大家需要从同一起点开始讨论相同的事情,因此对于商业模式的共识必须简单切题、直观易懂,又不能过于简化企业运转职能的复杂性。

本书将商业模式分为了客户、相对价值、分销渠道、客户关系、盈利来源、核心资源、关键业务、核心合作、成本结构 9 个组成部分,各部分作用依次介绍如下。

1. 客户

客户构成了任何商业模式的核心。没有（可获益的）客户，企业就不能长久存活。为了更好地满足客户，企业可能把客户分成不同的类型，每个类型中的客户具有共同的需求、共同的行为和其他共同的属性。商业模式可以定义一个或多个或大或小的客户细分类型。企业必须做出合理决议，到底该服务哪些客户细分群体，该忽略哪些客户细分群体。一旦做出决议，就可以凭借对特定客户群体需求的深刻理解，仔细设计相应的商业模式。

2.2 节介绍了客户的不同类型，下面加以总结。

1）大众市场

聚焦于大众市场的商业模式在不同客户细分之间没有多大区别。价值观、渠道通路和客户关系全都聚焦于一个大范围的客户群组，在这个群组中，客户具有大致相同的需求和问题，这类商业模式经常能在消费类电子行业中找到。

2）利基市场

以利基市场为目标的商业模式迎合特定的客户细分群体。价值观、渠道通路和客户关系都针对某个利基市场的特定需求定制。这样的商业模式常常可以在供应商—采购商的关系中找到。例如，很多汽车零部件厂商严重依赖来自主要汽车生产工厂的采购。

3）区隔化市场

有些商业模式在略有不同的客户需求及困扰的市场细分群体之间会有所区别。例如，瑞士信贷的银行零售业务，在拥有超过 10 万美元资产的大客户群体与拥有超过 50 万美元资产的更为富有的群体之间的市场区隔就有所不同。这些客户细分有很多相似之处，但又有不同的需求和困扰。这样的客户细分群体影响了瑞士信贷商业模式的其他构造块，诸如价值观、渠道通路、客户关系和收入来源。瑞士微型精密系统

公司专门提供外包微型机械设计和生产解决方案业务，服务于 3 个不同的客户细分群体——钟表行业、医疗行业和工业自动化行业，而为这些行业所提供的价值观略有不同。

4）多元化市场

具有多元化客户商业模式的企业可以服务于两个具有不同需求和困扰的客户细分群体。例如， 2006 年亚马逊决定通过销售云计算服务而使其零售业务多样化，即在线存储空间业务与按需服务器使用业务。因此亚马逊开始以完全不同的价值观迎合完全不同的客户细分群体——网站公司。这个策略（可以实施）的根本原因是亚马逊强大的 IT 基础设施经营的多样化，其基础设施能被零售业务运营和新的云计算服务所共享。

5）多边平台或多边市场

有些企业服务于两个或更多的相互依存的客户细分群体。例如，信用卡公司需要大范围的信用卡持有者，同时也需要大范围可以受理那些信用卡的商家。同样，企业提供的免费报纸需要大量的读者以便吸引广告。另一方面，它还需要广告商为其产品及分销提供资金。这需要双边细分群体才能让这个商业模式运转起来。

2. 公司的相对价值

相对价值是客户转向一个公司而非另一个公司的原因，它解决了客户的选择综合症或者满足了客户需求。每个相对价值都包含可选系列产品或服务，以迎合特定客户细分群体的需求。在这个意义上，相对价值是公司提供给客户的受益集合或受益系列。

有些相对价值可能是创新的，并表现为一个全新的或破坏性的提供物（产品或服务），而另一些可能与现存市场提供物（产品或服务）类似，只是增加了功能和特性。相对价值通过迎合细分群体需求的独特组合来创造价值。价值可以是定量的（如价格、服务速度）或定性的（如

设计、客户体验）。下面一些要素有助于为公司创造相对价值。

1）新颖

有些相对价值满足客户从未感受和体验过的全新需求，因为以前从来没有类似的产品或服务。这通常但不总是与技术有关，举例来说，移动电话围绕移动通信开创了一个全新的行业。另外，诸如伦理投资基金的产品与新技术关系甚微。

2）性能

改善产品和服务性能是一个传统意义上创造价值的普遍方法。个人计算机（PC）行业有依赖于这个因素的传统，向市场推出更强劲的机型，但性能的改善似乎也有它的局限。例如，近几年更快速的CPU、更大的磁盘存储空间和更好的图形显示都未能在用户需求方面促成对应的增长。

3）定制

定制产品和服务以满足个别客户或客户细分群体的特定需求来创造价值。近几年来，大规模定制和客户参与制作的概念显得尤为重要。这个方法允许定制化产品和服务，同时还可以利用规模经济优势。

4）极致

无论何种工作，只要能用心做到最好，足矣称得上"极致"，无疑可以创造价值。罗尔斯－罗伊斯航空公司很清楚这一点，该公司的客户完全依赖它所制造和服务的发动机，这样可以使客户把业务焦点放在他们的航线运营上。作为回报，航空公司按引擎用时向罗尔斯－罗伊斯公司支付费用。

5）设计

设计是一个重要但又很难衡量的要素。产品可以因为优秀的设计脱颖而出，在时尚和消费电子产品工业，设计是价值主张中一个特别重

要的部分。

6）品牌

客户可以通过使用和显示某个特定品牌而发现价值。例如，佩戴一块劳力士手表象征着财富。此外，女生可能穿戴最新的 GUCCI 品牌产品来显示她们的地位。

7）价格

以更低的价格提供同质化的价值是满足价格敏感客户类型的通常做法，但是低价主张对于商业模式的其余部分有更重要的含义。经济航空公司，诸如西南航空公司（Southwest）、易捷航空公司（EasyJet）和瑞安航空公司（Ryanair）都设计了全新的商业模式，以便使低价航空旅行成为可能。另一个基于价格的价值主张例子可以在印度塔塔集团（Tata Group）设计和制造的 Nano 新型汽车中找到。它以令人惊叹的低价使印度全民都买得起汽车。免费产品和服务正开始越来越多地渗透到各行各业。免费提供产品和服务的范围很广，从免费报纸到免费电子邮件、免费移动电话服务无所不包。

8）可达性

把产品和服务提供给以前接触不到的客户是另一个创造价值的方法。这既可能是商业模式创新的结果，也可能是新技术的结果，或者兼而有之。例如，奈特捷航空公司以普及私人飞机拥有权概念而著称。通过应用创新的商业模式，奈特捷航空提供私人及企业拥有私人飞机的权限，在此之前这项服务对于绝大部分客户来说都很难支付得起。同样，支付宝是通过提升可达性来创造价值的另一个例子。这种创新的金融产品使那些小康微富的人建立多元化的投资组合成为可能。

9）便利性

使事情更方便或易于使用可以创造可观的价值。苹果公司的 iPod 和 iTunes 为用户提供了在搜索、购买、下载和收听数字音乐方面前所

未有的便捷体验。现在，苹果公司已经主导了市场。

3．分销渠道

企业组织可以选择通过其自有渠道、合作伙伴渠道或两者混合来接触客户。自有渠道可以是直销的，例如内部销售团队或网站。自有渠道也可以是间接的，例如团体组织拥有或运营的零售商店渠道。合作伙伴渠道是间接的，同时在很大范围上可供选择，例如分销批发、零售或者合作伙伴的网站。

虽然合作伙伴渠道会导致更低的利润，但允许企业凭借合作伙伴的强项，扩展企业接触客户的范围和收益。自有渠道和部分直销渠道有更高的利润，但是其建立和运营成本都很高。渠道管理的诀窍是在不同类型渠道之间找到适当的平衡，并整合它们来创造令人满意的客户体验，同时使收入最大化。

4．客户关系

企业应该弄清楚希望和每个客户类型建立的关系类型。客户关系范围可以从个人到自动化。客户关系可以被以下几种动机所驱动。

● 客户获取；
● 客户维系；
● 提升销售额（追加销售）。

例如，早期移动网络运营商的客户关系由积极的客户获取策略所驱动，包括免费移动电话。当市场饱和后，运营商转而聚焦客户保留，以及提升单客户的平均收入。商业模式所要求的客户关系深刻地影响着全面的客户体验。

客户关系分成几种类型，这些客户关系可能共存于企业与特定客户细分群体之间。

1）个人助理

这种关系类型基于人与人之间的互动。在销售过程中或者售后阶段，客户可以与客户代表交流并获取帮助。在销售地点，可以通过呼叫中心、电子邮件或其他销售方式等个人助理手段来进行。

2）专用个人助理

这种关系类型包含了为单一客户安排的专门客户代表。它是层次最深、最亲密的关系类型，通常需要较长时间来建立。例如，私人银行服务会指派银行经理向高净值个人客户提供服务。在其他商业领域也能看到类似的关系类型，客户经理与重要客户保持着私人联系。

3）自助服务

在这种关系类型中，一家公司与客户之间不存在直接的关系，而是为客户提供自助服务所需要的所有条件。

4）自动化服务

这种关系类型整合了更加精细的自动化过程，用于实现客户的自助服务。例如，客户可以通过在线档案来定制个性化服务。自动化服务可以识别不同客户及其特点，并提供与客户订单或交易相关的信息。最佳情况下，良好的自动化服务可以模拟个人助理服务的体验（例如，提供图书或电影推荐）。

5）社区

目前各公司正越来越多地利用用户社区与客户／潜在客户建立更为深入的联系，并促进社区成员之间的互动。许多公司都建立了在线社区，让其用户交流知识和经验，解决彼此的问题。

社区还可以帮助公司更好地理解客户需求。制药巨头葛兰素史克在推出新的自由处方减肥药物产品 Alli 时，就建立了私营的在线社区。葛兰素史克公司希望能够更好地理解肥胖人群面临的问题，从而学会更

好地管理用户期望。

6）共同创作

许多公司超越了与客户之间传统的客户—供应商的关系，而倾向于和客户共同创造价值。亚马逊书店就邀请顾客来撰写书评，从而为其他图书爱好者提供参考。有的公司还鼓励客户参与到全新和创新产品的设计过程中来。还有一些公司，例如，弹幕视频观看网站 Bilibili（如图 2-6 所示），便请用户来创作视频供其他用户观看。

图 2-6　弹幕视频观看网站 Bilibili

5.盈利来源

如果客户是商业模式的心脏，那么收入来源就是动脉。那么，创业者必须问自己，什么样的价值能够让各类型的客户真正愿意掏钱？只有回答了这个问题，企业才能在各客户细分群体上发掘一个或多个收入来源。每个收入来源的定价机制可能不同，例如固定标价、谈判议价、拍卖定价、市场定价、数量定价或收益管理定价等。

一个公司的盈利来源不外乎以下几种方式。

1）资产销售

最为人熟知的收入来源方式是销售实体产品的所有权。亚马逊在线销售图书、音乐、消费类电子产品和其他产品。菲亚特销售汽车，客户购买之后可以任意驾驶、转售，甚至破坏。

2）使用收费

这种收入来源于通过特定的服务收费。客户使用的服务越多，付

费越多。电信运营商可以按照客户通话时长来计费；旅馆可以按照客户入住天数来计费；快递公司可以按照运送物品的距离来计费。

3）订阅收费

这种收入来自销售重复使用的服务。一家健身房可以按月或按年以会员制方式来销售健身设备的使用权；《魔兽世界》——一款基于网络的电脑游戏，如图 2-7 所示，允许用户使用按月订阅（即通常所说的"月卡"）的付费方式；诺基亚的音乐服务也可以让用户通过按月订阅付费的方式来收听音乐。

图 2-7　订阅收费的网游大作——《魔兽世界》

4）租赁收费

这种收入来源于针对某个特定资产在固定时间内的暂时性排他使用权。对于出借方而言，租赁收费可以带来经常性收入的优势；另一方面，租用方或承租方可以仅支付限时租期内的费用，而无须承担购买所有权的全部费用。

Zipcar.com（如图 2-8 所示）提供了一个很好的例证，该公司可以让客户在北美各大城市按小时租车。Zipcar.com 的服务导致许多消

费者决定租赁汽车而不再购买汽车。

图 2-8　提供租车服务的 Zipcar.com

5）授权收费

这种收入来自将受保护的知识产权授权给客户使用，并换取授权费用。授权方式可以让版权持有者不必将产品制造出来或者将服务商业化，仅靠知识产权本身即可产生收入。授权方式在媒体行业非常普遍，内容所有者保留版权，但是可以将使用权销售给第三方。同样，在技术行业，专利持有人授权其他公司使用专利技术，并收取授权费作为回报。

6）经纪收费

这种收入来自为了双方或多方之间的利益所提供的中介服务而收取的佣金。例如，信用卡提供商作为信用卡商户和顾客的中间人，从每笔销售交易中抽取一定比例的金额作为佣金。同样，股票经纪人和房地产经纪人通过成功匹配卖家和买家来赚取佣金。

7）广告收费

这种收入来源于为特定的产品、服务或品牌提供广告宣传服务。传统上，媒体行业和会展行业均以此作为主要的收入来源。近几年，在其他行业包括软件和服务，也开始逐渐向广告收入倾斜，尤其是最近正火爆的"网红"经济。

6.核心资源

核心资源用来描绘让商业模式有效运转所必需的最重要因素。

每个商业模式都需要核心资源，这些资源使企业、组织能够创造和提供价值主张、接触市场、与客户细分群体建立关系并赚取收入。不同的商业模式所需要的核心资源也有所不同。微芯片制造商需要资本集约型的生产设施，而芯片设计商则需要更加关注人力资源。

核心资源可以是实体资产、金融资产、知识资产或人力资源。核心资源既可以是自有的，也可以是公司租借的或从重要伙伴那里获得的。核心资源可以分为以下几类。

1）实体资产

实体资产包括实体的资产，诸如生产设施、不动产、汽车、机器、系统、销售网点和分销网络等。沃尔玛和亚马逊等零售企业的核心资产就是实体资产，且均为资本集约型资产。沃尔玛拥有庞大的全球店面网络和与之相配套的物流基础设施；亚马逊拥有大规模的 IT 系统、仓库和物流体系。

2）知识资产

知识资产包括品牌、专有知识、专利和版权、合作关系和客户数据库，这类资产日益成为强健商业模式中的重要组成部分。知识资产的开发很难，但成功建立后可以带来巨大价值。快速消费品企业例如耐克和索尼主要依靠品牌为其核心资源。微软和 SAP 依赖通过多年开发所获得的软件和相关的知识产权。宽带移动设备芯片设计商和供应商高通是围绕芯片设计专利来构建其商业模式的，这些核心资源为该公司带来了大量的授权收入。

3）人力资源

任何一家企业都需要人力资源，但是在某些商业模式中，人力资源

更加重要。例如，在知识密集产业和创意产业中人力资源是至关重要的。制药企业，例如诺华公司，在很大程度上依赖于人力资源，其商业模式基于一批经验丰富的科学家和一支强大、娴熟的销售队伍。

4）金融资产

有些商业模式需要金融资源抑或财务担保，例如现金、信贷额度或用来雇用关键雇员的股票期权池。电信设备制造商爱立信提供了一个在商业模式中利用金融资产的案例。爱立信可以选择从银行和资本市场筹资，然后使用其中的一部分为其设备客户提供卖方融资服务，以确保是爱立信而不是竞争对手赢得订单。

7. 关键业务

关键业务构造模块用来描绘为了确保其商业模式可行，那些企业必须做的、最重要的事情。

任何商业模式都需要多种关键业务活动。这些业务是企业得以成功运营所必须实施的最重要的动作。正如核心资源一样，关键业务也是创造和提供价值主张、接触市场、维系客户关系并获取收入的基础。而关键业务也会因商业模式的不同而有所区别。例如对于微软等软件制造商而言，其关键业务包括软件开发；对于戴尔等计算机制造商来说，其关键业务包括供应链管理；对于麦肯锡咨询企业而言，其关键业务包含问题求解。

关键业务可以分为以下几类。

1）制造产品

这类业务活动涉及生产一定数量或满足一定质量的产品，与设计、制造及发送产品有关。制造产品这一业务活动是企业商业模式的核心。

2）问题解决

这类业务指的是为个别客户的问题提供新的解决方案。咨询公司、

医院和其他服务机构的关键业务是问题解决。它们的商业模式需要知识管理和持续培训等业务。

3）平台／网络

以平台为核心资源的商业模式，其关键业务都是与平台或网络相关的。网络服务、交易平台、软件，甚至品牌都可以看成是平台。淘宝的商业模式决定了公司需要持续地发展和维护其平台——淘宝网站；而维萨（Visa）的商业模式需要为商业客户、消费者和银行服务的 Visa 信用卡交易平台提供相关的业务活动；微软的商业模式则是要求管理其他厂商软件与其 Windows 操作系统平台之间的接口。此类商业模式的关键业务与平台管理、服务提供和平台推广相关。

8. 核心合作

关键合作构造块用来描述让商业模式有效运作所需的供应商与合作伙伴的网络。

企业会基于多种原因打造合作关系，合作关系正日益成为许多商业模式的基石。很多公司创建联盟来优化其商业模式、降低风险或获取资源。我们可以把合作关系分为以下 4 种类型。

● 在非竞争者之间的战略联盟关系。
● 在竞争者之间的战略合作关系。
● 为开发新业务而构建的合资关系。
● 为确保可靠供应的购买方—供应商关系。

以下 3 种动机有助于创建合作关系。

1）商业模式的优化和规模经济的运用

伙伴关系或购买方—供应商关系的最基本形式，是设计用来优化资源和业务的配置。公司拥有所有资源或自己执行每项业务活动是不合

逻辑的。优化的伙伴关系和规模经济的伙伴关系通常会降低成本，而且往往涉及外包或基础设施共享。

2）风险和不确定性的降低

伙伴关系可以帮助减少以不确定性为特征的竞争环境的风险。竞争对手在某一领域形成了战略联盟而在另一个领域展开竞争的现象很常见。例如，蓝光（一种光盘格式）由一个世界领先的消费类电子、个人计算机和媒体生产商所构成的团体联合开发。该团体合作把蓝光技术推向市场，但个体成员之间又在竞争销售自己的蓝光产品。

3）特定资源和业务的获取

很少企业拥有所有的资源或执行所有其商业模式所要求的业务活动。相反，它们依靠其他企业提供特定资源或执行某些业务活动来扩展自身能力。这种伙伴关系可以根据需要，主动地获取知识、许可或接触客户。例如，移动电话制造商可以为它的手机获得一套操作系统授权而不用自己开发；保险公司可以选择依靠独立经纪人销售其保险，而不是发展自己的销售队伍。

9. 成本结构

成本结构构造块用来描绘运营一个商业模式所引发的所有成本。

这个构造块用来描绘在特定的商业模式运作下所引发的最重要的成本。创建价值和提供价值、维系客户关系，以及产生收入都会引发成本。这些成本在确定关键资源、关键业务与重要合作后可以相对容易地计算出来。然而，有些商业模式，相比其他商业模式更多的是由成本驱动的。例如，那些号称"不提供非必要服务"的航空公司，是完全围绕低成本结构来构建其商业模式的。

很自然，在每个商业模式中成本都应该被最小化，但是低成本结构对于某些商业模式来说比另外一些更重要。因此，区分两种商业模式

成本结构类型会更有帮助，即成本驱动和价值驱动（许多商业模式的成本结构介于这两种极端类型之间）。

1）成本驱动

成本驱动的商业模式侧重于在每个地方尽可能地降低成本。这种做法的目的是创造和维持最经济的成本结构，采用低价的价值主张、最大限度的自动化和广泛外包。廉价航空公司，如西南航空、易捷航空和瑞安航空公司就是以成本驱动商业模式为特征的。

2）价值驱动

有些公司不太关注特定商业模式设计对成本的影响，而是专注于创造价值。增值型的价值主张和高度的个性化服务通常是以价值驱动型商业模式为特征的。豪华酒店的设施及其独到的服务都属于这一类。

成本结构由以下几个方面组成。

- 固定成本：不受产品或服务的产出业务量变动影响而能保持不变的成本，例如薪金、租金、实体制造设施。有些企业，例如那些制造业的公司，是以高比例固定成本为特征的。
- 可变成本：伴随商品或服务产出业务量而按比例变化的成本。有些业务，如音乐节，是以高比例可变成本为特征的。
- 规模经济：企业享有产量扩充所带来的成本优势。例如，规模较大的公司从更低的大宗购买费用中受益。随着产量的提升，这个因素和其他因素一起，可以引发平均单位成本下降。
- 范围经济：企业由于享有较大经营范围而具有的成本优势。例如，在大型企业，同样的营销活动或渠道通路可支持多种产品。

2.4 经典商业模式赏析

了解了商业模式的组成，本节便为读者总结当前已经出现并较为成熟的商业模式，每一类都为许多公司带来了不俗的表现。

2.4.1 案例：非绑定式商业模式——私人银行

"非绑定"模式的概念认为，存在三种不同的基本业务类型：客户关系型业务、产品创新型业务和基础设施型业务。每种类型都包含不同的经济驱动因素、竞争驱动因素和文化驱动因素。三种类型可能同时存在于一家公司里，但是理论上这三种业务"分离"成独立的实体，以避免冲突和不利的权衡妥协。

瑞士的私人银行为非常富有的人提供银行服务，私人银行业一直以来被认为是一个保守、缺乏活力的行业。然而过去的十年间，瑞士的私人银行业却发生了天翻地覆的变化。从传统上讲，私人银行机构都是垂直整合的，且工作范围涵盖资产管理、投资和金融产品设计等。选择紧密垂直整合的方式是有充足理由的，因为外包的成本很高，而且出于保密性考虑，私人银行宁愿将所有的业务都放在自己的体系内部。

但是行业环境正在发生着变化，瑞士私人银行业的运作方式已不再是秘密，保密已经变得不那么重要了。由于特殊服务提供商的涌现，而导致银行价值链的分裂，使外包变得越来越有吸引力，这些特殊服务提供商包括交易银行和金融产品专营机构，而金融产品供应商则专注于设计新的金融产品。

总部位于苏黎世的私人银行 Maerki Baumann 就是采取非绑定式商业模式的典范。它们将面向交易的平台业务分拆为驻内银行（Incore Bank）实体（注：驻内银行是银行根据业务需要分拆出来的一个独立机构，国内可理解为卖理财产品的，用来维护原银行的公信力，毕竟不能王婆卖瓜自卖自夸），这些实体为其他银行和证券商提供银行服务。现在，Maerki Baumann 本身正专注于建立良好的客户关系，并提供咨询服务。

另一方面，位于日内瓦的 Pictet 银行是瑞士最大的私人银行，它们更喜欢坚持整合的模式。这家有着 200 年历史的金融机构拥有良好的客户关系，处理大量客户的交易，并且自己设计金融产品。虽然该银

行以这种模式取得了成功，但是仍然需要小心翼翼地权衡、管理着这三类有着根本差异的业务。

2.4.2 案例：长尾式商业模式——芭比娃娃

长尾式商业模式的核心是多样少量，该模式关注于为利基市场提供大量产品，每种产品相对而言卖得都少。利基产品销售总额可以与凭借少量畅销产品产生绝大多数销售额的传统模式相媲美。长尾模式需要低库存和强大的平台，并使利基产品对于兴趣买家来说容易获得。

长尾概念是由克里斯·安德森提出的，这个概念描述了媒体行业从面向大量用户销售少数拳头产品，到销售庞大数量的利基产品的转变，而每种利基产品都只产生小额销售量。长尾理论在媒体行业以外的其他行业也同样有效。安德森认为引发了长尾现象的有三个经济触发因素。

① 生产工具的大众化：不断降低的技术成本使个人能够接触到就在几年前还十分昂贵的工具。
② 分销渠道的大众化：电子商务使产品能以极低的库存、沟通成本和交易费用，为利基产品开拓新市场。
③ 连接双方的搜索成本不断下降：销售利基产品真正的挑战是找到感兴趣的潜在买家。如今强大的搜索和几大电子商务平台，已经让这些挑战容易多了。

作为长尾模式最为典型，也是最为成功的代表，芭比娃娃已经历经了50余年的市场考验，而且至今风度不减，如图2-9所示。至今仍然没有同类玩具产品能够打破芭比娃娃在全球一秒钟卖出三个的纪录，甚至有统计显示，芭比娃娃的数量比美国人口还要多。那么是什么样的营销经验使芭比娃娃有了现在的成就呢？

图 2-9　门类广泛的芭比娃娃系列

1. 时尚与创新的营销

犹太人曾说：只做和女人、小孩有关的生意。把握好女人和孩子的心理，便能获取超高的附加值。露丝·汉德勒同样如此，只盯着女人和孩子的口袋。芭比娃娃在诞生之初，露丝·汉德勒就致力于将它打造成追求完美与时尚的女性形象代言人，以美来俘获消费者的芳心。除了魔鬼的身材，还有 Armani、Vera Wang、Prada 等名设计师为它设计的上亿套高品位服装，它的衣橱是女人和孩子的梦想。

《芭比时尚》编辑葛伦 – 曼多维勒曾说过："许多女性购买'芭比娃娃'是因为她们无法变成'芭比娃娃'，她们经由打扮完美的'芭比娃娃'，实现她们渴望自身变得苗条、美丽并且受欢迎等的一切梦想。"

而且它也一直在被不停地改进和创新，芭比娃娃光外形就历经约500 次以上的修正与改良，才成为今日的样子。为了让"芭比娃娃"有漂亮的时装，从 1995 年至今约有 10 亿件以上的衣服被生产出来，每年约有 100 多款芭比新装推出。芭比娃娃也是玩偶设计业诞生的第一个活生生的女人，她们可以通过芭比娃娃感知到幼儿园以外的世界，与芭比娃娃一起体验成人生活的各个层面，它的成人化设计打开了小女孩们的视野。芭比娃娃变化万千的形象激发了孩子们的想象力，她们希望自己在长大后也能像芭比娃娃一样。

50年来让芭比娃娃长盛不衰的并不单是因为芭比娃娃是一个漂亮的摩登玩偶，更重要的是芭比娃娃品牌始终在不断升级，与时俱进，以至于我们能从芭比娃娃的成长中清晰地看到50年中社会发展与女性观念的演变。

如今的芭比娃娃仍然青春靓丽。它的外形历经约500次以上的修正与改良，每年约有100款芭比新装推出，她始终站在潮流前端，与时俱进地担当着"品牌教主"的角色。

2. 与时俱进的"联合双赢"的"金字塔模式"

芭比娃娃的联合促销活动总是与时俱进、紧跟社会热点的，如麦当劳芭比娃娃、哈利·波特芭比娃娃、Burberry芭比娃娃、PS2芭比娃娃。很多时尚品牌也在进行品牌推广时优先想到的都是与芭比娃娃联手推广，这也让芭比娃娃的母公司——美泰公司节省了大量的新产品开发费用。

在"芭比娃娃"开拓国际市场的时期，为了应对竞争对手的强劲势头，芭比娃娃也变化着应对策略，例如最经典的是芭比娃娃的金字塔模式。为了满足不同客户对产品风格、颜色等方面的不同偏好，以及个人收入等差异化因素，达到客户群和市场拥有量的最大化，一些企业开始推出高、中、低档的产品，从而形成产品金字塔，塔的底部是低价位、依靠大批量的产品，薄利多销赚取利润；而在塔的顶部，是高价位、小批量的产品，依靠的则是精益求精，从而获取超额利润。

其实，仅仅购买一个芭比娃娃并花不了多少钱，但是如果要按照包装上提示的，将芭比娃娃的各种小佩饰购买全，就不得不花费多出几倍的钱，甚至芭比娃娃的一个小小化妆盒都比芭比娃娃本身价格高，这也是众多消费者所抱怨的事情。

而这是因为金字塔模式的实战效应。芭比娃娃经常要面对各种各样的模仿者，面对低价品的冲击。例如公司刚刚推出一个20~30美元的

芭比娃娃，但模仿者马上就制造出15美元的仿制品。为了彻底扭转这种被动的局面，公司史无前例地推出了一个价格仅10美元的芭比娃娃。

这样的价格基本上是无利可图。可这款10美元的芭比娃娃投入市场后，就立即吸引了众多女孩子的注意，她们纷纷走进美泰公司设立的各个芭比娃娃专柜。如此，市场上的仿造品很快就消失了。

而那些一开始仅仅购买10美元芭比娃娃的女孩子们，也会继续购买其他辅助性的玩具设备，以及其他类型的玩具。此外，芭比娃娃的金字塔模式还可以重新寻找其他可获利的商品。价格高昂的芭比娃娃的目标客户不再是那些小女孩，而是小女孩的妈妈。这些妈妈们就是玩着芭比娃娃长大的，她们会怀着无比愉悦的心情记住这些芭比娃娃，而如今她们都已经拥有了可供自己支配的金钱。这些妈妈会给自己买上一个精心设计的芭比娃娃来唤起自己对过去美好年华的回忆。

这种芭比娃娃已经不单纯是玩具，而是一件收藏品，爱好者情愿花大价钱购买。所以，芭比娃娃的"金字塔模式"不仅仅是玩具公司的一个伟大创意，它甚至可以成为很多想从恶性价格竞争中摆脱困境的创业者的一个经典模式。

3."欲擒故纵"的多元化的营销方式与品牌价值

芭比娃娃最初上市时每个售价仅为10美元95美分，这个价格在美国的玩具市场只能算是低端产品的价位，所以也常常被父母当作满足孩子的小礼物。但是买了芭比娃娃的父母很快会发现，这个芭比娃娃就是一种"会吃美金"的儿童玩具。

由于攀比心理，孩子们会不断地要求父母去添置新款的芭比套装、芭比用品，甚至芭比的朋友。在满足一次又一次孩子们不算太过分的虚荣心后，父母们发现他们花费的很可能已经是最初购置款的数十甚至数百倍了。

芭比娃娃的产品是多元化的，它的产品延伸出手饰、手表、家具等众多芭比用品，同时还开发出芭比爸爸乔治、芭比妈妈格丽特、芭比宠物等家族产品。为了让消费者第一时间详细地了解庞大的芭比家族，企业还推出了《芭比时尚》杂志，人们不仅能从中了解到芭比娃娃的最新产品资讯，还有时尚专家的专业推荐，指导消费者为已购买的芭比娃娃配置各式各样的服装、家具、鞋……随着后续产品和附加产品的不断推出，消费者便由一次性顾客变为重复消费的忠诚崇拜者。

以关心人的生存发展、社会进步为出发点，芭比娃娃用公益活动与消费者沟通，将品牌的营销活动凭借公益事业的知名度和权威性进行一系列的传播和扩散，在产生公益效益的同时，也使消费者对芭比的产品和服务产生偏好，在全球创造了数以亿计的忠实消费者。

2.4.3　案例：多边平台式商业模式——腾讯

所谓的"多边平台"，是将两个或者更多有明显区别，但又相互依赖的客户群体集合在一起的平台。每个客户细分群体之间都是相互依存的，并且有自己的价值主张和收入来源。平台成为这些客户群体的中介来创造价值。事实上，多边平台对于某个特定用户群体的价值基本上依赖于这个平台"其他边"的客户数量。平台运营商通常会通过为一个群体提供低价甚至免费的服务来吸引他们，并依靠这个群体来吸引与之相对的另一个群体。

多边平台式模式感觉特别适用于现在移动互联网竞争中，希望能成为产业链主导的各大企业，如腾讯（如图 2-10 所示）、谷歌。

整体模式的核心资源是平台，三个关键业务通常是平台管理、服务提供和平台推广。价值主张通常在三个方面创造价值，首先是吸引各用户群体；第二是作为客户细分群体的媒体；第三，则是在平台上通过渠道化的交易降低成本。

图 2-10　腾讯公司的业务范围

　　腾讯移动开放平台是移动应用建立的"用户模式"捷径。盈利模式的基础是用户模式，成功地建立了用户模式，企业才可能寻找到盈利模式。腾讯移动开放平台以及 QQ 关系链的逐步开放，将为广大移动应用软件的开发者建立用户模式提供一条捷径。

　　从用户规模讲，如果腾讯移动开放平台账号登录系统全面开放，超过 7.6 亿的 QQ 活跃账户都将成为潜在的移动应用用户，开发者将可以快速地获得规模级用户。

　　从用户体验来讲，由于生活节奏加快和时间碎片化，人们开始频繁地在不同终端之间，或者同一终端的不同应用之间切换，然而使用不同账号登录的成本巨大，同时也存在着安全隐患。在腾讯移动平台开放之后，用户便可以直接使用 QQ 账号授权登录的第三方应用，仅使用一个账号便可以在不同应用之间自由游走，安全便捷，这将大大提升用户的体验效果。

　　不单如此，在 QQ 关系链逐步开放之后，开发者还可以充分利用它们为用户创造更加丰富的体验。例如，打通不同应用之间的沟通界限，用户可以在不同应用之中工作、购物、游戏等各种动态下随时随地与好友分享、互动。

而且将 QQ 成熟的社交关系链导入移动应用，在新的社交场景中发展转化，可以大幅度提升用户的忠诚度。

对于开发者而言，这样建立良好的用户模式，最终目的是为了更好地实现盈利。所以帮助移动开发者构建盈利模式，也是腾讯在移动端开放时的重要布局之一。据悉，对于开发者最关心的支付问题，腾讯也将提供支付平台移动端的开放支持。对毛利比较高的产品，有 Q 币、Q 点支付；而对于与现实生活比较接近的支付体验，例如电子商务，有财富通和网银快捷支付。

除此之外，腾讯也为移动开发者带来系统的广告盈利模式。随着 QQ 关系链在移动端的逐步开放，基于 QQ 关系的精准营销广告系统——广点通，未来也将推广到移动互联网。所有的应用软件都将可以使用这个平台，创造广告价值。这也就意味着，对于大量免费应用开发者而言，也同样可以通过腾讯的海量用户和广告平台来赚钱。

然而，腾讯移动开放平台及 QQ 关系链在移动端的开放，所带来移动商业模式变革远不止如此，甚至可能根本无法预测。对于移动开发者来说，关于如何抓住这可遇不可求的巨大机遇还需要思考和探索，也更需要快速行动。

2.4.4 案例：免费式商业模式——支付宝

在免费式商业模式中，至少存在一个庞大的客户类型——可以享受持续的免费服务，免费服务可以来自于多种模式。通过该商业模式的其他部分，或其他客户细分群体，给非付费客户类型提供财务支持。

有很多企业家开始重视免费，开始想方设法将免费战略应用到自己的企业上，试图为企业带来希望、带来突破，但是很多人都看不清免费的商业本质，所以事倍功半。企业在制定与实施免费战略时，应该紧紧地把握住免费的商业本质——交叉补贴。传统的交叉补贴指的是对企

业的核心、利润最高的产品进行收费，同时一些附加产品、延伸产品进行让利，赠送给客户。

自从互联网上的免费模式对实业产生一定的影响和冲击之后，交叉补贴开始更具颠覆性——将其核心产品完全释放，全部免费，开始转而对附加产品进行收费。实际上，在开始实施免费后，人们以零或者很低的价格开始后，一旦使用同样的产品，企业总是很难说服他们付费或者付更高的费用，但增值功能可以很好解决盈利问题，这就是交叉补贴。

免费模式下的三种收入方式。

● 第一种：企业级用户提供利用维基技术而定制的产品和服务。
● 第二种：免费提供软件供用户使用，通过技术支持和服务收费。
● 第三种：利用广告模式收费。

其中最主要的收入模式是第二种，"互动百科"在各类手机商店中推出由相关广告商冠名的免费小百科全书，获取用户的资料，然后将其提供给广告商。

支付宝创造支付行业第一品牌，成为了国内领先的第三方独立支付平台，如图 2-11 所示。支付宝从依托于淘宝的发展壮大，逐步拓展合作伙伴，逐渐发展成为独立、信誉可靠的第三方支付平台，专注于网上支付与具体行业相结合的应用工作，为国内电子商务运营商、互联网和无线服务提供商，以及个人用户创造了一个快捷、安全和便利的在线及无线支付平台。

图 2-11　国内第一支付应用——支付宝

支付宝致力于为电子商务服务提供商、互联网内容提供商、中小商户，以及个人用户等提供安全、便捷和保密的电子收付款平台及服务。支付宝的目标客户一类是个人注册用户，包括以淘宝为主的各支付宝合作伙伴的注册用户，主要有芒果、申通、卓越、携程、春秋、奥客等；一类是专门从事电子商务的银行，例如工商、农行、邮政、民生等，以"支付宝"为品牌的支付产品包括人民币网关、外卡网关和神州行网关等众多产品，支持互联网、手机和固话等多种终端，满足各类企业和个人的不同支付需求。

以下是支付宝的三大盈利来源。

1. 服务佣金

第三方支付企业先与银行签订协议，确定银行缴纳的手续费率。然后，第三方支付平台根据这个费率，加上自己的服务佣金，再向客户收取费用。

2. 广告收入

支付宝主页上发布的广告针对性强，包括横幅广告、按钮广告、插页广告等。从总体上看，广告布局所占空间较少，布局设计较为合理，体现出了内容简洁、可视性强的特点。而且主页上的若干公益广告，也可以让用户了解更多的技术行业信息。

3. 其他金融增值性服务

这类收入来自于代买飞机票、代送礼品等生活服务。

一方面，支付宝依托于淘宝以及各项电子商务产业的发展，在壮大自己的同时，又将自己定位在第三方独立支付角色，兼顾网上支付与具体行业相结合的应用工作。支付宝涉及银行不愿做的特别服务，凭借这一点，支付宝既能真正地掌握用户的个性化需求，积累了大量的用户，增强了用户的忠诚度，同时，支付宝又能利用自己现有的用户资源优势，

收集、总结用户使用信息，根据用户反馈提出针对性的改进意见，并设计推出一系列增加用户忠诚度的增值性服务，以微利的模式为用户提供服务，而有效地保持用户忠诚度又保证了其他业务增值在平台上顺利延伸；另一方面，支付宝拥有一个具有一定技术优势的费率架构，其独特的服务收费理念在保证了用户能够免费、便捷地使用的同时，也降低了中小商家企业开展网络营销的门槛。这种理念被行业普遍认可，同时也迅速成为同行竞相模仿的价值所在。

作为第三方支付的应用，支付宝的注册用户达到上亿规模，同时培养了网民的支付使用习惯，也解决了通畅付费渠道的问题。现阶段，支付宝已占据网上零售市场近 8 成的交易额份额。在互联网其他付费服务的渗透下，支付宝仍有望成为商务时代的互联网基础应用之一，规模庞大的支付宝用户也将快速推动其他商业模式的发展，以及诸多传统业务的互联网化。因为第三方在线支付各厂商的服务模式基本相同，且新应用易被复制，所以用户规模成为最重要的竞争因素，同时也促成了支付宝持续领先的壁垒。而且由于第三方在线支付与用户银行账户的关联，所以用户所拥有的银行账户较为稳定，再加上对于支付宝的使用习惯，因此支付宝用户流失的可能性较低。可是，其他第三方支付厂商并非没有市场竞争的机会，支付宝注册用户的基础来源于淘宝网，因此依托于拍拍和腾讯其他平台的财付通，以及百度的百付宝等也仍有发展的空间和机会，而这其中的关键就在于其应用平台是否拥有足够的市场空间和用户竞争力。

2.4.5　案例：开放式商业模式——滴滴打车

开放式商业模式可以用于通过与外部伙伴系统性合作，来创造和捕捉价值，既可以将外部的创意引入到公司内部，也可以将企业内部闲置的创意和资产提供给外部伙伴。

开放式商业模式与传统的商业模式的区别，如表 2-1 所示。

表 2-1 开放式与传统式商业模式的比较

封闭的	开放的
让处于本领域的人才为企业工作	需要和企业外部人才一起工作
为了从研发中获益，企业必须自己来调研、开发和销售	外部的研发可以创造巨大的价值，内部的研发需要成为这种价值中的一部分
如果掌控了行业内绝大多数最好的研究成果我们就会赢	不必从头开始研究，坐享其成即可
如果创造了行业内绝大多数最好的创意，我们就会赢	如果能最好地利用内部和外部的创意，我们就会赢
需要控制自己的创新过程，避免竞争对手从我们的创意中获益	应该从其他组织使用我们的创新中获益，无论何时只要其他组织的知识产权可以扩大我们的利益时，就应该购买过来

目前打车 APP 最火的两款产品——滴滴打车（如图 2-12 所示）、快的打车正处于激烈的竞争之中。滴滴打车 CEO 程维曾说过："两年时间花掉 15 亿元，可以说我们是最烧钱的互联网初创公司。"

图 2-12　国内最火的打车 APP——滴滴打车

　　这么一大笔钱，滴滴打车几乎全部作为补贴给了司机和乘客，旨在吸引新用户、重新激活已沉睡的用户，并增加活跃用户的忠诚度。这不就相当于把钱砸给乘客与司机吗？每月投入如此巨大的金钱，那么后续能长久吗？何时才能盈利？

　　而滴滴打车现阶段的主要收入来源就是品牌广告，可是品牌广告的大份额已被新闻类 APP 各自瓜分了。然而另外一个收入来源——预定专车服务，即从乘客的车费中抽取部分佣金或全部费用（根据专车租用或自营的性质而定），这种运营模式与"易道用车"有点类似，而滴滴打车的优势在于领先的总体用户覆盖率，可是这块业务还是要从培养用户们使用专车出行的习惯开始，在短期内见效不太现实。所以，这两种业务模式收入与投入相比基本可以忽略不计。那么滴滴打车是钱多，不看中盈利吗？肯定不是！

　　那么，嘀嘀打车如何在未来实现盈利？

　　其一，按工作日、节假日切割，从用户历史出行记录进行分析，在用户节假日出行数据中挖掘并预测用户常去位置的潜在信息点，通过描绘用户的消费需求，从而可以为广告主提供精准人群曝光和覆盖服务，从中赚取精准广告费用。

　　其二，嘀嘀打车也可以通过调配乘客与出租车司机之间的信息连接效率，从乘客端和司机端中赚取信息服务费。可是这样的前提条件是大规模的滴滴打车的用户覆盖率。

　　场景一，在同一时段、同一区域，如果有很多人叫车，此时乘客想比其他人更快地叫到车，乘客可以选择给予滴滴打车少许的信息服务费，便可以获得出租车优先接单的权利。

　　场景二，如果乘客在繁忙时段或恶劣天气等条件下采用加价叫车，然而附近却有多辆出租车响应并抢夺加价订单，此时某个出租车司机可

以选择让出部分加价费用给滴滴打车，那么，他便可以获得优先接单的机会。

以上两个场景，滴滴打车可分别从乘客端和司机端抽取部分信息服务费来获得收入。其实，这种商业模式的本质就是解决司、乘两端信息不对称的问题，可是对于滴滴打车来说，这么大的数据实时分析与计算能力是一个很大的挑战。滴滴打车未来采用依靠大数据分析来获取的收入有多大，其中获得纯利润的占比有多高，这一切都是取决于滴滴打车的用户规模。所以，滴滴打车花大笔资金补贴乘客与司机的初衷就不难理解了。

第3章

组建团队

合众人之力，则无往不胜也。

——中国古典名著《淮南子》

3.1 认知创业团队

相对于个人创业，创业团队具备共担责任与目标、能力互补发展、决策更有效、工作绩效更高、应变能力更快等优势，如图 3-1 所示。本章分为创业团队基本概念与创建技巧、创业团队组建工具两大部分，可以帮助创业者在正确认知创业团队的内涵、特征、价值等常识的基础上，灵活、有效地运用创业团队。

图 3-1　团队合作可以完成复杂的工作

3.1.1　创业团队的定义与特征

创业团队是指在新企业创建初期由两个或两个以上才能互补、责任共担、所有权共享、愿为共同的创业目标而奋斗，且处于新企业高层管理位置的人共同组成的有效工作群体。

创业团队具有如下特点。

① 一个创建新企业的特殊群体。
② 一个具有新价值创造与创新能力的群体。
③ 树立共同的目标，其根本目标是为顾客创造价值。
④ 团队成员之间才能互补，团队绩效大于个人绩效之和。

⑤ 团队成员共同承担责任，且共同拥有企业的所有权，以及一切成果的分享权。

⑥ 创业团队是高层管理。

3.1.2　创业团队的价值

有关调查发现：70% 以上创业成功的企业，都有多名创始人。其中企业创始人为 2 ～ 3 人的占 44%，4 人的占 17%，5 人及以上的占 9%。尤其是在高科技领域，团队创业比个体创业多得多。我们可以从两个方面来进一步理解创业团队的价值。

一是相对个人创业而言，创业团队具有以下突出优势。

① 对工作目标及责任共同承担。

② 团队成员能力互补、认知共享。

③ 更有效的决策。

④ 更高的工作绩效。

⑤ 更加迅速地应对技术变革的能力。

⑥ 创业机会的识别、开发和利用能力大大提高。

二是相对于一般群体而言，创业团队同样具有明显的优势。团队本身是一个群体，但是又不完全等同于群体，二者的区别如下。

① 所做的贡献不一样。团队中成员所做的贡献是有互补性的，而群体中成员之间的工作在很大程度上是互换性的。

② 所承担的责任不同。团队中成员共同承担团队目标成败的责任，同时承担个人责任，而群体成员一般只承担个人成败的责任。

③ 绩效评估标准存在差异。团队的统效评估主要以团队的整体表现为依据，群体的统效评估则是以个人表现为依据。

④ 目标实现方式完全不同。团队的目标实现需要成员之间彼此协调且相互依存，群体的目标实现则不需要成员间的相互依存性。

除此之外，与群体相比，团队在信息共享方面更加充分，角色定位与任务更加清晰，成员参与决策的权力也更大。

共同创业的案例小集

1998 年，邓锋与同学柯岩共同创办了 Netscreen 网络安全公司，两人均毕业于清华大学。他们在业内率先倡导定制的 ASIC 芯片技术理念，推出了业界第一款专用的硬件式、高性能、整合式防火墙和 VPN 设备。Netscreen 网络安全公司通过不断的技术创新，在业内树立了革新先锋的技术领导者形象，并因此实现了迅猛的业绩增长。6 年后，Netscreen 网络安全公司成为全球第三大网络安全设备公司。公司于 2001 年在纳斯达克成功上市，2003 年市值达 40 亿美元。

邓杰，润欣通信技术公司总裁兼执行长。他曾是怡和创业投资集团的合伙人。1996 年与两位清华大学的校友共同创立了 ACD 公司，并出任公司总裁兼执行长，于 2001 年成功完成 ACD 公司与 UT 斯达康的并购，随即出任 UT 斯达康 ACD 部门总裁，ACD 公司目前提供世界领先的数据网络芯片及整体解决方案。

李峰，北京神州亿品科技有限公司总裁；邵晓风，神州亿品公司副总裁。拥有 MIT 博士学位的李峰，在美国拥有创建 Photonify 的成功经验。2002 年，他与 ServGate 创始人邵晓风回国创办神州亿品公司，在铁道部的支持下，与清华大学和中国传媒大学合作，向列车提供包括多媒体终端和无线上网两大服务。他们参加了中国无线宽带技术标准的制定，并于 2004 年北京市科委"面向奥运的无线宽带系统"基础设施研究项目的招标中中标。

周云帆和杨宁是 1997 年在美国斯坦福大学的同学，1999 年回国共同创办 ChinaRen 网站；2002 年创立空中网，致力于发展彩信、WAP、Java 等 2.5G 移动增值业务；2004 年 7 月空中网成功在美国纳斯达克挂牌上市。

上面列举的众多案例表明，由研发、技术、市场、融资等方面组成的优势互补创业团队，是创业成功的必要条件，相对于单独创业，团队创业的成功率更高，这是因为大家可以资源共享、风险共担、群策群力。总之，由于没有人会拥有创立并运营企业所需的全部技能、经验、关系或者声誉，因此，从概念上来讲，如果想要创业成功，就必须组成一个核心团队。

3.1.3　创业团队是如何运作的

1. 从成员所起的作用来看

狭义的创业团队是指追求共同目的、共享创业收益、共担创业风险的一群创建新企业的人；广义的创业团队则不仅包括狭义的创业团队，还包括与创业过程有关的各种利益相关者，如风险投资人、专家顾问等。

一般而言，按照其成员所起的作用，我们可以将广义的创业团队的成员分为以下四类。

- *初始创建者：通常指企业的发起人。*
- *核心员工：通常指新企业成立后引进的骨干员工，主要来源包括招聘、熟人介绍等。*
- *董事会：主要指利益相关者，其主要作用是提供指导、增加资信等。*
- *专业顾问：主要指部分与新企业保持紧密联系的外围专家，以及利益相关者，包括顾问委员会、投资人和贷款方、咨询师等。*

2. 从成员的角色分工来看

如果从成员的角色分工来看，成功团队中应该具备 9 种角色类型。

业界被誉为"团队角色理论之父"的英国团队管理专家梅雷迪思·贝尔宾在观察与分析成功团队时发现，一个结构合理的团队应该由 3 大类、9 种不同的角色组成，依据成员所表现出来的个性及行为划分，这 9 种

角色分别是完成者、执行者、塑造者、协调者、资源调查者、协作者、创新者、专家、监控评估者。他们分别负责行动导向（执行团队任务）、人际导向（协调内外部人际关系）、谋略导向（发现创意）三类任务。这就是著名的"贝尔宾团队角色理论"。

世界上没有完美的个人，但是可以有完美的团队。该理论可以帮助创业者在建构团队时，确保每个职位的逻辑性与完整性，并帮助团队成员正确分析自我能力与特质，找准自己在团队中的定位，同时不断优化自己的能力，形成优势互补，从而实现1+1>2，以此来塑造出一个完美的创业团队。

9种角色分类及详细释义如表3-1所示。

表3-1 9种角色分类与释义

类型	角色	角色描述及个性特征
行动导向 （负责执行团队任务活动）	完成者	为团队带来严谨和担当。勤勤恳恳、尽职尽责、积极投入、找出差错、准时完成任务
	执行者	为团队带来稳健和信誉。执行力强、纪律性强、办事高效利索、值得信赖、保守稳健
	塑造者	为团队带来动力和韧性。极强的成就导向，充满活力激发人心，有克服困难的动力和勇气
人际导向 （负责协调团队内外人际关系）	协调者	为团队带来成熟，起到掌舵、支柱的作用。成熟和自信，能够阐明目标，促使决策，合理分工，成员信任与认同，典型的人际导向型团队领袖
	资源调查者	为团队带来热情和发展方向，外向、热情、健谈，善于发掘机会、谈判，构建关系网络并获取外部资源
	协作者	为团队带来高效合作和凝聚力，善于倾听，性格温和，感觉敏锐，能够防止摩擦、平息事端，趋利避害，促使团队融洽，保持振奋向上的团队精神

类型	角色	角色描述及个性特征
谋略导向 （负责提出创意与提供专家智慧）	创新者	为团队带来创新和变革力。高智商、富有创造力和想象力，不墨守成规，敢想敢干，能够解决难题
	专家	为团队带来特殊技能、专业性。目标专一，提供专业的知识和技能，同时表现为高度内向，自我鞭策，甘于奉献
	监控评估者	为团队带来客观评判、明智决策。明智、谨慎、聪明，遇事沉稳、冷静，具有战略眼光与远见卓识，在重大决策上往往能够做出正确的评估与判断

表 3-1 中所列为理论上成功团队中的 9 种角色，事实上，创业团队通常都不会有这么多人，何况一个完美团队的形成也不可能一蹴而就。但是，这个理论框架至少给我们提供了一个重要的信息，那就是角色之间的能力互补，我们仍然可以参考这种成功团队的组合结构，尽量按照这个标准去组建自己的团队，规划和寻找合适的成员。而在创业初期，完全可以一个人兼任不同的角色，成员之间也还可以轮换角色，这样依然会取得较好的团队成效。待队伍壮大、时机成熟，一支结构更合理、成员更多元、运行更高效的完美团队也就自然形成了。

小故事：要选择合适的合伙人

学酒店管理专业的李萱一直梦想着做一家餐饮公司。2004 年，李萱和一个合伙人在北京开了一家做宴会外卖服务的公司。她的合伙人是一位拥有 10 余年外卖经验的"海归"，一直在海外工作的他曾同时掌管 5 个餐饮部门，具备丰富的管理经验和专业知识。有这样的管理者辅助，让李萱感到很有信心。

最初，他们为朝阳公园附近写字楼里的公司做了几场司庆、公司聚餐和新闻发布会等活动，取得了不错的效果，也为公司赚取了不少利润。

然而不久后，李萱的公司在客户开发方面越来越难，接的订单也越来越少。她的合伙人尽管在国外做宴会方面拥有丰富的经验，但在国内几乎没有客户资源，而且也缺乏开拓客户的兴趣。在这种情况下，公司决定附带做工作餐（快餐）业务，因为做工作餐的运作资金不需要很多，相对循环周期短而且灵活。她认为北京的商业圈很多，快餐市场相对稳定，其发展已日渐成熟，尽管利润不高，只要数量得以提升，利润仍是显而易见的。就这样，公司以宴会外卖为主打项目，用快餐保障收支平衡，以及维持公司正常运转，生意又忙碌起来。

不过，后来公司在承办宴会外卖活动时，李萱却感到了人手不足，有点力不从心了。而作为保障收支平衡的快餐却又不能停下，否则公司的品牌形象和服务质量就会受到影响，从而"两败俱伤"。同时李萱发现，快餐正在拖累公司的业务，兼做快餐正成为他们的一个错误决定。因为公司虽然一直都在忙碌着，却一直处于亏损状态，快餐市场其实垄断性很强，产业过于被动，而且负责人回扣太多，加上食品时令差价悬殊，量少又导致自然管理成本升高。此时，由于精力有限，李萱已没有机会做更多的宴会，填补卖快餐造成的亏损，公司也没有资金再运转下去。

终于，在2005年6月，李萱和合伙人忍痛割爱，将公司关掉了，李萱也因此有了负债。李萱觉得除了目标市场定位不明确导致公司倒闭外，对合伙人的过分依赖也是其失败的原因。她的合伙人尽管是一位拥有10余年外卖经验的"海归"，而且也很能吃苦，但是被忽略的是中西文化和整体社会背景的差异。长期的海外生活已经让他对国内的环境感到陌生，导致了认识上的偏差，以至于误认为外卖市场一定会被国内市场认可，事实证明他的判断过于超前，至少目前市场规模还很有限，也不会迅速成长。因为商家经常将活动成本和活动所带来的收益进行比较，这样无形中减慢了这个产业的发展速度。此外，合伙人没有客户的积累和开拓意识，意味着做宴会外卖存在很大的风险。因此，尽管后来多方弥补，但是一开始选错元老带来的损失已经无法挽回。

3.2　组团的职业类型

经常玩游戏的读者应该对"打团"这个词不会感到陌生。在游戏中，如果要去挑战 BOSS，光靠一己之力几乎不可能成功，因此邀上其他玩家一起，仗着人多力量大搞定 BOSS 已经是一个惯例的打法。而这种打法中，玩家的类型也各有不同，有负责正面吸引火力的，也有后方治疗辅助的，还有主要作为火力输出的，等等。玩家的职业种类越多，便越能发挥出团队的力量，反之职业种类越少，则成效不大。

新时期的创业，很多时候都是志同道合的青年群体发动的，有时也会带有这种游戏中"打团"的特点。尤其在产品的开发流程中，便需要各种不同的职业角色互相配合。这部分是帮助创业者定义产品开发流程中最重要的职能组，并提供了一些帮助你组建相关职能组的指导，但值得注意的是，一定要重视那些能够帮助降低创业风险而不可或缺的职能组。

举例来说，如果创业者想要将自己的想法具体化或者向众人传达有价值的信息，那么组建诸如品牌、用户体验和工业设计此类设计服务的职能组将会变得相当重要。但是如果迫于投资人或是人才市场的压力，亟需看到自己想法的成效性，那就要尽早地将重心集中在机械工程、电气工程或是固件工程上。

下面便介绍一些创业队伍中应该具有的职能分类。

3.2.1　工业设计（外观）

工业设计是一个为产品或是品牌链创造外观和感官的流程，如图 3-2 所示。工业设计师通常会加入少许包括产品特征、使用案例和目标市场等让产品更有意义的范围界定，也包含任何已知的为集成功能预留的尺寸和容积，然后再决定产品外观和给人的感觉。

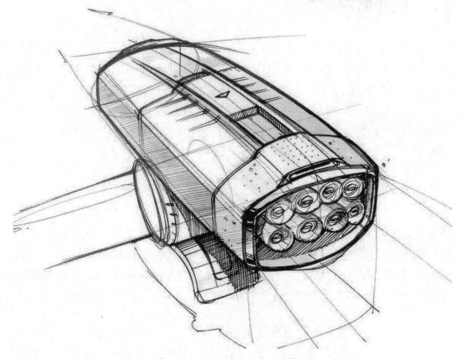

图 3-2　工业设计影响产品的外观

　　一旦创业者决定了最小化可行性产品的目标市场、品牌和特征设置，就应该把自己的理念带给工业设计师，让他帮助你的产品进行外观和感官上的设计。这些项目的正常输出将是一个详述产品外观和感官的 CMF 文件和一些 CAD 格式的文件。此输出能在 CAD 中成为一个完全定义的 3D 产品，也能成为一个用于展示想法的 2D 手绘图抑或是 CAD 中仅有少量信息的 3D 模型。

　　一般情况下，工业设计师是不会时常去考虑工艺性的，所以机械工程师、生产工程师或工艺工程师需要将设计中棘手的部分实现，不然就要与工业设计师协作找一个折中的解决方案以实现产品的批量生产。

　　原型设计中，工业设计的概念通常首先会出现在以上涉及的 2D 设

计方案中，接下来转向于 3D 泡沫形式的原型研究。最为高级的工业设计原型是完完全全在模型工厂生产出的外观原型，并且该模型工厂的加工能力要达到能将原型做到看起来像最终产品的程度。

虽然，在一些大型企业中，工业设计能够成为它们具有明确范围界定的新产品引进（NPIs）的第一步，但对于资金链紧张的创业公司而言，作为第一步并不是最适合的。毕竟工业设计的花费是很大的，所以在参与公司引用之前，你要有一个简单、具备清晰的输入和输出的设计实体。工业设计越来越频繁地被用来区分大品牌与其他同类产品，所以在产品研发流程中要注意去尽早地考虑工业设计。

3.2.2 用户体验、界面设计和交互设计（界面）

其他设计相关的 Discipline（规范），需要在开发流程中尽早考虑制订的有：用户体验、用户界面设计和交互设计。

用户体验设计师能帮助你迅速了解使用该产品用户的全部体验，以了解你的产品是不是给你的用户一个满意的体验效果。设计师们只需要通过物理设备、手机或网络应用程序，以及添加在产品上的其他软件中的使用案例和设计语言就能帮你做到。

交互设计师也能给你类似的帮助，但一般来说，这样的帮助更多的是体现在产品的软件端而非物理硬件端。

用户体验设计师可为产品探索各种不同的界面，如图 3-3 所示。难道手机应用就只应该有一种交互方式吗？难道设备就应该只能用红绿 LED 指示灯这样简陋的本地用户界面来让用户知道设备正在工作？难道你的应用程序就应该只有滑动条、曲线和简单的颜色来指示各类信息的变化情况？以上这些需要考虑的问题，用户界面设计师都能很好地帮你解答，并且运用到你的产品设计中去。线框图、屏幕渲染或者是故事板，这些都是一个用户体验设计师用来进行原型设计的常用工具。

图3-3 交互设计影响产品的界面

3.2.3 机械工程和电气工程（结构）

机械工程和电气工程通常和工业设计中的形式设计阶段（即产品的最初成型）同时进行，抑或是紧随其后。机械工程师主要负责机构、附件，以及其他组合产品的物理元件，如图3-4所示。电气工程师则是负责印刷电路板、传感器和系统的执行器。以上所有的机械设计和电气设计都应该和工业设计一致，以便让工业设计师想到能够传递理想功能的形式因素。工业设计的方向一旦确立，机械工程和电气程原型设计就可以开始具体化技术、传感器和其他一切希望给用户传达的产品体验。

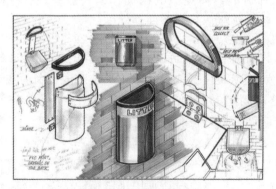

图3-4 产品的结构设计

　　机械工程原型设计通常是以泡沫层芯和卡板开始的，用这些材料做成一个粗略的类似于 2D 形态的模型或者是与工业设计出的形态一致。走过用美工刀制作模型的时代，激光切割机造就了伟大的低分辨率工具。低分辨率工具能够很方便地进行 2D 形状的切割，并且开始能使用更多的典型材料来制作原型。

　　第一步制作 2D 原型是一件值得重视的事情，尤其是在制作测试原型和机构的时候，因为这样是为了能够通过原型和用户的原始反馈加速研发。3D 打印通常是实现产品理念的第二步，因为在 CAD 中能快速地创造出一个物理 3D 模型。随后便可用数控加工或者更多的制造导向加工工艺制造出更为精致的原型。

　　几乎在这里提到的所有工具都能够在当地的制造厂找到，并且能够按月付费使用。若要使用这些工具，你必须注册成为它们的会员。这显然比自己购买要划算多了。

　　在原型的电子设计方面值得注意的是，在改为定制电子和尝试最小化到最终形式因素之前，反复地用更为灵活的平台设计原型。Arduino、Raspberry Pi 和 BeagleBone 是目前比较流行的平台。如果是为了安装传感器或是添加 I/O 端口，制作这类原型需要从 Arduino 平台开始；如果更多的是需要强大的处理能力，这时你需要的是资源更为丰富的 Raspberry Pi 和 BeagleBone 平台。注意，除非是选择了相同的芯片和硬件总架构，否则当你开始经营自己公司的时候很有可能要自己写出所有的新固件。

　　一般情况下，固件研发是在机械工程和电气工程的研发取得一定的进展之后才开始开发固件的，但还是需要慎重考虑电路板架构问题。固件工程师研发的代码（一般是 C 语言）是用于设备上的，能够直接、长久地控制所有的执行器以及读取传感器。通常在同一个大团队中，固件工程师和电气工程组合作密切。固件工程师在设计原型中使用的工具基本和电气工程师相差无几，然而如果在电子硬件上添加逻辑分析器和

更多的测试设备会有助于调试固件代码。

3.2.4　软件设计（软件）

最后一步则是软件。绝大多是的硬件创业公司都会需要一个软件开发团队。软件开发团队主要是负责手机应用和相关的服务。然而，只是在原型设计阶段并不需要规模化。根据产品，你可以只需要通过证明你能从传感器收集到数据，或者证明你选择的连接性解决方案能让设备运行。虽然我们并不做这样的建议，很多团队的软件开发都是从硬件通过可生产性设计之后才开始的。

不管你选择哪种研发顺序，你必须尽可能地做到各个职能组的工作能够同时进行，这样便可以保证不会有哪个团队落在后面，更不可能因为某个职能组的工作未能按要求完成，而中断整个研发流程。

3.2.5　案例：苹果的创业元勋

作为 21 世纪目前极富盛名的公司，苹果公司的诞生之地也不过只是一间小车库，员工加所谓的高层也就寥寥数人。但不可否认的是，羽翼渐丰的苹果公司在团队构建上确有不同凡响的手腕。这里充满着青春的活力，这些年轻人正是一种中坚力量，是他们研制了苹果计算机，并将公司发展成为与 IBM 具有同等竞争力的计算机公司。

1976 年斯蒂夫·沃兹尼亚克和斯蒂夫·乔布斯设计出个人用的计算机，并于一年之后以苹果 II 型的商标投放市场。仅仅 3 年之后的1980 年，苹果电脑公司已迅速发展成为拥有 1.18 亿美元的企业。尽管第二年 IBM 也推出了自己制造的个人计算机，但当年 28 岁的董事长斯蒂夫·乔布斯并没有打算让路。

他和他的同事亲密无间，像一群海盗一样的大胆。乔布斯在充当教练、一个班子的领导和冠军栽培人的新型经理方面是一个完美的典型。

他是一个既狂热又明察秋毫的天才，他的工作就是专门出各种新点子，他是传统观念的活跃剂，他不会把什么事情丢在一边，容不得无能与迁就的存在。

这些年轻人也纷纷对董事长乔布斯表述了自己的看法，他们希望在从事的工作中做出伟大的成绩。他们说："我们不是什么季节工，而是兢兢业业的技术人员。"他们要对技术有最新的理解，知道如何运用这些技术并用来造福于人类。所以最简便的办法就是网罗十分出色的人物组成一个核心，让他们自觉地监督自己。苹果电脑公司招聘的办法是面谈，一个新来的人要和公司至少谈一次，也许要谈两三次，之后再来谈第二轮。当对录用做出最后决定时，就把苹果电脑公司的个人电脑产品——麦金塔计算机拿给他看，让他坐在机器跟前，如果他没有显出不耐烦，我们就说这可是一部挺棒的计算机来刺激一下，目的是让他的眼睛一下子亮起来，真正激动起来，这样就知道他和苹果电脑公司是志同道合的了。

现在公司人人都愿意工作，并不是因为有工作非干不可，而是因为他们满怀信心、目标一致。员工们一致认为苹果电脑公司将成为一个大企业。

公司现在正在扩展事业的版图，四处奔走招聘专业经理人才。许多人多数是外行，只懂管理，不懂干活儿，但是他们懂得什么是兴趣，什么是最好的经理，他们是最伟大的献身者，所以他们上任，肯定能够干出别人干不出的杰出成绩。苹果电脑公司的决策者一直是这样认为的。

苹果电脑公司在 1984 年 1 月 24 日推出麦金塔计算机，在头 100 天里卖掉了 75000 部，而且还在持续上升，这种个人用的计算机粗略计算占到公司全年 15 亿美元销售额的一半。

在苹果电脑公司中，如今一切都要看麦金塔的经验，并且加以证明，他们可以得到许多这类概念来应用，在某些方面做些改进，然后形成模

式，在所有的工厂中都在采用麦肯塔市场的模式，每个制造新产品的小组都是按照麦金塔的模式干的。麦金塔的例子表明，当一个发明班子组成以后，能够多么有效地完成任务，办法是分工负责，各尽其职，在人们意识到要为之做出贡献时，一个项目能否成功就是一次考验。在麦金塔外壳中不为顾客所见的部分是全组的签名，苹果电脑公司的这一特殊做法的目的就是为了给每一位最新发明的创造者本人而不是给公司树碑立传。

附：苹果公司创业初期的 10 大元老

第 10 位：加里·马丁

加里·马丁是苹果公司的首位会计，在他初入苹果公司之时，他便觉得苹果公司一定会失败，可是即便如此，他还是在苹果公司待到了 1983 年，并在该职位上兢兢业业地工作。这之后，他从苹果公司跳槽到 Starstruck，后来，他还在一些公司担任首席财政官。如今马丁是一名私人投资家，并且是加拿大科技公司 LeoNovus 的董事会成员。

第 9 位：夏瑞儿·莱温斯顿

夏瑞儿是苹果电脑公司的第一位秘书，她为苹果公司付出了许多心血，迈克尔·斯科特雇佣了她，她也是苹果首任 CEO 的得力助手。

第 8 位：克里斯·伊斯宾萨

克里斯算得上是神童一般的人物，他在 14 岁的时候就加入了苹果公司，那时，他还在上高中。

第 7 位：迈克尔·斯科特

斯科特现在正研究三录仪（Tricorder），这个科技曾经在《星际迷航》中出现过，主要的功能是用来鉴别宝石。当你可以拿着这个如手机一般大的仪器时，将它指向一块石头，它就会告诉你这是什么宝石，还是破石头。

第 6 位：兰迪·维金顿

维金顿的主要工作是重写苹果从微软手里买过来的 BASIC 代码，使其能够在 APPle II 上顺利运行。他还去过后来的 eBay、Google、Chegg 等公司，现在，他在一个支付创业公司 Square 内工作。

第 5 位：罗德·霍尔特

霍尔特为 APPle II 设计了供电部分，霍尔特在苹果公司待了 6 年之后，被新任的经理赶出了公司。霍尔特曾是苹果公司最年长的员工，他出生于 1934 年，如今已是安享晚年的年纪了。

第 4 位：比尔·费纳德

比尔在苹果公司干到了 1993 年，后来去了一家数据库公司 Ingres。之后 Fernandez 在几家科技公司做工程师，一直到 2013 年 7 月 Fernandez 才取得成功，目前在 Omnibotics 公司出任 CEO。

第 3 位是：迈克·马库拉

迈克在苹果公司一直待到 1997 年，他见证了乔布斯的沉浮，而当乔布斯再度回归的时候他却离开了公司。之后他投过一些创业公司，例如 Crowd Technologies 和 RunRev。后来他也曾创办了几家公司，目前身价已过 12 亿美元。

第 2 位：史蒂夫·乔布斯

关于乔布斯已经无须多言。

第 1 位：史蒂夫·沃兹尼亚克。

沃兹尼亚克可以说是苹果公司早期员工中过得十分好的，他与乔布斯合伙，成功创立苹果电脑，而在 1985 年离开了苹果公司，一直到了 2002 年，他才终于决定成立一家名叫 Wheels Of Zeus 的公司。

3.3 团队建设的步骤与技巧

有人的地方就有争论，即便是志同道合的伙伴，有时也会产生无法调和的分歧。因此，在团队的组建过程中，势必要掌握一些方法与技巧。

3.3.1 团队创建的基本步骤

一个新创业团队的建立，可以通过下面 5 个步骤来进行。

1. 制定战略目标与重点

明确自己事业的方向与工作重点至关重要。这对于选择创业合作者，以及后期整个团队章程的制定等都起着决定性的作用。

2. 创业者自我评估

主要指就创业者的各项能力、素质，以及现有的资源进行自我测评，明确自己的优势与劣势，为后期寻找相似或者互补的团队成员（创业合作者），寻找补充性的资源，提供重要参考依据。

3.选择创业合作者

选择创业合作者,要注重两个核心问题。

- 一是注重互补性技能组合。在挑选团队成员时,要努力保证所找的对象有助于形成互补性的技能组合。值得注意的是,不仅要寻找那些目前拥有未来团队所需要技能的人员,也要寻找那些具备技能开发潜质的人员。通常的技能组合包括解决问题的能力、决策能力、人际关系能力、专业技能、团队技能等。
- 二是注重人员规模。创业团队的人数初期一般不宜过多,以便于股权的分配、内部统一集中管理、达成一致,以及高效率的执行,当然,具体规模应该根据战略目标与重点确定。

4.确定组织结构、职责与权利

进行初期内部的组织结构设计,简单、高效、便于沟通交流与操作执行即可。同时,明确各自的职责与权利,具体包括组织所赋予的职责与权利范围,以及团队成员的授权范围。

过程中应注意:职责的安排不应该是一成不变的。你可以在某一时间进行职责轮换,也可以指定几名成员在整个创业过程中共同承担某些职责。这是高效创业团队的具体体现。

5.制定组织目标与章程

制定组织目标(尤其是要突出初期现实可行的目标)与章程,主要目的是统一创业团队的努力方向、价值取向以及行为规范,使得创业团队的方向、文化和行为达成一致,确保创业发展不偏离轨道。章程的具体内容主要包括:

- 使命与目标。
- 团队文化。
- 决策原则。

- 团队行动纲领。
- 职责与分工。
- 绩效考核方法。
- 与利益相关者的沟通及关系处理。
- 团队成功的度量标准。

小故事：Yahoo 得名的由来

雅虎（Yahoo，如图3-5所示）是美国著名的互联网门户网站，也是20世纪末互联网奇迹的创造者之一。其服务包括搜索引擎、电邮、新闻等，业务遍及24个国家和地区，为全球超过5亿的独立用户提供多元化的网络服务。但你知道 Yahoo 得名的由来吗？

图3-5　Yahoo 的 LOGO

Yahoo 的创办故事已经成为互联网领域最老的传奇了。杨致远和费罗是旧识，费罗1988年毕业于杜兰大学，而且一度当过辅导杨致远的助教。一向全"A"的杨致远在费罗的判官笔下却居然只得了"B"，对此杨致远至今还在发牢骚。后来两人同班听课，还在作业方面开展合作。以此为起点，两人成了最佳搭档。

费罗内秀，喜沉思，而杨致远活跃，是社团中的领袖。费罗善于在屏幕上整理资料，有一种"只要在终端前，就能统治全世界"的感觉，他的实验室像个被暴风肆虐的地方。而杨致远的住所比较干净，但在计算机的操作上，却没有费罗有规划。两人的实验室相邻，不久两人报名

一起去了日本，在那里两人都成了外国人，友谊与日俱增。

回到斯坦福，他们在一辆学校拖车上成立了一间小型办公室。恰在这时，他们同时迷上了互联网。每天，他们有数小时泡在网上，分别将自己喜欢的信息链接在一起，上面有各种东西，如科研项目、网球比赛信息等。Yahoo 就从这里发展起来。开始时他们各自独立地建立自己的网页，只是偶尔对彼此的内容感兴趣才互相参考，渐渐地他们链接的信息越来越广，他们的网页也就放在了一起，统称为"杰里万维网向导"（Jerry's Guide to the World Wide Web），"杰里"是杨致远的英文名，他们共享这一资源。

收集的网站越来越多，两人就分类。每个目录容不下时，再细分成子目录，这种核心方式至今仍是 Yahoo 的传统。不久，他们的网站招来了许多用户。人们纷纷反馈信息，还附上建设性意见，使内容更加完善。"要不是有这么多外来回应，我们就不会坚持下去，更不会有今天的 Yahoo"。到 1994 年冬，两人忙得连吃饭、睡觉都成了奢侈，学业也扔在了一边，他们开始着手网站的商品化。

当时，网上有许多竞争者，如 WebCrawler、Lycos、Worm、Infoseek 等，这些网站都靠软件自动搜索起家，虽范围广泛，但不准确。而 Yahoo 则纯粹是手工制品，搜索准确，更加实用。实际上到 1994 年年底，Yahoo 已成为搜索引擎的领导者。

1995 年的一个夜晚，杨致远和费罗翻着韦氏词典，为他们的"产品"编造的名字。其中"Ya"取自杨致远的姓，他们曾设想过一系列可能的名字，最好选择了"Yahoo！"。"没错，太好了，就是它了，这简直是神谕（Oracle）！"

企业从哪里来？到哪儿去（使命、目标）？有何优势？多大弊端？有何机会？多大风险？这些都是在合作创业之前先要明确的，否则，大家就感到目标不明，像一只无头的苍蝇，四处乱飞，劳而无功。只有所

有合伙人具有高度一致的创业理念，像杨致远和费罗那样，确立共同的志向、共同的追求，才能齐心为企业的明天尽自己的一份力。

我们选择的创业伙伴，往往是同乡、同学、同事（也包括上下级）、夫妻、朋友、亲戚等关系。大家都认识、熟悉，这些成为共事的前提。然而，这种熟悉的关系如果不是建立在理念一致的前提下，在创业过程中就很容易出问题。要确定谁能跟你一起创业，关键是在合作之前确定谁心中的梦想跟你是一样的，在以后的经营管理中理念也能够一致，这样才能确保团队的稳定、和谐。

3.3.2　团队的建设技巧

团队建设技巧总结如下。

- 彼此互补。这一点非常重要，团队角色理论的立足点就是9种角色的优势互补。因此，就是彼此之间是否具有各种不同的技能，以便形成互补性技能组合。
- 彼此相似。彼此的相似性是指创业团队成员之间往往具有相似的价值观、兴趣爱好、背景等。因此，选择创业团队成员时，应该尽量找寻与自己具有"相似性"的成员对象。
- 创造价值。创造价值是指找寻创业合作者时，应该重点考虑对方是否能够帮助你解决眼前的棘手问题，或者未来是否可以为实现团队目标创造巨大价值，这些人通常在某些专业领域具有特殊的才能。
- 经验成熟。候选人是否具有团队工作经验也非常重要。如果你找寻的创业合作者具有类似领域、类似合作方式的团队工作经验，那么后期的团队磨合工作就会轻松很多，工作效率也会很高。
- 身边找人。身边找人是指向你身边的朋友或者同事解释你的战略目标，要求他们推荐可靠的人选，这样可以增强彼此的信任感、认同度，并减少后期考察对方、彼此磨合的时间成本。

● 取得共识。"道不同不相为谋",取得共识是一个创业团队高效运作、快速成长、走向成功的根本前提。因此,如果候选人并不认同你的价值观、战略目标、商业计划等,你应该考虑立刻换人。

小故事:职位悬赏 APP 团队的解散

2015 年 4 月,罗文娟加入了职位悬赏 APP 团队,见证了该团队的起起落落。

这个 APP 是共享经济下的产物,采用熟人推荐机制。当你看到一个合适的职位时,可以推荐自己的熟人,一经录用便能获得收益。闲置猎头和其他有较多人脉资源的人都能成为这个 APP 的受众,针对的更多是有丰富工作经验的人。同时,公司通过这个渠道,能够招聘到很多原渠道接触不到的人才,并且不再需要支付高昂的猎头费用。

在刚开始起步的时候,这个产品发展得很好,也受到了很多投资人的关注,在上线之前就拿到了种子轮投资。

当时另外两个合伙人都从腾讯公司出来,双方都有想要创业的想法,于是一拍即合地开始做这个产品。但创业过程中,CTO 的家中陆续发生了很多的问题,父母的身体状况很不好,CTO 在顾及家庭的过程中,也影响了工作,并没有安排好团队的协调工作。团队起初很体谅 CTO,让技术团队在没有 CTO 参与的情况下单独开发产品。

"当时 CTO 一周大概有三四天都不在公司,对工作也不太上心。团队从 5 月开发到 8 月,却没有看到任何产品。"于是罗文娟便和 CEO 商量,要不要和 CTO 交流下,这毕竟是一个创业团队,如果他保持这样的现状,团队或许需要换一个人。"但是 CEO 本身就不太擅长和人交流,而且他觉得这种事情不好说。"罗文娟解释道:"毕竟,从人性的角度来说,这种事情确实不太好讲。"

之后，CTO家里的问题越发严重，CTO的工作状态也一直受到家里的影响。"团队如果拧成一股绳，会有很强的战斗力，这种情况下，可以弥补一些资本和技术的不足。但是有的时候，团队中人越多越会出现一些问题。我后来也思考，CTO对工作不太在意一方面是因为个人问题一直没有处理好，另一方面就是他认为背后有团队所支撑，他的问题可以由公司的其他人弥补。"

于是罗文娟就和CEO商量，希望找到更好的方式来解决问题。"在这之间还有一个小插曲，就是我们的技术出卖了我们。"

有一天，罗文娟的一个竞争对手对她说，"你们公司现在既然出了问题，你不如来我们公司。"罗文娟一打听，才知道是一个技术人员把公司的困境都告知了这个竞争对手。然而当罗文娟把这件事情告诉CEO的时候，CEO的反应是，"可能他也有自己的难处吧。"罗文娟说，"其实我思索之后，觉得可能和CEO本人的经历有关。他是一个海归，他在遇到这种违背契约精神的事情后，缺乏应对复杂突发问题的能力，选择逃避而不是想办法去处理问题。起初他还拒绝去和那个技术人员交谈，当我生气了，他才答应去和技术人员谈话。"

而在这几件事情之后，CEO告诉罗文娟他打算暂停这个公司。"他其实是担心CTO不愿意退出，或者要求他高额回购股份，所以想要假装公司破产。但是这个决定是很错误的，在那之后，团队项目无法继续下去。对于我个人而言，觉得这个项目非常可惜。因为现在我回头看，当时我们的模式是很棒的。"

创业本就是在摩擦中曲折前行的，团队之间需要更多地沟通，遇到问题更是如此，应该共同去寻求解决方法。而在创业团队的沟通中，团队成员需要经常进行直接的谈话和交流，这样才能够避免其他的错误。

职位悬赏APP于2015年9月下线，当月底，公司宣布解散，历时不到半年。

3.3.3　常见创业团队问题的解决方案

1. 个人与团队之间的冲突，怎么解决

个人与团队之间的冲突实际上属于组织内部个人层面的问题。创业阶段个人与团队之间的冲突，通常是由于团队成员受到外部环境因素或者团队内部其他成员的影响，产生一些负面情绪，导致个人的行为偏离团队发展轨迹而形成的。具体表现为：个人的思维方式、表现行为与团队难以形成一致，甚至出现严重分歧或者激烈的冲突，给团队发展造成强大的阻力，例如失去了创业成功的信心，对自己的发展战略或者营销策略产生怀疑，缺乏做事的激情，工作效率降低等。

此种情况的解决方案有两种。

第一种是"直接式"，即采取团队公开讨论的方式。在这种方式下，每一位成员都可以开诚布公地就冲突行为发表评论，并提出解决方案的建议，例如个人在团队活动中喜欢与不喜欢的行为、冲突行为的危害性或者负面影响、期望产生冲突问题的个人如何调整并重新融入团队。问题解决过程中需要注意把握以下几项原则。

- 团队成员之间的相互信任与帮助是解决一切问题的前提。
- 问题个人要对其行为改进做出承诺，同时需要有人监督其改进过程与实效。
- 在彼此信任的前提下，团队成员一定要有培养、等待的耐心。这就进一步要求团队成员必须充分意识到，一个完美创业团队的创建过程，其实也是创业团队成员之间不断磨合、相互帮助、共同改进的过程，出现问题是不可避免的。

第二种是"间接式"，即私下面谈。即由创业团队核心领导或者负责维护团队关系的成员（例如表 3-1 中 9 种角色之一的协作者）与表现出冲突行为的个人私下面谈，这种方式一般适用于问题并不是特别

严重或者问题个人自尊心较强的情况。面谈过程中，负责面谈的成员需要把握几个关键问题：了解具体的问题行为及其背后的原因；说明问题行为对团队的"破坏力"及其问题的严重性；推荐一种可替代的行为方案，或者共同提出对方认可的个人改进方案。

小故事："独裁"还是"民主"？

相信已经走上创业道路的创业者，很早就面对了这样一个问题——是"独裁"还是"民主"？公司要想发展壮大，就必须始终保持在正确的航线上，不能出现哪怕一个错误。因此在面对重大抉择时，如果自己的意见与团队其他人相悖，那作为第一责任人的创业者，你是选择坚持己见，还是相信大家的集思广益？本文将告诉你答案。

王微千辛万苦终于建立起了自己的公司。他的性格比较固执、专制，但在公司的起步与发展阶段，这种领导风格起到了重要的正向作用。

在公司产品进入市场初期，许多员工对王微把好不容易赚到的钱用在打广告上很不理解，心疼、劝阻者甚多。但他已敏锐地认识到了广告的市场价值和效应，因而他根本不考虑这些意见，毅然决然地把卖产品的钱都用来打广告，用他的话说这是得到便宜不撒手。大家都觉得心疼，王微却认为是"便宜"，二者间在观念与判断上的差距真是天壤之别。而恰恰是王微的独裁、集权与决断，才保证了一个正确决策的顺利实施，从而造就了他们公司的腾飞。在这种需要高控制的情境中，王微的独裁式领导，充分发挥了效能并获得累累硕果。

全部听取别人的意见和全部怀疑别人是一样有危害的。身为一名创业者，最理想的做法是听取每个人的意见，但始终拥有自己的主见。不要被众说纷纭的言辞所动摇，这当然需要勇气和睿智；而且还需要注意的是，学会选择性地倾听。

创业者要有主见，但并不是要主观武断、独断专行。而是要对事

物有判断能力和决断能力，要有自己的见解和主张。作为企业的领导者，在重大问题的决策上发扬民主，充分听取各方面的意见有利于避免决策上的失误。但创业者决不只是一个听取意见的"录音机"，而还应是一个分析问题、判断是非的"加工厂"。要对来自各方面的意见进行认真的分析和思考，从中吸收和采纳正确的意见，形成自己的观点，然后做出决策。

要知道，每个人的思想素质不同，对情况了解的程度不同，所处的地位和角度不同，因而对事物的看法也各不相同，正是"横看成岭侧成峰，远近高低各不同"。甚至不排除有些小人，出于个人的某种目的，有意进献谗言，混淆视听。如果领导者缺少主见，面对各种意见患得患失、莫衷一是、无所适从、优柔寡断，其结果要么是议而不决，决而不断，一事无成；要么是不加思考，盲目拍板，造成决策上的失误。任何事物都有其规律性和原则性，都有好与坏、是与非、对与错、利与弊之分，这就需要领导者认真分析、准确判断、正确把握、果断决策，千万不可优柔寡断，更不能"两边倒"。

2. 团队"卡壳"了，怎么办？

所谓"卡壳"，是指团队因各种问题（往往是多种问题因素的组合，包括个人与团队之间的冲突问题）导致各项工作难以进展，整个团队表现为不积极、不凝聚、不信任、不作为、低效率，甚至濒临瓦解。

一般的团队"卡壳"，实际上是整个组织层面的问题。团队"卡壳"其主要原因有：团队领导者管理不善、团队技能组合支撑力不够、创业项目遇到巨大困难、多人与团队形成冲突等，这些原因最终会导致团队多数甚至所有成员对总体方向感到迷茫、彼此不信任、低效能、不作为等严重问题的出现。

当团队"卡壳"时，首先要做到的就是沉着冷静、积极应对，并动员组织全体成员一起面对问题、共渡难关。一旦统一思想，"卡壳"问题便解决了一半。接下来就是正确分析团队"卡壳"的各种原因，并

在短期内抓住主要矛盾，即核心问题，然后采取相应的对策，做到有的放矢。最后是针对其他问题"对症下药"，逐个击破，从而全面、成功地解决团队"卡壳"的问题。

以下是一些常见"卡壳"的原因及对策，可供创业者参考。

● 如果是团队成员认知方面的问题，不妨开展团队大讨论。一方面是再次强调创业的目标、实现目标的路径与具体的行动方案，尤其要强调统一的价值观、行为规范以及绩效目标，以便达成共识；另一方面是探究团队中潜在的个人与团队的冲突，例如一些具有隐藏性的意见分歧、观念差异、负面情绪等冲突现象，从而设法通过团队大讨论开诚布公地予以解决。

● 如果是团队成员对未来长远目标感到渺茫的问题，一方面可以考虑通过团队大讨论的方式来统一认识；另一方面，也是更加重要的一方面，是制定切合实际、可行性强的近期目标与规划，并通过短期的实际行动予以实现，从而用事实说服团队成员，并增强大家的信心。

● 如果是团队内部技能组合支撑力不够的问题，一方面要提升整体组织的能力，组织团队全体成员分析历史案例、学习行业标杆、参加外部考察、加强学习等，同时有针对性地重点培养个别成员，培养方式包括内部培训、外派学习等，其目的是弥补"短板"，即团队内部技能组合中的弱项；另一方面要在现有条件下优化团队结构，例如，依据表3-1中角色理论调整某些角色的职责范围、进行角色轮换等，从而提高团队内部的技能组合支撑力。此外，还可以直接"除旧换新"，构建新的团队，不过一般只有在迫不得已的情况下才会采取这种方式。其主要原因是某些成员个人与团队存在严重冲突或者个人技能太弱，且已经"病入膏肓""无可救药"，不仅会削弱团队内部的技能组合支撑力，还将成为团队成长、组织发展的巨大障碍。

小故事：汤姆的诡计

美国著名作家马克·吐温（Mark Twain）在他最著名的小说之一《汤姆历险记》中有一段很有趣的故事。

汤姆是个顽皮的小孩，因为偷偷跑去游泳又欺骗姨妈，所以被处罚粉刷墙壁，太阳很大，刷墙壁要刷很久，汤姆实在不愿意干，这时候刚好有一个小伙伴过来了，嘲笑汤姆在假日要工作不能出去玩，汤姆心生一计，于是回复这个小伙伴说："什么，你说这是工作吗？也许是，也许是！但是，有几个孩子能在假日有刷墙的机会呢？"说完，汤姆继续认真而且缓慢地刷墙，好像这是世界上最了不起的事。汤姆一边刷还一边停下来看一下，仿佛他在做的不是一件寻常的工作而是在完成一件艺术作品，如图3-6所示。

图3-6　汤姆刷墙

这时，小伙伴在旁边看了一阵子后，终于忍不住了，于是他向汤姆请求是否可以让他刷一下试试看。汤姆拒绝了，并说："不行，波丽姨妈说只有我能做好，习德（汤姆的表弟）向姨妈请求了很久，姨妈也不同意，说只有汤姆能做好！"小伙伴于是说："汤姆，你让我刷一阵子，我把这颗苹果给你，我会认真刷，你姨妈不会看出来的。"汤姆假装很为难的样子，不情愿地答应了，于是小伙伴开始卖力地刷墙，汤姆坐在旁边的凳子上安心享用苹果。

不止如此！接下来几乎整个镇上的男孩子都加入刷墙大军的行列，汤姆除了自己不用刷墙外，还虏获了许多战利品，晚上又被波丽姨妈称赞刷墙刷得好，真是大获全胜。

刷墙本来是一件很无聊的事，汤姆跟他的小伙伴们原本应该都是这么认为，但汤姆用了两个动作改变了小伙伴们的想法。

● 第一，他让小伙伴们相信这不是一般人能做的事。
● 第二，他让刷墙看起来不像是做苦工，反而像是在做一份艺术性的创作，所以改变了大家对刷墙的看法，纷纷来帮他刷墙。

这段故事的用意是要说明这样一件事：大多时候，人们对一件事情价值高低是没有太多判断力的，也很少有人真正清楚自己要的是什么。一个有价值的东西，如果很轻易就获得了，大家也不会珍惜；相反的，一个价值不太高的东西，如果是你历尽千辛万苦得到的，反而你会很珍惜，这就是人性。这个道理对做创业管理是非常重要的一件事，成熟的创业者会常常用到。

3.4 高效团队的特征与塑造

顾名思义，高效团队是指工作效率相对于一般团队更高的团队，其特点为明确的目标，赋能授权。高效团队有点类似于古代军队中的王牌军，有道是"三军易得一将难求"，如果能打造出这样一支由将才组成的精锐团队，那么，驰骋天下必不在话下。对于今天的创业来说，如果创业者身边围绕了一支高效团队，那无疑已经成功了一大半。

3.4.1 高效团队的特征

在对大量创业公司案例及创业团队的研究过程中发现，大多数高效团队都拥有以下 20 个特征。创业者在创业过程中，可以对照这 20 个

特征来评估自己的创业团队是否符合这些特征，又存在哪些差距问题，以帮助创业者快速检测团队存在的不足之处，并塑造一个高效的创业团队。

- 拥有一致认同的价值观。
- 有一位成熟自信、领导力强、不断带来精神动力且大家共同认可的领袖。
- 拥有清晰、共同认同的目标，且团队目标与个人目标同等重要。
- 为实现目标制定了行动计划，并按人员分工、时间进行了合理分解。
- 按照共同约定的授权范围，以及决策原则制定每一项决策。
- 成员职责分明、权限清晰，且可以根据需要进行适当的角色轮换。
- 成员之间形成了互补性极强的技能组合。
- 呈现彼此信任、共同分享、自发性和敢于承担责任与风险的文化氛围。
- 制定了合理的绩效考核制度并严格执行、定期完善。
- 对内部竞争进行有效的管理与激励，并形成良好的竞争氛围。
- 所有成员都有被授权的感觉。
- 会议定期召开且效率高。
- 拥有高效解决内部冲突问题的机制与方法。
- 成员间沟通开放、坦诚，支持他人并容忍错误。
- 根据培训需求制定并开展持续的培训计划。
- 成员乐于接受新的思想、观念与信息，保持较强的创新力与变革力。
- 敢于接受挑战，渴望取得成就。
- 总是能够建设性地解决各种难题。
- 与外部构建了良好的关系网络，拥有充裕的外部资源。

● 始终致力于改进绩效、优化团队内部的技能组合支撑力。

3.4.2　塑造高效团队的策略

依据高效团队的运作原理、高效团队的主要特征，以及创业团队常遇的问题，我们提出高效创业团队塑造的七大策略，以帮助创业者在系统、全面地考虑高效团队各项因素的同时，把握创业团队构建过程中的关键要点，从而塑造出一个高效的创业团队。

具体策略介绍如下。

1. 以明确界定的目标领导团队

明确界定的目标就好比一座灯塔，永远照亮团队前行的方向与道路，并激励着团队不畏艰难险阻地去实现预期目标。目标的制定，要求遵循SMART原则。要有长远的战略目标与切实可行的短期目标，同时要制定具体的行动计划，并按人员分工、时间进度对目标进行合理的分解。

2. 建立优秀的创业团队文化

《基业长青》的作者詹姆斯·柯林斯曾在其书中总结道："高瞻远瞩的公司能够奋勇前进，根本因素在于指引、激励公司上下的核心理念，亦即核心价值观和超越利润的目的感"。因此，在创业阶段能否树立共同的价值观、建立优秀的创业团队文化，通常会决定一个创业企业能够走多远。优秀的创业团队文化理念包括凝聚力、合作精神、完美主义、绩效导向、追求价值创造、平等中的不平等、公正性、共同分享、共同担当等元素。具体可以通过团队讨论、章程制定、文化手册等形式确定下来，文化理念及企业文化践行内容包括愿景、使命、价值观、管理理念、行动纲领等。当然，更重要的是一以贯之地执行大家所认同的文化，并努力形成"集体精神、分享认知、共担责任、协作进取"的优秀创业团队文化。

3. 时刻在创业团队内部形成高度一致

无论是明确界定的目标还是优秀的企业文化，只有在团队内部形成高度一致，才能够发挥其无穷的力量。因此，在创业过程中，核心领导对此必须保持高度的警觉，时刻"掌好舵"，以确保团队朝"总体一致"的方向前进。例如，在团队内部要形成沟通坦诚开放、相互批评与支持的氛围，鼓励分享不同的观念与意见，促使团队成员在思想观念、行动方式等方面形成高度一致；一旦出现内部矛盾，核心领导应该及时有效地协助团队成员解决冲突，促使其达成一致；作为团队的掌舵手，核心领导还应该带领大家努力，使创业的进程与目标保持高度一致。

4. 注重学习与创新

无创新，毋宁死。学习与创新是创业团队实现自我成长、适应不确定性环境并最终达成未来目标的唯一途径。一方面，团队内部应该提倡学习型组织建设，加强内部学习、认知共享，同时注重向外界汲取新的知识，不断提升组织的学习能力；另一方面，团队应重视创新氛围的营造，鼓励通过学习来促进创新能力的提升，鼓励团队成员的创新意见与创新思维。

5. 实施有效的激励机制

有效的激励机制，可以提高团队成员的积极性、优化组织结构，并形成良好的竞争氛围，同时为后期建立科学的公司治理机制奠定基础。激励机制的设计应该坚持注重团队整体、业绩导向、差异化，以及灵活性四项原则，具体内容包括股权激励、薪酬激励、授权激励、精神激励等。建议创业初期就明确提出合理的股权激励方式，不可模棱两可或者存在潜在的"不公平性"，避免后期出现"扯皮"现象，而且最好不要选择均等股份的形式（尤其是两人团队，更加不合适）。

6. 开展创业团队

有效的团队绩效评估，可以帮助团队领导者从结果、过程两方面

全面评估团队建设的绩效，以及个人的绩效，同时查找问题出现的原因，并提出相应的改进方案。同时，绩效评估结果也是实施激励机制的重要依据之一。

针对个人绩效的评估，主要评估指标包括创业思维、商业计划准备、敬业精神和风貌、工作技能和关系、岗位职责等。评估方式以团队、内部成员互相评议、用户满意度、管理层评估三种方式为主。

7. 有效解决创业团队问题

高效创业团队的塑造过程，本身就是创业团队成员之间不断磨合、相互帮助、共同改进的过程。因此，创业过程中会受到主观或者客观因素的影响，出现一些问题与障碍，例如个人与团队的冲突、团队"卡壳"等问题。如何有效解决这些关键问题，对于创业团队走向成熟、实现创业目标也是极其重要的。

第 4 章

选择创业方向

兴趣是最好的老师。

——20 世纪最伟大的物理学家 爱因斯坦

4.1　创业方向的选择原则

生意场有一句很流行的话："做熟不做生"。这句话能流行自然有它的道理，创业领域没有好坏之分，没有对与错，只有适合与不适合。每个人都有各自的优势和特长，创业者必须认真分析自己的特点，找到适合自己做的事业，才能达到事半功倍的效果。而选择自己熟悉的领域入手是一条捷径。特别是在创业初期，能否做下去在很大程度上取决于创业者对这个项目的熟悉程度。如果创业者坚持涉足自己并不熟悉的领域，就一定要慎之又慎。

4.1.1　避免陌生的领域

许多创业者在选择项目的时候都会犯难，于是常常向亲朋好友、同事、咨询专家、创业培训机构请教，而他们给创业者的回答往往使一些人失望："我们不会也不能直接给你推荐项目，而会教你一整套选择和评估项目的思路，我们希望靠你们自己选择适合自己的项目！"是的，没有人可以告诉你"你应该从事哪个行业"，你所能得到的建议只会是一些原则，例如"越陌生，越危险"。任何时候，你都不能盲目跟风，进入热门生意的不见得人人赚钱。在创业之时，你所选择的项目与自己过去的从业经验、技能、特长和兴趣爱好越吻合，就越有内在和持久的动力，成功的可能性越大。

小故事：越陌生，越危险

葛某从事药厂生产管理已经近 7 年，后来看到做代理商的朋友们都发财了，于是就和几个朋友合伙做起了地区代理。因不熟悉市场，产品选择不当，葛某不仅在此项目中一无所获，2 年内还赔了 10 多万元，加上自己的机会成本共损失近 30 多万元。

眼看着做代理行不通，葛某不甘心，又打算与几个朋友合伙做餐饮。

他们每个人都拿出一些钱，商量着开一家酒楼。但等到 200 万元资金到位准备装修时，才发现 200 万元根本不够，无奈又各自借了很多钱。原来，大家只是想象着干餐饮"有多赚钱"，但真正懂得行道的却没有一个。由于先期没做任何预算，又对餐饮行业太过陌生，酒楼勉强经营了一段时间，不但没挣钱，还欠了很多外债，几个要好的朋友也不欢而散。无奈，葛某只好再次放弃餐饮业，重新进入一家保健品公司做起了老本行。

有道是三百六十行，行行出状元。任何行业只要做成了行家，都能挣到钱，因此不要盲目眼红其他人的收益。对于自己不熟悉的行业尽量不要参与。例如本例中的葛某，做熟了生产管理，却因听说做代理赚钱而改行，可是刚刚入门的他看不懂产品，也找不到合适的进货渠道。等他弄懂产品摸清行情时，很可能市场已被他人捷足先登。甚至还有可能已吃进了大批一百年也卖不出去的垃圾产品，所以会赔得一塌糊涂。所以，创业者在选择行业的时候，一定不要像案例中的葛某一样，而是要选择自己有所了解的行业。

4.1.2　做你擅长做的事

对于创业的成功，比尔·盖茨曾说过这样一句高度概括的话："做自己最擅长的"。微软公司创立时只有比尔·盖茨和艾伦两个人，他们最大的长处是编程技术和法律经验。两个人立足于自己的长处，成功奠定了在这个领域的坚实基础。在以后的 20 多年里，他们一直不改初衷，"顽固"地在软件领域耕耘，任凭信息产业和经济环境风云变幻，从来没有考虑过涉足其他领域。结果，他们有了今天的成就。

如果你用心去观察那些成大事的成功者，他们都有一个共同的特征——心中有一把丈量自己的尺子，知道自己该干什么，不该干什么。有了自知之明，就可以扬长避短，再抓住发展机遇，这个世界上便有了"塑料大王""汽车大王""钢铁大王"等企业巨人。

正如一个国家选择经济战略一样，每个人都应该选择自己最擅长

的创业项目，做自己最擅长的事。换句话说，当你在与人相比时，不必羡慕别人，你自己的专长对你才是最有利的，这就是经济学强调的"比较利益"。

耐克（如图4-1所示）正式命名是在1978年，等到了1999年时，它的销售额已达到95亿美元，跨入《财富》500强行列。超过了原来同行业的领袖品牌阿迪达斯、锐步，被誉为近20年来世界上最成功的消费品公司。

图 4-1　耐克的Logo

耐克成功的重要因素之一，是它的中间商品牌路线。为了显示自己在市场方面的核心优势，它不建立生产基地，自己也不生产耐克鞋，而是在全世界寻找条件最好的生产商为耐克生产。它选择生产商的标准是：成本低，交货及时且品质有保证。这样耐克规避了制造业公司的风险，从而专心于产品的研究与开发，快速推出新款式，大大缩短了产品生命周期。

耐克的另一成功要素是传播。它利用青少年崇拜的偶像如迈克尔·乔丹等进行传播，还利用电子游戏设计耐克的专用游戏。每当推出新款式，就请来乐队进行演奏，传递出一种变革思想和品质。耐克的传播策略使其品牌知名度迅速提升，从而建立了具有高度认同感的品牌资产价值。耐克的成功在于：它专注于做自己最擅长的事——设计与营销；而把不擅长的事——生产和物流交给别人去做。无论你的创业项目是什

么，你都应该问自己这样一个问题："这真的是我所擅长的吗？"只有做自己擅长的项目，你才更容易成功！

4.1.3　技术是基础

可能所有的创业者都觉得资本是创业最重要的因素，倘若没有资本，自己就一无所有，创业更无从谈起。诚然，对创业来说，资本非常重要，但除此之外，还有其他一些关乎大局的因素，例如技术。创业离不开技术支持，没有技术如同鸿鹄失去展翅翱翔的羽翼，空有凌云之志，却无法奋发腾飞。从某种意义上说，技术是创业的资本，也是发展的原动力。在全民创业的"群英谱"中，有很多拥有技术并在创业道路上奋发前行的创业者，他们正试图通过自身的技术开启财富之门。如果你本身有某项技术，那么它就可能成为你创业的突破口。

小故事：靠自己的技术创业

李某是一个退休工程仪器设计师，他看好教学仪器市场，想利用自己的特长开一家教学仪器公司。可是当他仔细做过市场调查后，发现现在市场上教学仪器公司多如牛毛，而且个个神通广大、精明能干。怎么办呢？

他开始思考对手的劣势和自己的优势：自己有过多年的工程仪器设计经验，在工程设计上时常有独特的创新，曾经获得过多项国家专利。只不过那时候自己尚在职，属于职务发明专利，专利权归之于单位。现在自己退休了，如果再有创造发明，就可以申请为自己的专利了。那么，在技术上就可以为对手筑起壁垒。另外，在客户资源上，自己在单位时，曾与多家学校都有过合作，帮助他们设计教学仪器。现在有些客户仍旧会不时地来找自己帮忙，这是他可以利用的人脉资源。那么，有了技术，有了客户资源，生产问题比较好解决。自己年纪大了，不想再拉大摊子，委托加工就好了。现在江浙、广东、包括就近的山东，愿意承接来料、

来样、来件加工的小工厂很多，从中找几家就可以解决问题。

分析完之后，这位退休工程师对自己的创业计划越来越有把握。他开始行动，找了过去的一帮老哥们，很快把摊子拉起来。在营销方法上，他们也采取了比较保险的方法：不是拿产品去找市场，而是根据市场去设计生产产品。他们还与学校交流，看对方需要什么样的仪器，价位多少能接受，然后再有针对性地拿出解决方案，双方皆大欢喜。从创业开始的第二个月，他们就坐在那里数钱了。

这是一个靠技术创业的典范。相信会对创业者有所启发。那些不得不让自己的创业计划胎死腹中的创业者，往往都对创业的行业没有太多了解，而且在技术方面也懂得不透彻。李某的创业经历向我们证明了技术就是你的饭碗，如果创业者能够利用自己的行业优势发展企业，就不用害怕其他成功企业对自己构成威胁，因为你能开拓一片属于自己的天空。

4.1.4　创意是核心

任何好的项目和好的企业都是做出来的，而不是想出来的。创业者要做的事情，就是把自己的创意变成现实。否则，他只是一个空想家，而不是创业者。任何人都可以有一个或许多想法，但能不能把想法变成现实，这才是最关键的。有很多事情，在普通人眼里，甚至在风险投资者眼里，都是异想天开的妄想，是一些看似疯狂的事情。然而那些"偏执狂"的创业者，却没有把自己的梦想只停留在想法上，因此才造就了今天那么多的知名企业。

小故事：从创意变为现实的 iPod

相对于 20 年前一度走入低谷的苹果公司，现在的它们已经完全复苏了。苹果的品牌影响力很大程度上来自于乔布斯的传奇故事。1997 年，苹果公司几乎破产，作为创业者的乔布斯重返公司，把苹果公司彻底改

造为面向消费者的厂商。

把想法变成现实，正是苹果公司的看家本领。它的优势在于能把自己的新想法和其他人的技术结合在一起，然后用一流的软件和时髦的设计包装新产品。而 iPod 就是这样一个实践的产物，如图 4-2 所示。

图 4-2 iPod

它源自苹果公司雇佣的一个咨询顾问的想法，然后把一些市场上已经有的零部件拼装在一起，再使用了一个简单易用的软件。iPod 使用的是已有的 iTunes 自动播放软件，这也不是苹果的原创，而是它买来后加以改进的。总体来说，苹果公司是一个技术的整合者，它不惧怕从外面引入技术，但总会在其中加入自己的想法。这种做法成就了独一无二的苹果。

把想法变成现实，是苹果公司的看家本领，也是创业者必备的素质。假如不能把自己的想法变成现实，创业就无从谈起。从另一方面说，这也意味着创业者必须有自己的想法，哪怕是模仿别人，也要想方设法加入自己的一点创意，这样就会得出属于自己的东西。另外，你的想法不一定会得到身边众人的一致赞同，这就需要创业者不因别人的劝说或看法而动摇自己的目标，要能承受别人所不能承受的压力，才能获得别人所不能获得的成功。

4.1.5 激情是关键

对于创业者来说，激情不是一个空洞的名词，而应该是一种惊人的力量，可以融化一切。正如西点军校将军戴维·格立森所说，"要想获得这个世界上的最大奖赏，你必须拥有过去最伟大的开拓者所拥有的将梦想转化为全部有价值的献身热情，以此来发展和展示自己的才能。"

每一个创业者都希望能实现自己美好的梦想，让事业结出累累硕果，能否达到这一目标，其中一个关键因素是心态。所以你所要做的就是找到能够点燃你激情的事业，让无穷的力量激荡在胸中，成为创业的巨大动力，从而演绎出精彩，创造灿烂的明天。

小故事：激情铸造的艺术工厂——Coronado Studio

当山姆·科罗拉多还是一名艺术系的学生时，他的一位朋友给他提出了这样的建议："你最好找到一份其他的工作，否则你马上就要被饿死了。"因为怕被朋友言中，科罗拉多参加了绘图课程的学习，并用所学到的技能维持正常的生活，在晚上的空闲时间里进行艺术创作。

科罗拉多的艺术生涯开始于1969年，当时德州仪表（Texas Instruments）公司聘请他担任技术讲解员。也就从那时起，他自己的工作室逐渐引起了丝网印刷艺术（将颜色进行刮压从网孔漏至承接物上，所以也称做"丝漏版画"，可以用来印刷广告、包装物、路牌、衣饰图案等，如图4-3所示）和拉丁美洲艺术领域的广泛关注，而且他的艺术作品经常被送往美国、墨西哥、欧洲和非洲等地进行展出。

在1992年，对Self-Help Graphics艺术中心进行参观之后，科罗拉多对丝网印刷技术产生了兴趣。他说："正是这次参观点燃了我对目前所从事工作的热情。我将这种艺术形式带到了德克萨斯州，并在我的绘画工作室里成立了自己的公司——Coronado Studio。现在，它已经成为了一个版画复制工作室。"

图 4-3　丝网印刷艺术

绘画一直都是科罗拉多的最爱，但他认为丝网印刷更适合他来做——很多来他的工作室参观的艺术家也同意这种说法。他说："令人惊讶的是，我们能生产出几乎与绘画作品一模一样的印刷品。我们已经帮助很多艺术家复制自己的作品。他们有时候都不敢相信能够印刷出与原稿如此接近的页面。其实，这完全取决于艺术家本身和他们的艺术风格。如果他们懂得如何分色，就能对作品的生产方式进行全面控制。"

他的工作室成为传递拉丁美洲艺术家心声的平台，虽然有限的资金不能让这个工作室购买科罗拉多所喜欢的设备，但是他贡献出了自己的计算机，并且保证所有在这里工作的人都能使用它们。这些计算机能帮助艺术家们将自己的数字作品转变为精美的丝网印刷品。这份工作能让艺术家将纸张的表面特性与艺术作品完美地结合起来，这让科罗拉多充满激情。

科罗拉多工作室为艺术家提供的 Serie Project 服务是不收取任何费用的，而且它还能为艺术家们提供一个供他们在夜晚进行工作和休息的住所。科罗拉多表示："有些艺术家整个晚上都留在工作室里，因为他们毕竟只有一个星期的时间来完成自己的工作。销售和捐款收入占到

了科罗拉多工作室和 Serie Project 活动经费的 25%。当地和国家拨款填补了另外 75% 的空缺，这就是所谓的艺术生活。但最令科罗拉多骄傲的是他能为公众带来精美的艺术复制品，而且能与不同等级的艺术家进行合作。对艺术的巨大热情产生的激情成就了他独特的事业。

很多在我们看来不可思议的事业之所以能够成功，都源于心中的某种信念，或者热爱或者坚信，总之都是充满激情的。本身就是艺术家的科罗拉多，数十年来对艺术的无比热爱和不懈追求终于成就了他的梦想。他已经为 200 多位艺术家复制过精美的作品。正是这份对他有巨大吸引力的工作不断点燃他的激情，推动着他建立起了自己的艺术工厂。

我们常说"事在人为"，人的能力就如一座冰山，已经发挥出来的部分是浮在水面上的那一部分，还没有发挥出来的部分是隐藏在水下面的部分。假如你能以一种积极的心态去面对创业，相信你的激情创业必定会充满快乐和力量，你的创业梦想也会因激情而更灿烂。最重要的是，激情的充分发挥和调动，会刺激冰山下面那部分巨大潜能的释放。

4.2 创业方向的选择

本书前面的章节已经说过，当代社会是一个高度分化的社会，任何工作都已被分割得极为细致，因此在选择创业方向时，也要注意一定的方法，避免将自己陷入进退两难的境地。

4.2.1 针对市场缝隙

以往我们常常用"在夹缝里生存"形容处境艰难，但在今日的商业社会，如果创业者的企业能够在一个别人都看不到的缝隙里落地生根，那么所遭受的阻力将会比别的企业小很多，将会更快开花结果。

当创业者生存下来之后，就可以茁壮成长，为自己争取更多的养分来谋求发展。也就是说，小资本的创业者，要学会在市场中寻找可以

盈利的缝隙，从而建立起自己独特的、极具吸引力的业务领域。如此一来，创业的压力和阻力小很多，也不必担心新的进入者及竞争。

寻找这种市场缝隙的方法可借鉴本书第 2 章中提到的市场分析。在国外，任何一项工作的实施，必须以市场调查为前提。如果企业在经过充分、大量的市场调查后，做出一个符合调查结论的营销决策，却不幸在实践中失败了，企业的领导人会耸耸肩，认为他很不幸，然后重新去寻找解决问题的方法；相反，如果未经过市场调查，单凭经验、感觉、判断等做出营销决策并实施，不论成败与否，这个人立即可以卷铺盖走人了。由此可见市场调查在制定决策过程中的重要地位，这也是每一位创业者都要铭记在心的。

小故事：麦当劳的市场调查

美国的麦当劳（如图 4-4 所示）在一开始只是一家名不见经传的快餐店，而后却迅速发展成为一个美国国内有 500 多家分公司，在全世界 40 多个国家和地区有 4000 多家分店的国际快餐经营集团。它的成功当然会为创业者提供许多可供借鉴的宝贵经验。很多人都感兴趣的一个问题是，如此快速、大规模的市场扩张，它们的营销部门是怎么做到的？其实，答案很简单，麦当劳的市场营销部门只是遵循了的一个宗旨，那就是：用市场研究的成功，确保市场营销的成功。

图 4-4　随处可见的麦当劳快餐店

　　据说，当年麦当劳要来北京投资，于是就派了两名工作人员来到北京某繁华街道做市场调查。第一名市场调查人员看了看繁华的街道和街上拥挤的人群就回去了。回到总部对负责人说，北京很繁华，人流也很大，所以这里可以开一家麦当劳。第二个市场调查员同样也来到了这个路段，从早上到晚上，分时段地拿出表来做每个时段的人流分布情况分析，并对每个时段的人流高潮期，每分钟、每小时经过的人流数都进行了统计和记录。然后又用了几天的时间，对不同年龄段人群以赠送小礼品的形式进行抽样调查，了解到他们对外国快餐的感受和喜好程度等。通过几天的调查，回到总部的调查员把这样一份详尽的市场调查报告交到了负责人的手中。相信看到这里，创业者一定会猜出来后来谁的报告被采纳了。

　　当然，我们这里说的市场调查，还同时包括市场分析。一个训练有素的创业者，在投资一个项目前，一般都会先做市场调查和市场分析，然后再做商业计划。市场调查和分析的作用在于，创业者可以根据分析得来的结果制定战略规划，分析投资项目的外部宏观环境、行业竞争结构、市场结构、竞争态势等，进而做好市场细分和市场定位。只有进行过实际、深入的市场调查和分析之后做出的商业计划，才是可行的、有说服力的。

4.2.2　针对新兴市场

　　在当今社会激烈的竞争环境中，争做第一尤其重要。对于刚刚进入市场的创业者来说，做最强壮、最庞大的第一太难，但你完全可以做最迅速、最新颖的第一。当你能够在新兴市场开辟出一片属于自己的"处女地"时，你就可以自豪地站在第一的位置。而做到第一，就意味着站在市场的制高点，握有主动权，利润当然会很可观。相反，如果畏首畏尾，不敢自己尝试创新，等看到别人成功后才步人后尘，企图分一杯羹，许多情况下只会有"别人捡了西瓜我捡芝麻"的结局。所以，想要成功创业，就要敢于当第一个吃螃蟹的人。有了科学的分析和详细的市场调查作为依据之后，创业者就有足够的理由去尝试创新，不断摸索，找出

适合自己和企业发展的道路。

小故事：勇于"吃螃蟹"的安踏

每个成功企业家的创业史都有一个从无到有的发展历程。而安踏正是在丁志忠的领导下一步一步地茁壮成长，并不断走向成熟。

作为国内第一个用体育明星做广告的运动鞋企业，如图4-5所示，安踏总裁丁志忠被称为"第一个吃螃蟹"的人。随后几年，中国鞋业成了体育明星与娱乐明星争奇斗艳的舞台。"明星战""广告战"使得中国运动鞋市场硝烟弥漫。在这场战争及随后的品牌战中，安踏却始终保持着领先地位。

图4-5　国内运动潮牌——安踏

20世纪80年代，初中毕业的那个夏天，17岁的丁志忠提出要到北京发展，其家里人都不理解。父亲让他说出理由，丁志忠就说，每天都有外地人拿钱来买东西，几乎什么都能卖掉，我们为什么不主动把晋江的商品拿出去销售？丁父的鞋厂那时候也是刚办起来，经济并不宽裕，但却被儿子说服，掏出了1万多元，让丁志忠买了600双晋江鞋到北京去卖。

为了把晋江的货摆进北京西单商场的柜台，丁志忠天天去找商场的人。一开始别人都不同意，还对他说："你才多大啊，就跑出来做生意？"丁志忠硬着头皮说自己20岁了。他也不管别人的脸色，特别真诚地介绍起晋江产品的优势。连续去了一个多月，商场的人终于答应去晋江看看。丁志忠高兴得不得了，赶紧先回晋江准备。最后，在北京所

有的大商场，丁志忠都为晋江的鞋厂争取到了专门的柜台。仅两年的时间，丁志忠打通了北京最权威，也是最艰难的销售通道——北京王府井百货大楼。

第一个吃下螃蟹的人，成功地把销路打开了。一边是晋江丰富的货源，一边是宽广的销售渠道，不是可以就此稳赚了吗？但1991年，丁志忠却又重新回到了晋江。原来，晋江鞋在北京的低价销售深深刺激了丁志忠。当时，市场上比较有名的"青岛双星""上海火炬"等名牌鞋已经有相当一部分在晋江生产，说明晋江鞋的质量没有问题。带着4年赚下的20万元，丁志忠在晋江重新开厂起步，那时候，他的想法已经很明确：一定要把企业做大，把品牌打响。

1999年，一场国内鞋业的广告大战和体育明星大战孕育而生，丁志忠又一次成为第一个吃螃蟹的人。160万元，"我选择，我喜欢"，孔令辉成为安踏历时两年的形象代言人；500万元，是安踏在央视投放广告的预算价格。结果，随着孔令辉在奥运会上的出色表现和他极具个性的"我选择，我喜欢"，安踏迅速完成了品牌树立和传播，并极大地拉动了市场的成长。这次"吃螃蟹"的结果是：从2000年到2004年，连续4年，安踏运动鞋市场综合占有率居全国第一。

"安踏"这个品牌的成功树立，源于丁志忠独特的眼光，利用名人效应广为宣传。因为在这个领域，丁志忠是第一个吃螃蟹的人。但我们也可以看到，在此之前，丁志忠已经不止一次勇争第一了。想要做一名成功的创业者，就要像丁志忠那样，既有敏锐的眼光，又有惊人的魄力，开垦出适合自己或企业发展的"处女地"。

4.2.3 针对细分行业

今天，想要在产品日益同质化、市场竞争日益白热化的企业丛林中胜出，创业者一定要有市场细分的概念，也就是通过市场调研，依据消费者的需要和欲望、购买行为和购买习惯等方面的差异，把某一产品

的市场整体划分为若干消费者群的市场分类过程。每一个消费者群就是一个细分市场，每一个细分市场都是具有类似需求倾向的消费者构成的群体。

创业者绝对不要企图满足所有人的所有需求，将自己的产品卖给所有人，赚所有人的钱，这是不切实际的幻想。一个企业、一个品牌只要能满足一部分人的一部分需求，并且坚持不断改进，就能享用成功的财富蛋糕了。

小故事：史玉柱成功的秘诀

目前，国内市场的现状是各大诸侯会聚，谁也赢不了谁，谁也吃不了谁，市场没有升级，大家都在拼同一块市场。这个时候，如果有外力的介入，打破这种博弈平衡，很可能会改变这种现象。史玉柱就是这么做的，他在现有的市场下，成功地采用切割术，把一块块看上去不太起眼的细分市场（礼品市场、网游市场）做到了最大化。

我们再熟悉不过的"脑白金"（图4-6），它在规格上采用胶囊和口服液的形式，以便与其他保健品区分，一下子火了好几年；"黄金搭档"作为追随者适时上市，它以提升生活质量、综合调理、把维生素送到各个人群为卖点。同样，在国内市场空白的情况下，史玉柱为中国网民量身定做了《征途》网络游戏，"上征途挣工资"也成了流行口号。随后，我们又看到了"黄金酒"这个概念，它同样是顺应礼品需求而成的。在保健酒市场上成功引入了五粮液这个酒业老大。其酒类品质无懈可击，出场就赢得了满堂彩。后来，当"鹰牌"和"初元"以及一些其他知名品牌后期跟进时，对史玉柱来说已不再重要了。

分析史玉柱的出手，使各个市场都有了做大的可能。以前大家都只懂得为市场拼得你死我活，没有人肯在"需求行为"上动脑筋。即使是上央视做广告，也不过是在同一市场上教育同一群消费者，结果自然

是两败俱伤。但史玉柱的成功，让我们看到了另一种可能性。作为创业者，需要向他学习的就是要善于发掘细分行业的机会，并根据产品特性进行合理的市场细分，从而为成功创业奠定基础。这一点在日益全球化的新世纪，尤其重要。

图 4-6　红极一时的"脑白金"广告

那么，创业者应该如何进行市场细分呢？一般来说，可以遵循以下几个步骤。

① 依据需求选定产品市场范围，列举潜在顾客的基本需求。
② 分析潜在顾客的不同需求，移去潜在顾客的共同需求。
③ 分市场暂时取名，进一步认识细分市场的特点。
④ 测量各细分市场的大小。

以上步骤基本决定了各分市场的类型，接下来还要测量各分市场潜在顾客的数量。如果顾客数量太少，这个市场也许就不值得留恋。

4.2.4　善于发现身边的机会

对创业者来说，"好创意"的作用不言而喻。想要创业，首先要有一个好的构思，这个构思从何而来呢？在多方寻找灵感的时候，创业

者不妨多关注自己身边的各种机会，也许商机就在自己身边。创业者周围环境中所有的问题、变化、竞争、新知识、新技术，都有可能成为宝贵商机的来源。在这些方面多留心，会比仅仅盯着远方苦苦寻觅的效果要好得多。

小故事：牛仔裤前世今生

1850 年，一则令人惊喜的消息为人们带来了无穷的希望和幻想：美国西部发现了大片金矿，淘金的美梦每个人都在做。于是，无数个想一夜致富的人如潮水般涌向那曾经是人迹罕至、荒凉萧条的西部不毛之地。李维·施特劳斯当时 20 多岁，他心中的冒险因子在蠢蠢欲动，犹太人天生的不安分让他不安于做一个安稳的小职员，他渴望冒险，通过自己的劳动、运气赌一把，于是他放弃了这个过于无味的工作，加入到浩浩荡荡的淘金人流之中。

到了之后，他才发现自己有多莽撞，曾经荒凉的西部现在到处都是淘金的人群，到处都是帐篷，这么多的人蜗居在一个个帐篷里，能实现发财梦吗？能满意而归吗？难道自己抛弃工作来到这里，就这样无望地等待？他陷入深深的思考之中。

然后，他开一家日用品小店，不再从土里淘金，而是从淘金人身上开始自己新的梦想。小店的生意很不错，但帆布却没人理会，眼看就要赔本了。他本来以为帐篷是人们的必需品，所以购进了大量帆布，却没想到竟然无人问津，看着积压的帆布，他非常沮丧。

这时，一位淘金工人迎面走来并注视着帆布。他连忙高兴地迎上前去，热情地问道："您是不是想买些帆布搭帐篷？"那工人摇摇头："我不需要再搭一个帐篷，我需要的是像帐篷一样坚硬、耐磨的裤子，你有吗？""裤子？为什么？"李维·施特劳斯惊奇地问道。那工人告诉他，淘金的工作很艰苦，衣裤经常要与石头、砂土摩擦，棉布做的裤子不耐穿，几天就磨破了。"如果用这些厚厚的帆布做成裤子，肯定耐

磨，说不定会大受欢迎呢！"

淘金工人的这番话提醒了李维·施特劳斯。他想，反正这些帆布也卖不出去，何不试一试做裤子呢？于是，他灵机一动，用带来的厚帆布效仿美国西部的一位牧工杰恩所特制的一条式样新奇而又特别结实耐用的棕色工作裤，向矿工们出售。

于是，世界上第一条日后被称为"牛仔裤"的帆布工装裤，在李维·施特劳斯手中诞生了。当时，它被工人们叫做"李维氏工装裤"，如图 4-7 所示。当牛仔裤风靡全球时，李维真地淘到了自己的金矿。

图 4-7　身穿"李维氏工装裤"的矿工们

任何问题都孕育着机会。在真实的金矿面前，李维看到的是别的金矿。那么创业者呢？我们身边的金矿无处不在，关键看你有没有那双慧眼。创业需要机会，而机会要靠发现。如何寻找合适的创业机会？如何把握创业商机？这些都是创业者要学习的。当然，发现金矿不是一件容易的事情，这就要求创业者平时多看、多听、多想，养成市场调研的习惯，还要有自己独特的思维，这样才能发现和抓住被别人忽视或遗忘的机会。

4.2.5 案例：饿了么的创业始末

在媒体采访时，"饿了么"CEO张旭豪道出了自己在创业时的一些感悟。

2008年，还在上海交通大学读硕士一年级的张旭豪认为，只要自己做的东西被市场认可，那就是有价值的。在一天晚上，他和室友一边打游戏一边聊天时，当他们打电话到餐馆叫外卖的时候，要么打不通，要么不送。

于是创业也就这样从不起眼的外卖服务开始了，如图4-8所示。

图4-8 "饿了么"外卖服务

"饿了么"公司名为上海拉扎斯信息技术有限公司，"拉扎斯"在梵文里是"激情"的意思。张旭豪笑说，这几年就做了两件事——搬家和融资。从2008年开始，公司办公地点经历了学生宿舍、餐厅一角、民宅、别墅、写字楼。而融资方面，张旭豪通过各种大学生创业竞赛，为他的团队总共赢得了45万元创业奖金，而在2011年和2012年又先后引入了金沙江创投和经纬创投两轮风险投资。

"饿了么"是典型的O2O（Online To Offline，如图4-9所示）模式：线下产品和服务通过互联网吸引用户，互联网成为线下交易的前台。目前为止，除团购以外并没有非常成功的O2O企业实践，然而团购也因为其缺乏黏性、恶性竞争而备受诟病。

图 4-9　O2O 模式

对于"饿了么"的创业者来说，在网站上线没多久的时候，他们就发现交大闵行校区已经有了一家网上外卖订餐网站，这也是交大校友创立的公司，并且已经运营了较长时间，注册资本就达到了100多万元。张旭豪骑电动车跑业务而对手却是开车跑业务。更重要的是，对手经常倒贴钱与餐馆进行合作。只要用户进行订餐，就有免费的可乐或雪碧，这样的手段逼着"饿了么"不得不跟进。因为如果不这样做，消费者和餐馆不认可，将根本就无法与对手竞争。

在当时，两家网站都依靠向餐馆抽取佣金过活（交易额的8%），最终在竞争对手的重压下，张旭豪与创业伙伴不得不寻求改变。最初，他们花近半年时间开发出一套网络餐饮管理系统。而正是通过这套系统，餐馆可以轻松管理并打印订单，这大大提高了工作效率。在以往的高峰时段，餐馆因为抄写订单，可能只能接100单，现在却可以接200单了。店家还可以根据实际营业状况进行设定（如设为营业中或休息中），管理已经售完的菜品（可以设为"已售完"）和添加新的菜品。

其次，"饿了么"将之前抽取佣金的方式改为收取固定服务费的方式。这一收费方式对商家来说更容易接受，同时还能够改善网站现金流，免去每月上门催收款项的烦恼。最后，"饿了么"积极拓展其他收

费方式，如竞价排名。这一系列的改变下来，不仅压制住了竞争对手，还改变了网站的盈利方式，完成了由中间商向平台商的转变。

而面向消费者一端的用户体验也在不断提升。每天，"饿了么"的网站背景图随时间变化而变换，这个设定就是因为网站假定用户是一个超级宅男，根本看不到太阳。然而针对用户点餐有效分类的问题，网站推出了"篮子"功能，用户可以先添加多个篮子，将不同的菜品放入不同的篮子后，再一起下单。张旭豪十分认同乔布斯的话："CEO 应该关注用户体验，关注产品本身，而不是只泛泛地讲战略。"

外卖迟迟不来是用户点了外卖后最不高兴的状况。实际在高峰时段，餐馆往往已经忙到极限，而口味越是好的餐馆，越可能出现滞后的情况。所以，对消费者的预期管理十分重要。然后是一旦超过时限，该怎么办？根据这两点，"饿了么"实施了"超时赔付"功能。根据各个餐馆以往的送餐时长（起始时间为下单时间，截至时间为确认收到外卖的时间，因为有积分奖励，大概有 30% 的用户会确认），通过数学模型，计算出每个餐馆的平均送餐时长。

餐馆可以选择加入"超时赔付"，送餐超过一定的时间后，将立刻减免相对应的金额。张旭豪也不是特别清楚这一功能在提高用户重复购买率上会有多大帮助，但是他认为这是一个关于用户满意度的问题，在其服务更加完善以后，网站的用户体验将会更好。

4.3 基于利基的创业

利基，按照菲利普·科特勒在《营销管理》中的定义，利基是"更窄地确定某些群体"，这是一个小市场，并且它的需要没有被服务好，或者说"有获取利益的基础"（这种有利的市场位置在西方称为Niche，海外通常译作"利基"）。企业在确定利基市场后，往往用更加专业化的经营来获取最大限度的收益，从而在强大的市场夹缝中寻求

自己的出路。倘若一个企业能够站在牢固的利基之上，就不愁不能盈利。

4.3.1　切忌盲从

美国《财富》杂志和《福布斯》杂志访问目前连续 11 年蝉联世界首富的比尔·盖茨时问："比尔，你身为世界首富，你到底是怎么样成为世界首富的？因为只有你才可以告诉我们成为世界首富的秘诀。"比尔·盖茨说："事实上我之所以真正成为世界首富，除了知识、人脉和很会行销之外，有一个原因是大部分人没有发现的，那就是眼光好。"

如果拿这个问题去问亚洲首富孙正义，相信他也会这么回答。24 岁那年决定创业时，他研究了 40 种行业，想要找出哪种行业最赚钱，最后他选择了投身 IT（信息技术）行业，成为互联网最早的一批投资商。

中国有句古话："男怕选错行，女怕嫁错郎。"虽然时代不同了，但这个道理依然适用。当我们决定创业时，首先要对这个行业有所评估，并且要看它是不是适合自己，以免入错行。

小故事：破灭的老板梦

长春市的赵新是 1999 年在原单位买断工龄后开始自己创业的。那时他见 IT 行业不错，就在欧亚科技城租了 $50m^2$ 的地方，做了清华同方 MP3、移动硬盘、U 盘等产品的吉林省总代理。他以为交完了代理费就可以赚钱了，可是第 1 个月厂家告诉他没有完成任务，第 2 个月又告诉他没有完成任务，等到第 4 个月的时候厂家要收回他的代理权，他才知原来只靠卖货是赚不到钱的，必须要发展渠道。于是他才开始雇佣业务员跑市场，准备终端会议。费用花了不少，可结果只招上来两名经销商。春节前又由于没有做好销售计划，导致旺季淡销。当赵新年底结算时才惊讶地发现自己竟然赔了 10 万元，仅仅是因为他选择了一个从没有涉猎的行业，仅仅是因为他不懂这行的市场规律和运作策略。赵新回忆起创业之初的遭遇时，无奈地感慨道："虽说自己是花钱买教训，

但也不太值得，走了那么长的冤枉路，是花多少钱都买不回来的。"

与在生行里吃尽苦头的赵新相比，加盟速食连锁的韩旭阳不但赔得一塌糊涂，还被骗得伤痕累累。宁波的韩旭阳几年前做工艺品批发生意赚了一些钱，一直想投资餐饮行业。因为他知道自己不懂这行，所以想走加盟连锁的形式，这样风险低些。2003年6月，他被"万兔速丽"广告语吸引——"加盟精美速食店只要2万元，轻轻松松当老板"。他随后就打电话咨询，对方业务经理说："加盟这个项目很有前景，公司可以提供大到技术、服务、策划，小到门面选址、员工培训等一系列服务。"韩旭阳被对方业务经理说得动心了，最后花了2万元签下了在杭州市开一家加盟店的协议。可出乎意料的是，开业后门庭冷落，一直亏损。后来他在杭州、上海等地发现了很多类似的加盟店，他们的经营状况都同他一样。于是他向杭州市万兔速丽有限公司的张总提议每隔半年或一年开一次加盟商大会，让大家互相交流，共同商讨如何把品牌做大的问题，张总只是轻轻地一笑了之。2005年7月，"万兔速丽加盟连锁"骗局被媒体揭穿时，韩旭阳才恍然大悟，知道自己的"老板梦"像肥皂泡一样破灭了。

和他们一样失败的创业者比比皆是。虽然大家失败的直接原因各不相同，但根本原因往往都在于一开始就选错了行业。选对行业之所以至关重要，是因为大多数小本创业者都没有足够的剩余资金来做备用金，一旦失败后就很难回头。如果选对了行业，产品畅销和利润幅度大，就会在很短时间内回本和赢利。但是，在缺乏真正做老板的眼光、思维方式和积极进取的心态时，我们很容易盲从盲信。

所以，小本投资的创业者一定要谨慎，不要被当大老板的虚荣心和赚大钱的暴富心理所怂恿，在不理智思维的支配下做出错误的决定。其实介入不熟悉的行业并不是最可怕的，可怕的是盲目和无知。在进入任何行业时，事先都要充分地与业内人士进行沟通，最详细地了解这行的操作过程，最真实地掌握其中一些鲜为人知的商业情报。如果条件允许，最好是能亲自到同行那里去工作一段时间，这也是一个从行外人变

成行内人的途径。只有这样才不至于走冤枉路、花冤枉钱，而是走捷径、赚快钱。

4.3.2　占据主导产品

波士顿矩阵公司把企业产品划分为瘦狗、问题、明星和金牛4个类型。金牛是指在成熟市场阶段占主导地位的产品，能提供大量现金，因此又被称作"现金牛"。根据西方正统财务原则和管理学院教义，现金牛是最珍贵的业务，企业应该采取的战略是收获。任何企业家最梦寐以求的事莫过于企业能实现持续不断的长远增长。用波士顿管理矩阵来分析，企业要达到这样的目标，就必须同时拥有自己的现金牛业务（正在为企业提供大量现金支持的优良业务）、明星业务（前景广阔有发展潜力，但却未能给企业马上带来大量现金支持的业务）和问题业务（发展前景不明朗，但一旦别市场认可即有巨大发展潜力的业务）。对于已经生存下来的企业来说，正确做法是同时拥有现金牛业务、明星业务和问题业务，并致力促使明星业务变成现金牛业务，问题业务变成明星业务。如果能达到这样的业务平衡，企业就不断有新的现金牛业务出现，长期保证企业的现金流稳定乃至不断扩大。然而对于创业者来说，你首先要做的就是找到那头自己企业中的"现金牛"。

4.3.3　创业也要择业

为什么创业者选择行业那么重要呢？具体来说涉及三个方面的原因：第一个原因是不同产业的利润率是大相径庭的，例如零售业的行业，利润率只有6%～8%；而咨询业的行业利润率则高达150%。换句话说，在零售业里做得最好的企业，其利润率有可能还不如在咨询业里做得最差的。追求利润，是企业的第一行为属性。基于这点，企业必须选择行业，以谋求企业利润的最大化。

第二个原因是不同产业的门槛是不一样的，再以零售业与咨询业为例，现在零售企业的平均注册资本是1000万元左右，而现在咨询企

业的平均注册资本是 30 万元左右。除了资本门槛之外，不同的产业还有不同的技术门槛、政策门槛、规模门槛等。企业如果不能调动足够的资源来跨越产业的这些门槛，那么该产业无论利润如何丰厚、前途如何无量，对于企业来说，都只能是镜花水月。

第三个原因是企业对产业的可控性问题。企业有足够的资源进入一个产业，并不代表企业能运营得很好，更不代表那就是企业最佳的支配资源方式。在运营不力的情况下，企业可能要付出远超出产业的平均成本，才能获得产业平均水平的收益，这明显是不经济的。

如何平衡这三大因素，找到最适合投入的产业，找到自己的利基，是每一位创业者都要面临的首要问题。

小故事：寻找自己的利基市场

约翰·沃尔，是 WallGoldfinger 公司的总裁。该公司成立于 1971 年，是位于佛蒙特州的一个乡村木器加工厂，主要加工拉盖书桌和有四根帐杆的卧床。现在，他的公司为美国的许多颇有声望的公司制作家具。《财富》500 强上有名的公司、主要的金融和保险公司、全国有名的法律公司，以及无数的大学都是 WallGoldfinger 的客户。凭着多年的精湛技艺，该公司已经开辟出了一个自己的利基市场，即制作教堂中的诵经台、餐具橱、接待台，以及它的专长——公司会议室里高雅的高技术家具。在2001 年，WallGoldfinger 还获得了防止环境污染杰出奖的政府奖金。为什么？因为公司员工对公司的加工设备进行了重新设计，从而使有害废弃物的产生减少了 20％。并且，安装了能减少空气污染、降低燃料使用率的新的通风装置和熔炉，这样就为员工创造了一种更加清洁的环境，为顾客生产出了更好的产品。

你是否曾经乘坐过这样的小游船，在船上，你可以看见鱼，以及生活在水底下的其他有趣生物？许多这种半潜水船都是由位于加利福尼

亚州萨克拉门托的 Sub Sea System 公司制造的。当这家公司的创始人吉姆·梅菲尔德、帕特里克，以及迈克尔·斯坦福决定为旅游业建造这些船时，实际上是赌了一把。但是，创意的开展一点都不顺利。他们虽然制成了第一艘半潜水船，并把房子抵押了来偿还设计费用，但他们还面临一个难以完成的任务，就是获得美国海岸警卫局对船只设计细则的批准。仅仅这个过程就花了 18 个月的时间。不过，一切的艰难都已经过去了，现在，Sub Sea System 公司是美国这种特殊船只的最大供应商。该公司在其工艺质量、注重细节，以及工程方面世界闻名，这三个充满创意的年轻人也在旅游业中寻找到了自己的利基。

图 4-10　WallGoldfinger 公司生产的桌椅

　　木器加工和旅游业都是我们心目中的传统行业，似乎没有什么缝隙可以避免与众多对手竞争。但约翰·沃尔和 Sub Sea System 公司告诉你，事实不是这样的。正因为他们能够在选取竞争对手获利甚微或力量薄弱甚至忽视的一小块市场作为其专门服务的对象，全力予以满足该市场的各种实际需求，才达到了牢固地占领该市场的目的。

　　总之，市场利基者获得的是"高边际收益"，而密集市场营销者获得的只是"高总量收益"。利基营销非常适合中小企业，其重点在于选取并建立利基市场。实行利基战略的主要意义在于，在整个市场上占有较低份额的公司可以通过灵活、巧妙地捡漏，见缝插针，从而实现高

额利润。小资本创业的你，要记得利基就是你的唯一，这样你才能生存并得到更快、更好的发展。

4.3.4 案例：英特尔的创业传奇

"Don't be encumbered by history, do something wonderful（不为历史羁绊，放手创造绚烂）"。这是英特尔联合创始人诺伊斯的激情话语。如今，这句名言已引领英特尔走过了坎坷而又辉煌的40年。这个数字，即使在明星企业荟萃的硅谷，也可谓是一个奇迹。

英特尔的技术发展，要从大名鼎鼎的4004处理器谈起。但在创业初期，英特尔的主要开发方向其实是半导体存储器。采用半导体内存之前，计算机安装的是磁芯内存，如图4-11所示。这种文件存储器的制造工艺费时费力，产品体积庞大，存取速度也较慢。研制新内存是当时业界的迫切要求。

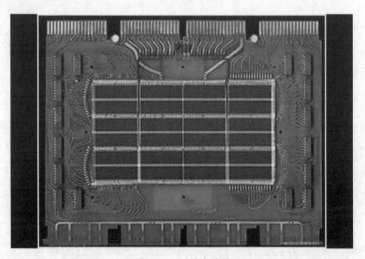

图4-11 磁芯存储器

英特尔抓住了取代磁芯内存的机遇。1969年，当英特尔决定向内存技术发起冲击时，已经有6家美国公司也在为此厉兵秣马。这7家

公司共同参与了同一个项目的竞标。当时，半导体技术已经发展到可以在硅片上安装更多晶体管的地步，由此带来低成本和高性能。但制造内存芯片的方案还在探索之中。英特尔面前有硅栅 MOS 技术、多芯片内存模块和肖特基双扱技术三条技术路径，英特尔选择了同时尝试这三条路线，最后再选定能大量生产的制造工艺。

双扱技术首见战果。当年英特尔推出第一个商品 3101 双极随机存取存储器（RAM），抢在了竞争对手的前面，这也为它日后的发展迈出了第一步。另一个小组研究的硅栅 MOS 技术也在同年推出了实用化成果 1101 静态存储器，英特尔成功进入内存半导体市场。数年之内，英特尔又推出两个新产品：可擦写编程的只读存储器（EPROM）和静态内存（SRAM）。20 世纪 70 年代末，与英特尔竞争的企业，如尤利森公司、先进内存系统公司等高科技企业都难以望其项背。英特尔拥有内存技术与硅栅技术两大法宝，成为内存技术和市场绝对的代名词。

创造了存储器产业的英特尔，成为该领域的绝对领先者。可以说，英特尔就等于存储器，存储器也就意味着英特尔。谁都无法想象一个没有存储器的英特尔。可以说，存储器就是英特尔的现金牛。

但是，当 1985 年半导体产业战略转折点来临之际，英特尔果敢地做出决定，彻底退出存储器业务，转向完全不同的微处理器业务，如图 4-12 所示。随之而起的是英特尔微处理器公司的新定位。它还提出著名的摩尔定律——每 18 个月微处理器速度将增加一倍。历时三年的战略转变，帮助英特尔穿越了死亡之谷，乘上微处理器这辆特快列车，把其他半导体企业远远甩在后面，英特尔也找到了新的现金牛。

英特尔的成功之处在于，它一开始就找到了自己的现金牛——存储器，并且马上着手开创了这个行业。但它并没有局限于此，随着时代的发展，它敢于主动向现金牛开刀，寻找新的现金牛。例如，它退出自己一手开创的存储器市场，全力发展微处理器业务；当 386 微处理器在

市场上还如日中天时，就以 486 取代 386；486 尚处收获阶段，便以奔腾芯片取代 486；对手刚准备转向奔腾芯片，它就立即推出下一代奔腾芯片。正是这种不断寻找新现金牛的卓越决策，造就了英特尔近 20 年的霸主地位。

图 4-12　Intel 的微处理器

4.4　认知创业机会

英国著名哲学家弗朗西斯·培根曾说："智者创造的机会比他得到的机会更多。"在创业过程中，我们既要抓住机会，又要善于发现机会、创造机会。那么，究竟什么是创业机会？影响创业机会的关键因素有哪些？又该如何识别和评估创业机会？

4.4.1　创业机会的定义

根据美国纽约大学教授柯兹纳（Kirzner）给出的定义，创业机会是未明确市场需求或未充分使用的资源或能力，它不同于有利可图的商业机会，其特点是发现甚至创造新的手段 - 目的（Means-End）（注：手段 - 目的理论是由心理学家米尔顿·罗克奇（Milton Rokeach）提出的，阐述了个人价值影响个人行为的方法。手段 - 目的理论认为，

顾客在购买产品和服务时，其出发点是实现一定的价值，为了实现这一价值需要取得一定的利益，为了实现这一利益需要购买一定的产品和服务的属性。属性包括原材料、形态、制造过程等内部属性和服务、品牌、包装和价格等外部属性。利益包括功能利益、体验利益、财务利益和心理利益等内容。价值包括归属感、爱、自尊、成就感、社会认同、享受、安全、快乐等内容。进而言之，个人价值是人们所追求的最终目标，手段是人们实现目标的方法，在市场营销范畴中，手段则表现为产品属性及由此带来的产品利益。这就形成了一个手段－目的链（Means-End chain）：产品属性－产品利益－个人价值）关系来实现创业收益，对于"产品、服务、原材料或组织方式"有极大的革新和效率的提高，且具有创造超额经济利润或者价值的潜力。

与商业机会相比，创业机会主要有以下三个特点。

- 一是创业机会能经由重新组合资源来创造一种新的手段－目的关系，而商业机会的范畴更广，代表着所有优化现有手段－目的关系的潜力或可能性。
- 二是创业机会完全是一种独特的商业机会，它往往会表现为超越现有手段－目的关系链的全盘变化甚至颠覆性变化，而商业机会只是蕴含于手段—目的关系的局部或全盘变化之中。
- 三是创业机会具有持续创造超额经济利润或者价值的潜力，而其他商业机会只可能改善现有利润水平，这也是创业机会与商业机会的根本区别所在。

需要提醒读者的是，实际上，创业机会与商业机会之间并不存在鲜明的界限，这里对二者加以比较说明，目的只是强调创业机会独有的价值或者利润创造特征，并突出其创新性、变革性。因此，在创业过程中，我们无须刻意去区分创业机会与商业机会，也并非只有把握创业机会才能创业，如果能把握好有利可图的商业机会也同样可以创业，并给社会创造财富，况且很多创业机会往往源于某个或某些具有巨大价值创造潜力的商业机会。

小故事：图书出版行业的新机会——Lulu.com

我们都听说过有抱负的作家们用心写作，并提交手稿给出版商，希望看到他们的作品出版，但还是经常被拒绝。这种老套的情景，出版商和作者都已经习以为常了。

传统的图书出版模式建立在选择过程基础上，出版商审查许多作者和稿件，然后选择那些似乎最有可能达到销售目标的作者和稿件。与此相反，希望不大的作者及其作品将会被拒绝，因为除去编辑、设计、印刷、推广等环节的费用，卖得不好的图书可能就无利可图了。出版商们最感兴趣的是那些印刷后能针对广大读者，引起热卖的图书。

Lulu.com（如图4-13所示）将传统与畅销书为中心的出版模式转变为提供让每个人都能出版作品的服务。Lulu.com的商业模式是基于帮助利基和业余作者在市场上推出作品。它通过为作者提供清样、出版和在线商场分销作品等工具消除了传统模式的高进入门槛，这与选择"市场－价值"的传统模式形成了强烈的对比。

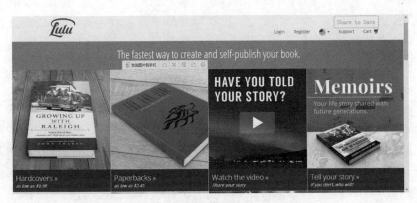

图4-13　自助出版网站Lulu.com首页

实际上Lulu.com吸引的作者越多，就越有可能成功。因为这些作者同时也会变为消费者。简单来说，Lulu.com是一个多边的平台，通过用户自主生成利基内容所形成的长尾效应来连接和服务作者与读者。

成千上万的作者都在使用Lulu.com的自助服务工具出版和销售自己的书籍。这种模式之所以能够发挥作用，是因为只根据实际订单来印刷书籍。特定主题的作品销售失败，也与Lulu.com无关，因为这样的失败，并不会给它带来任何成本损失。

4.4.2 创业机会的来源与分类

机不可失，时不再来。创业路上，我们一定要珍惜每一次稍纵即逝的机会。那么，每一个珍贵的创业机会又是如何诞生的呢？

1. 来源于环境变化

著名管理大师彼得·德鲁克（Peter F.Drucker）曾将创业者定义为"寻找变化，并积极反应，把它当作机会充分利用起来的人"。变化就是机会，环境变化是创业机会的重要来源。尤其是在今天这个"唯一能够确定的就是不确定性"的复杂动态环境中，蕴藏着各种良机，例如产业结构调整带来的新产业发展契机、顾客消费观念转变带来的新商机等。其变化主要包括宏观经济政策和制度变化、产业经济结构变化、社会和人口结构变化、价值观与生活理念变化、竞争环境变化、技术变革等。

2. 来源于顾客需求

公司存在的根本目的就是为顾客创造价值，无论环境是否变化，创业机会源于顾客需求都是永恒的真理。因此，创业机会必定来源于顾客正想要解决的问题、顾客生活中感到非常头疼的问题、顾客新增的需求……而这一切或许是顾客明确的需求问题催生出的新创业机会，或许是被人忽略的"蓝海"市场引发的创业机会，又或许是创业者挖掘出顾客的潜在需求而产生的创业机会。

3. 来源于创新变革

每一个发明创造，每一次技术革命，通常都会带来具有变革性、

超额价值的新产品和新服务，能更好地满足顾客的需求，伴随而来的则是无处不在的创业机会。一方面，创新变革者本身凭借长期积累的技术优势、创新实力，自然会产生来之不易的创业机会；另一方面，即使你不是变革者，只要善于发现机会，同样可以抓住对你来说"得来容易"的创业机会，成为受益者。例如，互联网技术革命时代，你无须进军互联网技术变革领域成为时代的弄潮者，而是完全可以通过掌握基本的互联网知识与技能、利用互联网平台，开设一个网店，成为互联网大潮中的一名普通创业者。

4．来源于市场竞争

在分析竞争对手时，我们通常都会对自己与竞争对手之间的优势与劣势进行比较、分析，目的是采取扬长避短或者差异化的策略，进而更好地满足顾客需求，拓展市场。因此，在市场竞争过程中，如果你能够针对竞争对手的不足，将自己的优势充分发挥出来或者采取差异化的产品或者服务方案，为顾客提供更具价值的产品或者服务，那么，你就找到了竞争夹缝中的绝佳创业机会。

根据以上环境变化、顾客需求、创新变革、市场竞争等各类创业机会来源，我们可以将创业机会分为以下三种类型。

● 第一种是问题型创业机会，指的是基于顾客现有需求、尚未解决的问题而产生的着眼于实际的创业机会。

● 第二种是趋势型创业机会，指的是基于环境动态变化、对顾客潜在需求预测而产生的着眼于未来的创业机会。

● 第三种是组合型创业机会，指的是基于环境变化、顾客需求、创新变革、市场竞争等多种因素，为创造顾客新价值而产生的，且通常是由多项技术、产品或者服务组合而成的创业机会。

根据手段－目的理论中二者关系的明确程度，我们又可以将创业机会分为另外三种类型。

- 一是识别型创业机会，指的是创业者可直接通过手段－目的链轻松辨识出的创业机会，其前提条件是市场中的手段－目的关系相当明显。
- 二是发现型创业机会，指的是还需要创业者去发掘，较难辨识的创业机会，其背景条件是手段或目的任意一方的状况处于未知状态。
- 三是创造型创业机会，指的是完全要靠创业者创造，几乎无法辨识的创业机会，其根本原因在于手段和目的皆处于不明朗的状态。不过，在这种情况下，对于创业者的机会识别能力也比较高。

4.4.3　识别创业机会

综合上述创业机会的内涵及其来源，我们认为：创业机会的识别过程是指基于创业者特征，以及环境变化等因素，创业者从现有的产品、服务、原材料和组织方式等层面进行差距分析与判断，找出改进或者创造手段－目的关系的可能性，最终形成新的产品、新的服务、新的原材料，以及新的组织方式。

其中的创业者特征是指创业愿望、认知能力与创业技能、先前经验、社会关系网络、创造性；环境变化主要指宏观经济政策和制度变化、产业经济结构变化、社会和人口结构变化、价值观与生活理念变化、竞争环境变化、技术变革。

创业者特征及环境变化构成了影响创业机会识别的关键因素，具体内容如下。

1. 创业愿望

阿里巴巴创始人马云说过："我觉得创业者首先要有一个梦想，这很重要，如果你没有梦，为做而做，别人让你做是做不好的……"创业愿望是创业的原动力，只有拥有强烈的创业愿望，创业者才有可能更

多、更有效地发现和识别市场机会。反之，再好的创业机会也会与创业者失之交臂。

2. 认知能力与创业技能

很多人认为，多数创业者有"第六感"，比别人更灵敏，能够帮助他们看到别人错过的机会。事实上，这种优越能力最终取决于个人或者团队的认知能力与创业技能，其中包括创业者所积累的行业知识、创业经验等。一般来说，在某个领域经验丰富的人士，相对于外围人士来说，更加具有商业敏感度，而并非"当局者迷，旁观者清"。据国内外研究和调查显示，与创业机会识别相关的能力主要有远见与洞察能力、信息获取与分析能力、环境变化及技术发展趋势预测能力、模仿与创新能力、社会关系建立与维护能力、行业或者创业领域知识与经验储备能力等。

3. 先前经验

严格地讲，先前经验也是决定个人认知能力、创业技能的重要因素之一，因为大多数创业者的创业能力都是基于先前经验而不断成长的。但是，考虑到该因素对创业机会识别的影响程度较高，故单独提出作为影响创业机会识别的关键因素之一。而且，该因素还涉及一个非常重要的概念，即"走廊原理"——创业者一旦创建企业，就开始了一段旅程，在这段旅程中，通向创业机会的"走廊"将变得清晰可见，也就是说，特定产业中的先前经验有助于创业者识别出创业机会。走廊原理强调经验和知识对于个体发现和把握创业机会的重要性，个体在特定领域的经验和知识存量越多，就越容易看到并把握该领域内的创业机会，从而实施创业活动。

4. 社会资本

创业者的社会资本是指与创业者个人及组织所建立的各类社会关系连接在一起形成的一系列资源，实际上是创业者各类社会关系资源价值的集中体现。创业者的社会关系网络包括政府、金融机构、高校、专

业支持机构、商业合作伙伴、朋友、家庭、同事等。社会资本通常与人力资本、财务资本相提并论，对创业活动产生的影响也越来越大，备受创业研究与实践者关注。有关研究发现，社会关系网络是个体识别创业机会的主要来源，其中的"强联系"与"弱联系"相比较，前者的信息转化率相对较高；但是相对于前者而言，后者更有助于个体识别更多的创业机会。

"强联系"是指部分社会关系网络成员之间建立起来的信任及情感的联系；"弱联系"是指经济特征不同的个体之间发展起来的一种松散的联系。强联系基于信任与情感联系，能够促使信息有效地传递，使创业者更好地获得信息，从而更容易将所获信息转化为可能的创业机会；弱联系虽然表现出松散性、缺乏信任或者情感基础，但是因为其分布范围较广，比强联系更能充当跨越其社会界限的桥梁，超出强联系群体范畴，去获得来自不同群体、不同网络而又难以得到的高价值信息和相关资源，从而拓展创业者的信息获取渠道，丰富创业者的信息获取量，大大增强创业机会的识别可能性。

5. 创新思维

创业的本质就是创造。而创业机会的识别过程也要求创造新的手段－目的关系，最终形成新的产品、新的服务、新的原材料，以及新的组织方式，其本身就是一个不断反复的创造性思维过程。可见，创新思维对于创业机会识别及其后续创业活动十分重要。例如，从纷繁复杂的信息中，你有没有可能挖掘出客户的需求，并提出具有创意性、产生新价值的产品或者服务解决方案，取决于你的创新思维能力。如果缺乏一定的创新思维能力，即使你获取了高价值信息甚至明确了客户的新需求，恐怕也难以识别出蕴藏其中的创业机会。

6. 创业环境

环境的变化是创业机会的重要来源，因此创业环境必定会对创业机会的识别产生巨大影响。创业环境是创业过程中多种因素的组合，包

括宏观经济政策与制度、产业结构、人口环境、技术环境、自然环境、市场环境、创业价值观等。例如，创业型经济发展的政策倾向、人们生活方式的改变、市场竞争环境的公平性，都会对创业机会的识别产生较大程度的影响，甚至影响创业者的创业积极性。

4.4.4　创业机会的识别方法

在创业机会识别过程中，首先应该具备两个条件。

一是"要能够发现价值"，即获取高价值的商业信息，而这种信息往往是他人难以接触到的。这主要是从信息获取渠道及个人创业愿望两个方面来理解的。例如，拥有有助于获取信息的工作或者生活圈子、具备优越的社会资本条件、时刻保持创业警觉以及强烈的创业愿望、有利于创业者获取他人难以接触到的高价值信息。

二是"要能够分析价值"，即分析出商业信息的价值所在并做出准确的判断与决策。当然，影响信息分析能力的因素有创业者个人或者团队的智力结构与先前经验、创新思维能力、创业者是否拥有乐观的心态、创业者是否具备敏锐的洞察力等。

而且，以上二者缺一不可，如果能够发现价值信息却不会分析、处理和运用，所获信息将变得一文不值；如果只具备强大的信息分析与处理能力，而没有价值信息来源，也只能是"巧妇难为无米之炊"。

常用的创业机会识别方法有四种，即市场调研发现机会、系统分析发现机会、问题导向发现机会与创新变革获得机会。

1. 市场调研发现机会

这里的市场调研主要强调一手资料获取与二手资料获取两个方面。

一是通过与顾客、供应商、代理商等面对面沟通，获取鲜活的一手资料与信息，了解现在发生了什么，以及未来将要发生什么。

二是通过各类媒体、出版物、数据库，获取你想要的资料与信息，了解你通过面对面沟通形式可能无法触及的一些信息。

获得这些一手资料与二手资料后，你要对这些资料进行分类并编码，便于自己随时查询、使用。尤其是针对自己的某个特定想法时，你可以精准地通过现有的市场调研数据来发现可能的创业机会。

水滴石穿，非一日之功；冰冻三尺，非一日之寒。调研、分析、记录想法、再调研分析……这是一个日积月累、厚积薄发的过程。例如，瑞士最大的音像书籍公司的创始人说，他就有一个这样的笔记本，当记录到第200个想法时，他坐下来，回顾所有的想法，然后开办了自己的公司。

2. 系统分析发现机会

在市场经济发展日渐成熟的现状下，那种"野蛮生长"方式亦能生存、处处是顾客与商机（市场不饱和）的时代已经一去不复返了，现实中更多的企业往往是在"夹缝中求生存，变化中寻商机"。因此，今天绝大多数的创业机会都需要通过系统的分析才能够得以发现。我们唯一要做的就是，借助市场调研的方式，从企业的宏观环境（政治、社会、法律、技术、人口等）与微观环境（细分市场、顾客、竞争对手、供应商等）的变化中寻找新的顾客需求和新的商机，这已经成为当今时代创业机会识别最常用、最有效的方法之一。

3. 问题导向发现机会

问题导向是指，你的创业机会识别源于一个组织或者个人面临的某个问题或者明确的需求，这可能是创业机会识别最快速、最精准、最有效的方法，因为创业的根本目的是为顾客创造新的价值，解决顾客面临的问题。在这个过程中，常用的方法就是不断与顾客沟通，不断汲取顾客的建议，基于顾客的需求创造性地推出新的产品或者服务。当然，在此基础上，你再进行市场调研、系统分析，就是有的放矢，显得更为

科学、严谨。不过，在问题导向发现机会的过程中，要注意把控问题的难易度，不可不切实际地探寻问题解决方案，那样只会徒劳无获。

4.创新变革获得机会

通过创新变革获得创业机会的方式在高新技术、互联网行业中最为常见。这种创业机会识别过程中，通常是针对目前明确的或者未来潜在的市场需求，探索相应的新技术、新方法、新知识或新模式，或者是，利用已有的某项技术发明、商业创意来实现新的商业价值，而且一旦获得成功，创业者凭借其具有变革性、超额价值的新产品或者新服务很容易就能够在市场中处于压倒性的主导地位。但是，任何新生事物的成长都是要经历艰难曲折的，与其他任何方式相比，创新变革的方式难度更大，风险系数也更高。因为新技术或者新知识能否真正满足顾客的需求，尚需经历市场的考验，只有对其稳定性、先进性有了十足的把握，才能称得上获得了真正的创业机会，而且新技术的发明通常需要大量持续的资金、人力与物资投入，这个过程往往也是极其漫长与艰难的。

第 5 章

众筹募资

过去永远不会死去，过去甚至不曾过去。

——美国文学史上最具影响力的作家 威廉·福克纳

5.1 众筹活动的发展史

众筹，全称为"大众筹资"。译自英文中的 Crowd-Funding 一词，意为通过非定向的个人集资，以支持某个人或者某些团体的创意或努力。简而言之，众筹就是一种向普通大众广泛筹集资金的手段。目前我们已经对在网络平台上频繁发起的众筹感到"见怪不怪"了，这要得益于互联网时代，信息传播性强、扩散速度快、影响范围广泛等特性。众筹就是一种众人拾柴火焰高的经济模式。

一道简单的推理题：众筹为英文外来词，不难判断，真正意义上的众筹起源于西方国家。从众筹的基本含义来分析，也不难得出众筹最初的目的和动机，即借助或者说利用众人的力量，完成自己的理念，达到共赢。与追求生存发展而自然形成的社会形态不同，人类最初开始按照自己的意志进行的活动，是精神层面上的，即知识。再往深处探索，早期的人类知识最离不开的是宗教系统（如图 5-1 所示）。

图 5-1 宗教崇拜

货币是人类活动的基本交换单位。即便是以"高大上"的精神世界的丰富和宗教体系的建立，也不能免"俗"。就更不要提其后随之而来的、充满"铜臭"的各式金融活动。这个世界上不乏精神富有而财力捉襟见肘的人存在，他们的特点是有才华、有威信，他们筹钱写诗、筹钱搞研究，甚至筹钱来实现自己的政治抱负，这在历史上是屡见不鲜的。那个时候的他们尚且不知道众筹为何物。

5.1.1　释迦牟尼开始的宗教众筹

相信不少看过《西游记》或者听过神话故事的人都知道，普遍认为佛教起源于古代印度，而其教祖就我们所熟悉的释迦牟尼。我们可以想象，在一千多年前，一个踌躇满志的年轻人，孤独地踏上了传播自己信仰的路上，就如同现在的苦行僧。他依靠着向沿路的平民表述自己的思想，描绘自己的蓝图，以此换取他们在财力和物资上的支持，这就是我们现在所说的化缘（如图5-2所示）。

图 5-2　出门化缘的僧人们

释迦牟尼靠着自己不停地布道，筹集经费、信徒，磨砺自我、完善教义，最终为今天的三大宗教之一的佛教，打下了基础。仔细思考不难发现，这种"我出想法你出钱"的活动，与我们今天的众筹已经是大

同小异了。因此，释迦牟尼也被称为是众筹鼻祖；宗教是最早展开众筹活动的组织和最原始的平台。基督教发行赎罪券，其他教派收会费等，都是与众筹活动类似的行为。

众筹的力量到底有多大？在那个出门靠走、通信靠吼的年代，佛教走向了全世界。今天许多的人文奇观都是信徒们出资、出力完成的。令人叹为观止的乐山大佛（如图5-3所示），前后修建了90年，上至朝廷下至黎民都参与到其中。与埃及金字塔、秦陵兵马俑相比，最难能可贵的是人们都是自愿参与、捐助，而不是通过武力或政治胁迫，这在封建专制的年代，是复发复刻的奇迹。

图5-3　宏伟之极的乐山大佛

与近代真正意义上的众筹不同的是，早期的宗教众筹并没有太多的商业气息。投资人投入更多的是精神信仰，而得到的回报也大多是精神上的安慰。编者听过一句玩笑话：如果当年神话时代的愚公移山，愚公能够详陈利弊，号召村民一起凿山开路，那么他才是古今众筹的第一人。从这个角度上来说，愚公是真的愚，而他也因此与这古今第一人的称号失之交臂。没错，众筹其实很简单，有一个发起人，有一个好的想法，做一场好的宣讲，得到一群感兴趣的人支持，事情就成了。

5.1.2 诗人蒲柏引领的艺术众筹

众筹起于宗教，而将其转化成可运作和盈利的商业模式，就要等到18世纪。1713年，英国诗人蒲柏开启了一项翻译计划——将古希腊诗歌翻译成英文。诗人并非是慈善家，也需要生活和挣钱，这是任何人都不能免俗的。为了支持翻译工作的运转，他提出了一项计划：完成翻译后，向每一位订阅者提供一本六卷四开本的《伊利亚特》英文译本，前提是他们预先支付费用。

预售计划启动后，蒲柏（如图5-4所示）靠着自己的名气和人脉，很快得到575名支持者，筹集了4000多枚金币。有了资金，译注工作在近5年后完成并得以出版。蒲柏兑现了他的承诺，这些支持者除了得到一本书，还得以将自己的名字载入到译本中，以贡献者的身份被历史铭记。有趣的是，这些人也成为了推销此书最好的助力之一，这份参与感与荣誉感是无法替代的。

图5-4　亚历山大·蒲柏（1688-1744）

在这个案例中，我们已经可以细分出众筹的一众元素。发起人：蒲柏；平台：文化圈；项目：翻译诗集；投资人："蒲柏粉"；回报：冠名、赠书。除了目标资金和期限未明确，已经和现代众筹有了极大的相似性。他的作品被称为"世界前所未见的高贵译作"，这场活动，被称为初露端倪的众筹。类似的情况还出现在了音乐大神莫扎特，以及美国地标自由女神像（如图5-5所示）身上。

图5-5　自由女神像也众筹

莫扎特的目标是在维也纳音乐大厅开音乐会，许以乐曲手稿作为回报；出版商普利策以为自由女神打造底座为目的，许以缩小版的雕塑为回馈。追寻众筹的成长轨迹，不难看出，众筹的目标和回报正走在现实化的道路上。从最初虚无缥缈的精神层次发展到了精神与商业价值并存的艺术现实。

此后，众筹的类型越来越丰富，从公益、慈善到商业、科技发明，层出不穷。而发起人也从原来单一的名望为主，扩展到具有信息发布渠道的公众人物。这个商业模式愈发显得成熟了。

5.1.3 互联网众筹的起源和爆发

说起网络众筹，大多数人首先说出的几乎都是美国的 Kickstarter（如图 5-6 所示）。该公司于 2009 年在纽约成立，通过网络平台面对公众募集小额资金，致力于支持和激励创新性、创造性、创意性活动。因为颇具创意和策划了一系列成功的众筹，2010 年被《时代》周刊评为该年最佳发明之一。次年又被授予了"最佳网站"称号，值得一提的是，其创意来自一个名为 Perry Chen（陈佩里）的美籍华人。

图 5-6　美国知名众筹网站——Kickstarter

其实很多人都忽略了真正的"世界之最"——于 2001 年就已经开始正式运营的 ArtistShare。与前者不同的是，它专注于支持粉丝们资助艺术家制作和出版唱片，即只有艺术类项目。这也可能是为何其知名程度不如门类丰富的 Kickstarter 的原因了。但这并不妨碍 ArtistShare（如图 5-7 所示）的成功，2005 年，该网站的第一个粉丝筹资项目，就成就了格莱美历史上首张不通过零售店销售而获奖的专辑，并助力专辑的主创 Schneider 揽下 4 项格莱美提名，并荣获"最佳大爵士乐团专辑"奖。

也正是因为这一轰动性的成就，让众筹网站进入了人们的视野。这种颇具创新精神的商业模式也逐渐为人所接受。2005—2009 年间，美国本土不停地涌现出大量优秀而又形态各异的众筹网站，一时间迎来了爆发式地网络众筹风。与此同时，这股旋风也刮到了亚欧大陆。大量

的西方国家开启了以网络众筹为集资方式的民间创业。在此期间，中国也开始了关于众筹的尝试。

图 5-7　ArtistShare 首页

回顾众筹的发展历史，我们可以总结几点进步：发起人平民化、信息渠道平台化、投资人大众化、项目商业化、回报具体化。在进入到 21 世纪的第 2 个 10 年后，众筹作为一种全新的金融模式，被赋予了更多法律上的权利和规范。2012 年，美国颁布了为中小企业股权式众筹（以股权作为回报）保驾护航的乔布斯法案（Jumpstart Our Business Startups Act. JOBS ACT）。

5.2　中国特色式的众筹

与西方的资本主义市场经济有别，在中国特色社会主义市场经济体制下，我们对于众筹或者说网络众筹这种新兴的商业模式，还是具有相当的警惕性和一定的保守性的。主要原因有二：其一，中国的传统思想中，对于理财的观念更为保守，以存款等稳妥的方式为主；其二，国家和政府在观察了西方众筹模式发展中好的和不好的案例，并加以分析后，意识到了众筹的两面性（如图 5-8 所示）。

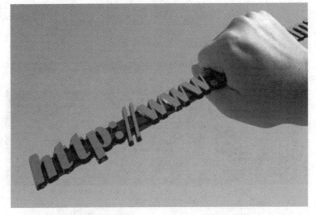

图 5-8　网络众筹是一把双刃剑

众筹的两面性，可谓是成也自由，败也自由。虽然能够起到短时间内募集到社会闲散资金，用于项目的效果；但缺乏监管，谁也不能保证不会出现经济诈骗。无论是投资人无故撤资和绑架式入股；还是发起人的携款私逃和拒不兑现，都会给市场带来强烈震荡。中国特色社会主义市场经济，并非反对和抵制众筹的发展，而是边观察，边促进。避免工业革命式的先污染后治理的局面。

5.2.1　中国首家众筹网站的出现

中国的网络众筹出现要比国外晚上不少。2011 年，中国首家众筹网站"点名时间"（Demohour）正式开始运营（如图 5-9 所示），项目范围涵盖了出版、影视、音乐、设计、科技等领域，首度将回报式众筹引入国内。此时的国人对于众筹尚持有相当强烈的不信任感和抵触心理。而"点名时间"花费了三年的时间，不停地在线上、线下各大媒体宣传着众筹的概念。

2013 年初，伴随着一系列项目的走红，"点名时间"也因此获得了巨大的成功。首先是人气作家熊顿的代表作之一《滚蛋吧！肿瘤君》在"点名时间"完成众筹出书，众筹的方式不经走红，同名电影于

2015年8月上映，引发了强烈的反响和一色好评。紧接着，动画电影《大鱼海棠》筹资破100万元，打破了国内同行业的记录，引爆了众筹模式。"点名时间"也因此被称为"国内众筹第一家"。

图5-9　点名时间的LOGO

最为成功的项目《大鱼海棠》强势出击之时（如图5-10所示），谁曾想到，"点名时间"的众筹业务已经下架近两年。如今专做硬件软件首发的它，不仅惹人唏嘘。2014年，正是"点名时间"盛极一时，众筹在国内遍地开花的档口之上，堪称领头羊的它却只留下一篇退出公告。其实，这与当时国内的金融环境、中国特色的互联网金融模式，有着不可分割的关系，甚至可以说，存在着一定的必然性。

图5-10　《大鱼海棠》海报

5.2.2 不同于西方的特色式众筹

由于国内的众筹起步较晚但发展极为迅速，因此在短时间内出现了相关法律法规的制定和完全跟不上众筹模式发展脚步的空窗期。与西方众筹不同，国内正式的众筹经济可以说是在互联网普及后出现的，借助互联网的优势快速爆发。在尚不成熟的探索时期，也因为互联网所固有的劣势，引起了一系列让人难以甄别的问题和麻烦——网络诈骗、非法集资（如图 5-11 所示）的出现。

图 5-11　非法集资是陷阱

尤其是在股权制众筹（回馈为企业股份）出现后，非法集资与众筹的擦边球影响越来越大。处于对经济环境和投资人权益的保护，证监会开始对部分股权制众筹进行调查、约谈当事人、监察项目等举措。在观察和磨合期中，一部分发起人开始不看好股权制众筹在国内的发展前景，因而引发了一股退出潮，导致在 2013-1014 年间，不少势头正热的众筹运营平台淡出市场。

股权制众筹，被称为是"真正的众筹"，对于经济环境的影响力巨大。2013 年，美微传媒在淘宝网上售卖会员卡的类股权众筹行为被举报，引起证监会的关注。2014 年明确出台了规定，由证监会对众筹实行监管，并制定了资金的发放方式，完成众筹发放一半，确认回报发放另一半，确保了投资人的利益，建立了良好的风控系统，国内的众筹走向正轨，引得国内各大电商纷纷试水（如图 5-12 所示）。

京东众筹

图 5-12　京东众筹

京东众筹更是成为国内第一个破千万级项目的众筹平台。电商＋众筹的崛起和"众筹第一"的退出形成鲜明的对比。模仿国外Kickstarter的"点名时间"，走的是"高大上"的路线，不论是项目分类，还是众筹起点都是相当高的。而与之形成对比的"国产众筹"则显得更加亲民，"海鲜排挡""咖啡屋众筹"等项目也被纳入其中（如图5-13所示）。一度被人抨击为：中国式众筹，格调都不要了。

图 5-13　众筹咖啡屋

其实不然，国内正处在电商转型、个人创业者爆发的档口上，低门槛是移动互联网金融的主要特征之一。在这个档口上出现的中国式众筹刚好成为互联网＋微经济模式的助力。另一方面，中国式众筹也被人称为：在意而不在筹。的确，不少实力雄厚的企业发起的众筹，与传统的我出创意，你出资金不同。他们筹集的是人气和市场需求（如图5-14所示），众筹成为了一种新的营销手段。

图 5-14　小米的众筹式营销

5.2.3　网络众筹已变得风生水起

中国式的众筹，可以直接划分为股权制和非股权制两种。前一种受到证监会的严格监理，以良好的风控系统为特色；而后者，则是结合了中国特色式的团购＋预售的模式，搭乘移动互联网的快车，在当代经济市场上风生水起。这与众筹构成模式是互为因果的：发起人＋平台＋N个投资人。不论以资金为目的，还是以营销为目的，N越多，众筹的效果显然就越明显，所谓多多益善（如图 5-15 所示）。

图 5-15　团结就是力量

　　人脉来源于社交，因此，社交力的强弱甚至决定了众筹的结果。众筹需要营销，社交平台成为了众筹的保障。京东、淘宝的众筹，就是基于他们强大的用户网络。每一人次登录这些购物网，就相当于投放了一次广告，他们运营众筹平台具有先天的优势。而一些公益类、募捐式的众筹，则选择了搭载微信、微博等这些用户数量庞大、浏览频率极高的"日常生活用品"。

　　例如"轻松筹"等众筹网站，完成了与微信朋友圈的对接，利用链接转发、微信支付、公众号等功能在社交软件上扩散众筹广告。这种并不带有浓厚商业气息的众筹（如图 5-16 所示），很能够引起用户的共鸣，从而吸引捐助。目前通过微信筹得医药费用的案例比比皆是。有人指这些众筹略有乞讨意味。其实不然，只要在合理监管之下，进行真实、透明的项目，众筹就是有意义的。

图 5-16　轻松筹

　　甚至在当下，时常有人调侃道：我想众筹买套房、我想众筹买手机等。从理论上来说，这也是集中社会闲散资金，只不过对于回报的设

置相对模糊，监管的难度也极大。不要让众筹在中国变了味，这样的呼吁越来越多。人们的担心不无道理，非法集资、"乞讨式"众筹确实很难进行界定。投资人担心自己的情怀、爱心被一次次"忽悠"。但这并没有阻止众筹在国内前进的步伐。随着人们理财观的进一步成熟和国家监察制度的完善，互联网＋众筹的模式，将引发新一轮的金融革新。

5.3 众筹的模式与特征

在介绍国内外众筹发展的过程中，多次涉及到了诸如：股权、非股权、回报式、捐赠式等关于众筹模式的概念。那么众筹到底该怎么去分类（如图 5-17 所示）呢，每个分类又涵盖什么样的内容，怎么样区分它们？其各自又有什么样的特征与优势呢？众筹的分类方法一般有两种——按回馈方式和按筹资方式。顾名思义，就是完成众筹后，怎么去回报投资人，以及到底怎么样筹集资金。

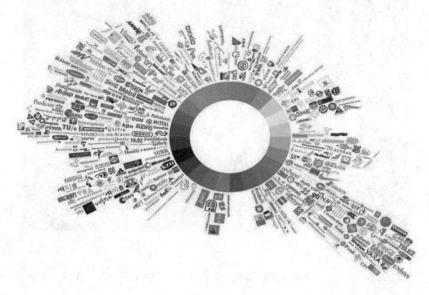

图 5-17　分好门、别好类

5.3.1　按回馈方式分类

首先是按回馈方式分类，我们可以简单地分为有回报和没有回报。没有回报的众筹相当简单，就是捐赠式众筹，类似于募捐（如图 5-18 所示）。而回报式众筹则可以根据回报的类型进行再分类，一般可以分为奖励式、股权式、债权式。奖励式，顾名思义，就是给予投资人一些实际物质奖励，或者购买优惠等。而股权和债券式，前者相当于以一定资金比例入股，后者则是类似于一种有偿式的借贷。

图 5-18　募捐

1. 捐赠式众筹

捐赠式众筹（Donate-based crowd-funding），其基础法律关系是赠与。根据《合同法》中的相关条例规定，赠与是赠与人将自己的财产无偿给予受赠人、受赠人表示接受的一种行为，这种行为的实质是财产所有权的转移。捐赠式众筹和其他类型的众筹不同的是，它不计回报，即，我给你钱，你什么都不用给我的一种合作形式。捐赠式众筹是国内发展最为成熟的一种，这是因为，受限于天灾人祸、自然环境，我国资源分布不均的现象较多，偏远山区的人们贫困现象依然存在（如图 5-19 所示），公益、扶贫活动一直是政府部门和社会大众认可度最高的一项具有意义的"投资行为"。

图 5-19 贫困

在捐赠式众筹模式下，通过众筹平台支持某个产品或服务从形式上看似乎和通过电商预购某个产品或服务没有太大差别。但是实际上众筹平台的项目支持者和电商商品的消费者的心理活动是存在差异的。如果说消费者通过电商购买某种产品看重的是"物有所值"，那么，募捐制众筹模式下支持者对某个项目"出资支持行为"则表现出更多的"重在参与"的属性。

换言之，捐赠式众筹的支持者几乎不会在乎自己的出资最终能得到多少回报，他们的出资行为带有更多的捐赠和帮助的公益性质。众筹网站和团购网站的区别就在于众筹网站带有一定程度的公益性质，将购买消费品的行为转换成了捐助梦想的行为。因此，在捐赠式众筹模式下，大众作为投资人，与其说在进行一项投资行为，不如说正在进行一项带有赠与性质的精准公益行为（如图 5-20 所示）。

图 5-20 捐赠众筹，精准扶贫

公益众筹的发起门槛很低，无论基金会、注册机构、民间组织，只要是公益项目就可以发起，项目支持者可以是普通的草根民众，也可以是企业。寇尧是在美国迈阿密读过书的西安娃。2013年8月，她坐上了去往云南边远小镇的汽车，到那里为少数民族孩子教唱民歌。她和彝族布朗族孩子们花了9个月的时间，重新拾起了被忘却的乡音，迎接了蜕变和成长。

为了让这段难忘经历能够记录和保存，也为了孩子们能在复兴民族艺术的道路上不再独行，寇尧发起了《为山里的孩子录专辑》公益众筹项目，邀请网友一起体味藏在深山中的民族传承和情怀。共有45位爱心人士为寇老师和孩子们支持了12820元，他们收获纯净的乡音，也体验了成为民艺导师的快乐。更可贵的是，那份浓浓的家乡味让每位参与者都难以忘怀。

2. 奖励式众筹

回报众筹又称"回报式众筹"或者"预购式众筹"（Reward-based crowd-funding），是指项目发起人在筹集款项时，投资人可能获得非金融性奖励作为回报。这种回报可能是由某个投资人来提供：如VIP资格、印有标志的T恤等（如图5-21所示）。还有一种情况是预先销售，销售者通过在线发布新产品或服务信息，投资者可以事先订购或支付，从而完成众筹融资。即，我给你钱，你给我产品或服务。

图5-21　五花八门的回报

　　奖励式众筹是目前最受关注的融资方式，其直接表现形态乍看有些类似"团购"或者"预售"。但由于其本质不同，所以其价值提供和价值传递的方式均有显著的差别。概要地表达"奖励众筹"的价值，即以下5点。

① 发现创意：众筹处于产业链的最前端，可以最快速地发现和发掘有潜力的产品项目。

② 需求验证：通过用户真金白银投票支持，可以验证项目是否符合市场需求，降低项目失败风险。

③ 粉丝获取：提供天然的路演平台，帮助发起人获得第一批忠实粉丝。

④ 融资背书：众筹后的数据结果，将为项目获得进一步融资提供最强有力的说明。

⑤ 融资合作：众筹网也会根据项目筹资表现的数据，提供借贷、孵化或投资等金融服务。

　　因此，奖励式众筹的核心诉求并不是直接的融资，而是"筹人、筹智、筹资"的过程（如图 5-22 所示）。

图 5-22　筹钱、筹人、筹智、筹资源

　　PowerUp 于 2013 年 11 月在 Kickstarter 平台上发布，并设置了 5 万美元的预期筹资金额，其项目内容是：设计一套包含螺旋桨、方向舵、远程控制器和电池的装置，将这个装置安装在纸飞机上可以让纸

飞机在空中飞行 10 分钟，并且还能通过苹果手机来控制纸飞机的飞行方向。

该众筹项目设置了 10 个档次的筹资回报，例如 1 美元：可以得到一个飞机折纸的教程；5 美元：可以得到一个定制版的纸飞机模板，带有设计者签名。投资越多，奖励越丰厚。

3. 股权和债权

债权众筹（Lending-based crowd-funding）：投资者对项目或公司进行投资，获得其一定比例的债权，未来获取利息收益并收回本金。债权众筹其实就是 P2P 借贷平台——多位投资者对"人人贷"网站上的项目进行投资，按投资比例获得债权，未来获取利息收益并收回本金。P2P 借贷平台这个话题比较大，一般也不包括在大众谈论的狭义众筹之中。即，我给你钱，你之后还我本金和利息。

股权众筹（Equity-based crowd-funding）：投资者对项目或公司进行投资，获得其一定比例的股权。股权众筹其实并不是很新奇的事物——投资者在新股 IPO 的时候去申购股票，其实就是股权众筹的表现方式。但在互联网金融领域，股权众筹主要特指通过网络的较早期的私募股权投资，是 VC 的一个补充。即，我给你钱，你给我公司股份。这两种模式的融资方向是截然不同的（如图 5-23 所示）。

图 5-23　融资

股权众筹和债权众筹的区别。

① 目标的不同。股权众筹的项目是出售股权而获得资金，投资者成为股东；债权众筹的项目是质押资产借贷而获取资金，投资者成为债权人。

② 承担责任不同。股权众筹的股东以出资为限承担相关责任，在项目清算时，要等债务偿清后才有可能收回股东出资的部分，优先股股权除外；债权众筹的债权人在项目清算时，有权先获得清偿。

③ 项目资产负债表不同。股权众筹获得资金计入权益或资本公积，债权众筹获得资金计入负债。

④ 收益方式不同。股权众筹的收益采取股东分红等方式；债权众筹取支付借贷利息等方式。

⑤ 收益大小不同。收益一般由无风险利率收益＋风险溢价构成，股权众筹风险溢价一般相对较高，因此收益较高，而债权众筹的风险溢价一般较低，因此收益也较低。

⑥ 风险不同。股权众筹不确定性高，债权众筹一般事先约定收益率，风险不确定性较低（如图5-24所示）。

图5-24　投资有风险

2015年5月29日，"Wi-Fi万能钥匙"在筹道股权众筹平台上线，

项目上线不到一小时，浏览量即突破十万，截至同年6月10号众筹成功，浏览量已超过300万，共有5712人认购，认购金额达到70亿。吸引到如此之多的投资人和民间资本，"Wi-Fi万能钥匙"确实是前无古人了，原本只应属于投资机构的成熟期项目以股权众筹的方式成功超募，说明中国民间资本其实很疯狂。

5.3.2 按筹资方式分类

这里所说的筹资方式，主要是发起人拿到资金的过程。换句话说，就是众筹结束后，众筹平台为发起人发放资金的方式。以众筹成功和失败作为分隔线，可以分为三种情况：其一，众筹失败，所有资金退还给投资人；其二，众筹失败，资金仍然归发起人所有；其三，众筹成功，平台发放全部资金。

而在众筹被引进国内后，为了平衡投资人与发起方的权益，规定在众筹项目成功后，发放50%的资金作为运作，等到投资者得到回报(拿到股权或奖励)，发放剩余资金。这是为了加强对互联网金融的监管力度（如图5-25所示）。当然，公益众筹则属于另一种情况，完成众筹后随即发放资金。

图5-25 监管确保安全

1.All-or-Nothing

All-or-Nothing，又称为"全部或零"。即，如果在众筹期内，所筹得资金达到融资目标，则创意者（发起人）获得筹款。如果在众筹期内，所筹得资金无法达到融资目标，则创意者（发起人）不能获得筹款，之前所筹款项将返回投资者。失败的原因五花八门，大部分都是因为既定目标太高。

2015 年 11 月 18 日，百事手机 p1 正式登录某股权众筹平台，目标金额是 300 万元人民币，但截至项目众筹的最后期限同年 12 月 3 日，仅获得实际筹款金额 130 多万元人民币，最终宣告众筹失败。过分高估手机众筹的市场，把目标定得太高，最终的失败不可避免（如图 5-26 所示）。

图 5-26　百事手机

2.keep-it-All

Keep-it-All，又称"得到全部"。当众筹期结束时，无论所筹资金是否达到融资目标，创意者（发起人）都将获得已筹款项。据美国众筹观察网站 CrowdfundInsider 数据显示，全球最大众筹网站 Kickstarter 截至目前，失败项目高达 59.55%，在这些失败项目中，有 19% 的项目是一分钱都没有筹到，63.1% 的项目只筹集了目标额的 1%~20%，有大约 0.7% 的项目获得目标额的 81%~99%（如图 5-27 所示）。

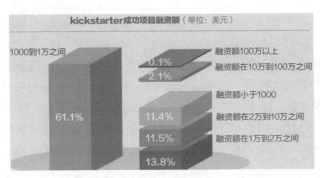

图 5-27　2014-2015 年度 Kickstarter 融资数据

　　只差一点点就成功了和筹集到了大部分的钱，其实可以开始项目，这两种情况不免让众人觉得惋惜和遗憾。因此，Keep-it-All 其实是一项更偏向于发起人的方式，而平台也必须向投资人标明具体选择了那种方式，以便于投资人自行选择，从而规避风险。

3.混合型模式

　　这里所说的混合型，主要是指国内风控系统下的众筹模式。即，之前所说到的，前期发放 50% 作为项目资金的方式。这属于"各打五十大板"的做法，即能够保证众筹成功后，项目发起人不必要为资金不足而发愁，也能够以"押金"的形式敦促和拴住发起人，以保障其切实实现投资人的利益。作为中国特色式众筹的标志之一，不仅能起到风控作用，也能让众筹两端的参与者安心（如图 5-28 所示）。

图 5-28　风控系统

众筹不是新的商业模式，而是对商业理念的重新构建。众筹应该先筹人，再筹钱。有了靠谱的人，才会有可靠的项目回报。让热爱项目的人可以参与到项目的创意、推广、营销、产品维护以及服务上来，让参与到众筹中的人都变成企业的一分子，真心实意参与到项目或企业的运营中，不把自己交给未知的项目卖命，这应该是众筹的本质以及最理想的愿景。因此，就众筹的筹资方式来看，如何能够抓住投资人的心，把他们和发起人自身紧密联系起来，才是这个经济模式的第一要务。

5.3.3 众筹的基本特征

前面提到了与众筹相关的投资人、发起人和众筹平台等一众概念，那么投资人、发起人等，具体有什么样的权利和义务呢？互联网平台做众筹又有着哪些规则和优势？怎么样去定位一场众筹活动？这都是在走进众筹之前所必须要学习的。明确责任、权利（如图 5-29 所示），才能在纷繁复杂的金融市场上保持清晰的头脑，与违法违规的事情划清界限，真正做到玩转众筹。

图 5-29 社会责任

1. 众筹的构成

众筹从某种意义而言，是一种 Web 3.0，社交型的筹资方式。构建众筹模式之前就已经有所提及，主要有项目发起人、投资者和中介机构（众筹平台）这三个有机的组成部分。

（1）发起人：有创造能力但缺乏资金的人

项目是具有明确目标的、可以完成的且具有具体完成时间的非公益活动，如制作专辑、出版图书或生产某种电子产品。项目不以股权、债券、分红、利息等资金形式作为回报。项目发起人必须具备一定的条件（如国籍、年龄、银行账户、资质和学历等），拥有对项目100%的自主权，不受控制，完全自主。项目发起人要与中介机构（众筹平台）签订合约，明确双方的权利和义务。

发起人通常是需要解决资金问题的创意者或小微企业（如图5-30所示），但也有企业为了加强用户的交流和体验，在实现筹资目标的同时，强化众筹模式的市场调研、产品预售和宣传推广等延伸功能，以发起人的身份号召潜在用户介入产品的研发、试制和推广，以期获得更好的市场响应。

图 5-30　发起人提供创意

（2）投资者：对筹资者的故事和回报感兴趣的，有能力支持的人

投资者往往是数量庞大的互联网用户，他们利用在线支付方式对感兴趣的创意项目进行小额投资，每个出资人都成为了天使投资人。公众所投资的项目成功实现后，对于出资人的回报不是资金回报，而可能是一个产品样品，也可能是一场演唱会的门票或一张唱片。

投资者资助创意者的过程就是其消费资金前移的过程（如图5-31所示），这既提高了生产和销售等环节的效率，生产出原本依靠传统投融资模式而无法推出的新产品，也满足了出资人作为用户的小众化、细致化和个性化消费需求。换句话说，人人都可以做天使投资人。

图 5-31　投资者是资金源泉

（3）众筹平台（中介机构）

中介机构是众筹平台的搭建者，又是项目发起人的监督者和辅导者，还是出资人的利益维护者。上述多重身份的特征决定了中介机构（众筹平台）的功能复杂、责任重大。

首先，众筹平台要拥有网络技术支持，根据相关法律法规，采用虚拟运作的方式，将项目发起人的创意和融资需求信息发布在虚拟空间里，实施这一步骤的前提是在项目上线之前进行细致的实名审核，并且确保项目内容完整、可执行和有价值，确定没有违反项目准则和要求。

其次，在项目筹资成功后要监督、辅导和把控项目的顺利展开。最后，当项目无法执行时，众筹平台有责任和义务督促项目发起人退款给出资人（如图5-32所示）。

图 5-32　众筹平台是第三方监督者

众筹平台目前面临多重挑战。在国内众筹市场的稚嫩期，平台方遭遇的困难与挑战相对更多。首先是市场的敏锐度和多种行业经验要求。在市场不成熟、支持方的辨识能力尚不充分的阶段，平台方需要具备对不同领域项目的筛查、市场敏感度。例如开展科技众筹，需要对新发明的捕捉；娱乐众筹，离不开大量的文艺界资源及推动；金融众筹，需要大量对金融产品的运作知识，以及对法律法规的把握等。总之，平台方既要保证项目的吸引力，又要使项目本身具备众筹价值和市场认可度。

2. 众筹的规则

而如何达到提高市场认可度等标准？明晰的规则是必不可少的一环。一般来说硬性规则有三。

（1）完成规则

筹资项目必须在发起人预设的时间内达到或超过目标金额才算成

功。之前所说的百事手机，即是在规定时间内没能达到目标金额而宣告失败。众筹的时间有长有短，一般来说会根据所需要筹集的资金数额等因素来确定，等量条件下，金额越多时间上限越长。

值得一提的是，达到金额并非是众筹的结束，投资者依然可以继续对项目进行投资，并且超过部分的投资人也能享有和之前投资人同等的权利和回馈（如图5-33所示）。而众筹结束的唯一标准就是时间。一旦达到时间，众筹平台将会关闭投资入口，随即宣告众筹是否成功。

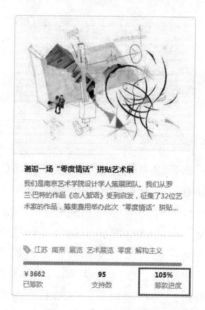

图 5-33　某项目超额完成

（2）放款规则

在设定天数内，达到或者超过目标金额，项目即成功，发起人可获得部分或全部资金；筹资项目完成后，支持者将得到发起人预先承诺的回报，回报可以是实物，也可以是服务、股份（捐赠式除外），如果项目筹资失败，那么已获资金按照平台的规则进行发放或撤回。

不同的平台及项目，还会收取一定的佣金作为运营的成本及盈利。大部分平台的佣金比为 3%~5%，不会超过 5%，或少量股权（如图 5-34 所示），也有部分项目或平台实行免费（公益类）。

平台	所在地	上线时间	专注领域	盈利模式
天使汇	北京	2011	TMT	融资金额 1%或相对应的股权比例
京东东家	北京	2015	智能硬件、消费、社交	向创业者收费 3%-5%，股权折算
36氪	北京	2015	TMT	创业者 5%现金左右

图 5-34 部分平台收费标准

（3）回馈规则

众筹不是捐款，尤其是股权、债权和回报式，支持者的所有支持一定要设有相应的回报。而捐赠式的众筹，也不等于是一种无意义的施舍。就国内来说，众筹买房、买车等为个人实现梦想而不及回报的"乞讨"式众筹并不为人所接受。即便是在国外，这种造梦式的众筹网站，也会设置一定的标准，来确保发起门槛，并且也会设置一定的回馈（可以是象征性的）。

3. 优点与定位

高效、广泛的新型金融模式众筹作为新型的金融模式，以其独有的魅力受到了更多普通人的追捧，为创意、事件、活动提供了更广泛的融资来源，为天使投资人、创业投资（VC）、私募股权投资（PE）提供了更加准确的参考源——来自市场的检验，是众筹发起人必须突破的关卡。

首先，众筹打破了传统资本的拨款周期，扩大了融资的地理范围，项目投资者可能来自世界各地。早期阶段的公司可使用众筹探索产品的可行性，并尽可能去寻找低成本和低进入壁垒。

　　其次，结合社交网络与创业融资，优秀的众筹网站已经成为投资人挖掘融资交易、互相联络的社交平台。

　　再次，提高项目支持方的信息多样化，同一时间查看大量的众筹项目。

　　最后，媒体和网络为项目的运营提供了公众舆论监督。

　　利用社交网络及互联网的病毒式传播性质，在过去的 5 年间，个人及公司以债券、股票和捐献的方式为各项目筹集了数十亿美元的资金。如 Kickstarter 是抵押或捐献众筹业务的市场佼佼者，自 2009 年以来，已经有超过约 500 万个赞助者为全世界的项目筹集了超过 8 亿美元。根据数据及艾瑞统计预测模型核算，预计在 2016 年全年，全球众筹交易额能达到 1989.6 亿美元（如图 5-35 所示）。

图 5-35　全球互联网

　　那么如何把众筹的优势最大化呢？选好定位是关键。首先要定位目标客户，做众筹系统一定要了解目标客户的需求，只有满足了目标客户的需求，才能进行下一步开发工作。有了目标客户的需求，就可以知道股权众筹系统应该需要什么样的功能了，该如何实现等。平台功能的

多少、难易程度与众筹系统开发所需要的时间有密切的关联，但不管如何，基本的平台功能是必须要包括的。

最后是内容定位。平台的内容应该与客户息息相关，最好是客户相关的问题。如果在一个众筹的平台上，发了一些与众筹不相关的东西，那么可能就会失去这些客户（如图5-36所示）。

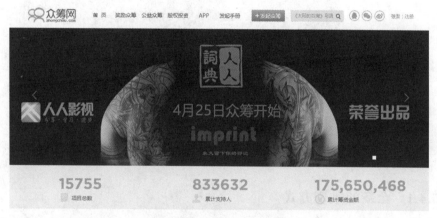

图5-36　众筹网的"广告"

5.4　颠覆传统金融模式

众筹，协同完成一些个人资金无法完成的项目。资本要发挥最大效用需要两个基本条件：规模性和有效性，即要具有一定的资本规模才能完成项目，才能发挥规模经济效益；同时资本需要与具有发展潜力的项目结合，才能发挥资本的有效性，为社会创造最大化的财富。众人拾柴火焰高，就是资本规模经济哲学层面的阐述；锦上添花是风投行业的投资哲学，资本发挥有效性的表现。

为何大众愿意将资金交给金融机构呢？首先很多人的资金无法达到投资的门槛；其次是有效性、信息的匮乏，一般投资人无法及时获得

投资信息。而互联网将终结这一切，互联网的要素之一是信息成本降低，从而导致信息失控、信息对称，个人也可能获得与投资机构几乎相同的信息。基于互联网的平台和信息对称性，互联网众筹平台正在酝酿一场资本行业的革命（如图 5-37 所示）。

图 5-37　互联网金融

5.4.1　全新的融资方式

众筹不仅是一种投融资活动，还可以作为一种创新模式，激发"草根"创新。互联网的技术特征和商业民主化进程决定了"草根"创新时代的到来（如图 5-38 所示），每个人（文艺、科技人才等）都可以发挥自身的创新与研发能力，并借助社会资源把自己的创意变为现实的产品。

图 5-38　草根创业

　　众筹为草根创新者提供了获取资金、市场和人脉等重要资源的平台，而不同的投资人因为有着不同的专业背景以及不同的价值观，双方的互动拉近了生产者与消费者之间的距离，这种注重用户交流和体验的行为类似于大规模定制行为，极大地降低了产品的市场风险。

1. 去除中间商

　　试想一下，在过去，一个创业者东奔西走去见一个个仅知道名字和机构的投资人。创业者需要面对眼前刚认识的人，尽可能清晰地再讲一次。类似的会面大都鼓励大于实际。自己积累加朋友引荐的投资人已经见完了，融资依旧尘埃未定。开始反思，是不是自己根本不会跟投资人打交道，抑或是根本就没有接触到匹配的投资人，甚至有可能就此放弃这个项目也未可知。

　　随着互联网的颠覆性高速发展，传统领域的各行业也纷纷触网，开始探索互联网时代下发展的新模式，互联网＋成为各行业发展的新常态。从打车软件的出现带来的对出租车公司的去中介化，上门家政服务对家政公司的去中介化，互联网对传统行业去中介化的步伐越来越快，从点到面逐一显现出，互联网金融的核心之一就是去中介化（如图5-39所示）。作为因互联网而爆发的众筹，也当仁不让。

图 5-39　面对面

其实我们的所谓去中介化，并非是强调去除第三方介入（这是不现实、也不安全的），而是精简投资者和发起人之间的资金运作流程，从而达到提速、减少中介开销的目的。绝大部分的互联网众筹平台，并不会向传统的中介那样通过过分介入发起人的项目，甚至自己充当投资人，这样就保障了项目的独立性、发起人的热情，以及消费者（也包括投资者）最关心的透明度（如图 5-40 所示）。

图 5-40　公开透明

优质项目被推荐至平台之后，通过审核上马，再将其中包括项目亮点、市场概况、公司简介、产品概况、商业模式、运营数据、团队成员、过往融资、相关链接、报道文章等基本信息会结构化地呈现给平台的所有投资人，对项目感兴趣的投资人可以直接约谈创业者。

由此而知，去中间商其实可以理解为公开、透明的平台化运营。又或者是，把中间和商这两个概念分割开来，中间机构并不参与到融资活动中来，以保证公平、公正的第三方而存在，仅抽取少量的提成和广告费作为盈利。而投资商，则从一个人变成了一堆人。

2. 投资大众化

这一堆人就是我们的众筹参与者——大众投资者。近几年众筹融资模式快速发展,不仅吸引了专业投资人,更让普通大众有了参与的机会。首先是捐赠式和奖励式,不用多说,其实这两种投资模式就是为中低实力的投资者量身打造的。而股权和债权式众筹,也比传统的购买债权和股票风险要来得更低,门槛和操作难度就更不用说了。这其中,又以股权众筹最为常见(如图5-41所示)。

图 5-41　投资大众化

发起股东是项目的发起者,也是项目的决策方;微股东来自各行各业,只要对投资项目感兴趣便可成为持股人;而管理公司(平台)是将创意和策划付诸实践的重要环节,操作管理众筹项目的正常运行。在普通投资者看来,曾经股权众筹都是专业的风投机构做的事,普通投资者几乎摸不清门道。而今,股权众筹开始"飞入寻常百姓家",成为了大众投资理财的一种方式。

不过,即便如此,对于风险也要有充分认识。股权众筹毕竟是风险投资的一种,正确的投资理念不是追求高收益,而是管理好风险。参与众筹的投资者要思考的问题不能只是获得多大收益,更要关注如何控制风险。此外,股权众筹目前还处于法律的灰色地带,存在着一定的法律风险,最大的争议就是与非法集资的区别。公开向不特定人群募集资金,很容易涉嫌非法集资(如图5-42所示)。

图 5-42　非法集资

因此，股权制众筹来说，投资的大众化也是需要监控的、有限的大众化。即便是在众筹相对更为成熟的美国，也出台了限制法令——JOBS 法案，虽然允许美国合格投资人参与众筹投资，但是合格投资人的认证不但增加了投资手续，而且 100 万美元净资产、20 万美元个人收入等条件，满足起来有一定难度，导致能够参与投资的只是少数合格投资人。出于对家庭净资产或年收入达不到这些要求的个人进行保护，证券交易委员会迟迟未能将众筹（一般是项目或公司的早期投资）对非合格投资人开放。但不论如何，其门槛、风险都比传统的金融模式要低上不少。

3. 降低风险度

分散资金来源，通常是我们降低融资门槛、缓解运营压力的方法之一。举一个简单的例子，一个中学生想要筹到 100 元钱支持自己的小发明。而同班同学中，很难找到手里攥着百元大钞的"土豪"，他如果找两个人"投资"，门槛就是 50 元钱，以此类推，假设班上 50 个同学都参与进来，那就只需要每人 2 元钱。大部分人感觉到风险降低，自然就会伸出援助之手（如图 5-43 所示）。

继续以这位同学举例，他承诺为班级争得"小小发明家"作为回报。如果失败，退还大家的资金。那么，对于每一个"债主"，他的还款压

力就小得多，风险也就更低了。所谓"两块钱，你买不了吃亏，两块钱，你也买不了上当"。编者提示：学生党请勿轻易模仿。从理论的层面来看，所谓"投资风险"就是失败时所需要面对的债务压力和损失，那么自然是人多了，抗压能力更强。

图 5-43　别把鸡蛋放在一个篮子里

　　另外，在传统投资中，往往存在着信息不对称的情况。即，发起人或企业与投资者之间存在着互相看不透的问题，导致只能拿到少数人的投资。而投资者也因为难以预料到项目的准确信息，导致自己对自身风险承担能力、项目成功率也是雾里看花（如图 5-44 所示）。一来二去，双方的风险都会因此而增加。故而，去中间商带来的透明度和投资大众化分散的资金，就成为了一道天然的风控系统。

图 5-44　雾里看花，不清不楚

然而，投资众筹本身是一件有风险的行为，用户在参与的同时应自主辨别项目的投资风险，对于平台在众筹过程中的定位，根据项目上线时与用户及合作方签署的协议，有项目审核和风险预警的义务，但不可能完全兜底，更多是承担信息撮合的角色。

作为"互联网＋"的重要实现方式，众筹的存在意义就是拿掉各种信息壁垒和中间环节，极大提高信息时代的产出效率。面对个别众筹项目风险就发出"众筹下行"的悲观论调，实在不可取。在众筹发展尚且不完善的情况下，应该持包容态度，为众筹的积极发展建立良好的舆论与市场环境。

5.4.2 法规才是定心丸

既然提到了众筹的风险，就不得不说到与众筹相关的法律法规的发展，已经初入中国市场的众筹在这个特殊的环境下，又造成了哪些麻烦和争议。大众的怀疑从来都不是空穴来风，不法分子和投机者在众筹探索的时期，以浑水摸鱼的手法大赚了一笔，也导致这些受害者对真正的众筹敬谢不敏，甚至是向身边的人扩散"负能量"（如图5-45所示）。顺带的，也为金融市场的秩序造成了麻烦。

今天解决不了的事情，不必着急，
因为明天还是解决不了

图 5-45　负能量满满

乱象出现，宏观调控就会紧随其后，法律法规的出现让众筹这种新型的金融活动得到了一定的约束和规范化。而中国的众筹，以从人民为出发点的中国特色社会主义市场经济制度为护航者开始，得以在国内逐渐扬帆起航。之前就曾提及，随着制度和约束越多，众筹反而变得更活跃了。

1. 初期很混乱

风险与收益，是投资活动中相伴相生的产物，只要参与了投资，就必然要承担某种程度的风险，这属于基本的商业常识。众筹作为一种投资渠道，也不可避免地附带着这类风险。而作为众筹之中最容易与乱象挂钩的互联网众筹，更是引起初期众筹混乱的主要原因（如图 5–46 所示）。

图 5–46　股权之争是大问题

这类众筹活动引起的紊乱，主要有三：一是持续亏损。由于目标公司大多处于初创期，其发展前景不明朗、盈利能力无保障，所以投资者是否有回报就存在着高度的不确定性；二是公司大股东利用控股地位侵害小股东权益；三是退出机制不完善。这就导致了军心不稳的严重问题，投资者没有安全感想要随时退出，而投资者的资金不稳定性也限制了公司的发展。

另外，众筹平台融资款项的管理也存在着一定的问题。早前众筹平台一般都把自己定义为中介，不参与实际的投融资。然而由于融资不确定性和时间差等原因，融资款总是汇集到平台并且沉淀下来，平台实际

上发挥了管理人的作用，如融资成功把相应的融资款划拨到目标公司，融资失败把认缴款退回，这都有赖于平台的业务水平、管理能力、风险控制等因素，这本身就是风险（如图5-47所示）。

图 5-47　资金管理有风险

2013年前后，股权式众筹开始进入试水阶段。随之而来的问题就更多了。一是持股方式。目前众筹最具特点的环节是，投资者并不直接成为公司股东，而是协议成立有限合伙企业，对内将众多投资者集合在一起，对外以单一主体身份加入目标公司。投资者订立合伙协议组成有限合伙企业成为有限合伙人，不仅彼此间无信任基础，存在着很大的风险，甚至容易违法违规。

二是领投"陷阱"（如图5-48所示）。在融资需求发布后，融资方往往会寻找机构投资者或有投资经验的专业投资人士先行认购部分股权，然后由其成为领投人，待其他投资者认购满额后，领投人牵头成立有限合伙企业并成立普通合伙人，其他投资者为有限合伙人，领投人对外代表有限合伙执行事务。但在我国社会征信体系尚不完备的情况下，仍不足以支撑实体中的风险管理需求。

图 5-48　领投人陷阱

另一方面，领投人的角色也容易诱发道德风险。融资开始后，融资方与领投人事实上已经达成某种紧密的联系，领投人不但对融资是否能如期完成起到非常重要的作用，而且在以后的公司管理中也代表众多投资者实际履行其在公司的股东权利，是否能忠实代表投资者利益而行使权利实则有赖于领投人的个人品质。领投人所得到的现实利益却是量化可见的，使得容易诱发道德风险。

有了乱象就要治理，目前来看，证监会将根据 2015 年的 59 号文件（《关于进一步做好防范和处置非法集资工作的意见》）对 6 项工作进行推进，当中包括打击股份非法发行、摸底互联网融资平台、规范新型金融业态、排查机构风险、督导处理区域交易所问题、加强投资者教育等。

2. 管理法实施

管理法案的实施可以说是势在必行，这在世界范围内都是一个不可避免的话题。不论是众筹先行一步的美国，还是奋起直追的我们，都处在一个机遇和挑战并存的时期。

说到众筹的管理法案，就不得不提到美国的 JOBS 法案。2012 年，时任美国总统的奥巴马签署了《创业企业融资法案》（如图 5-49 所示），

填补了美国股权众筹的监管空白。法案的总体原则是放松了对小微企业的融资限制，给小微企业留出了更多的空间和余地。JOBS法案对于我国的证券管制放开，以及资本市场的政策制定，有着重要的现实参考价值。

图 5-49　JOBS 法案与奥巴马

美国证监会（SEC）对网上集资门户或股权众筹平台设立了准入资格和行为规范，这些网站必须要接受SEC和其他行政机构的监管（如图5-50所示）；对于股权众筹平台来讲，平台必须尽到信息披露义务，且不可参与提供投资建议、任何交易、给予交易代理商和销售员报酬、持有、管理或拥有投资者证券等；对于通过众筹平台融资的初创企业，12个月内融资额不得超过100万美元。

对于投资者来说，需要分情况来看。年收入或净资产少于10万美元的投资者，每年购买股份金额不得超过2000美元，或其年收入或净资产的5%；年收入或净资产大于等于10万美元的投资者，每年购买股份金额不得超过其年收入或净资产的10%；JOBS法案对于小额公开募集资金也做出了豁免：私人公司公开发行的额度从500万美元调整到5000万美元，被业内称为"A+条例"。

图 5-50　美国证监会

国内也在此不久后推出了一系列管理标准，对单笔融资金额、股权众筹合格投资人的定义、资金托管等都有相关规定。相关监管规定出来后，股权众筹平台的额度将在 1000 万元左右，如果股权众筹发展得好，那么额度可能会比较大；但如果股权众筹发展得不好，而传统证券业的利益诉求又比较厉害，那么很可能额度会比较小。参考国外的 JOBS 法案，监管层也会规定合格投资人的标准。

3. 规范下起航

目前我国尚未出台专门的法律、行政法规、规章对股权众筹加以规范。但相关机构、组织出台了一些规范性或指导性文件，主要有以下文件。

2014 年 12 月 18 日，证券业协会（如图 5-51 所示）起草并下发了《私募股权众筹融资管理办法（征求意见稿）》，把股权众筹分为公募和私募、定义合格投资者的门槛、股权众筹平台的准入标准等。列出了 9 条股权众筹平台的禁止性行为，如不得进行股权代持等。

2015 年 7 月 18 日，十部委发布《关于促进互联网金融健康发展的指导意见》，意见中指出股权众筹融资必须在中介机构平台进行，股

权众筹融资方应为小微企业，应披露必要信息，投资者应具备风险承受能力，进行小额投资，股权众筹融资业务由证监会负责。

图 5-51　中国证券业协会官网

2015 年 7 月 30 日，证券业协会发布《场外证券业务备案管理办法》明确股权众筹是场外业务，开展私募并接受备案主体有证券公司、证券投资基金管理公司、期货公司、证券投资咨询机构、私募基金管理人等五类。同年 8 月 10 日，证券业协会发布了《关于调整个别条款的通知》，《场外证券业务管理办法》第二条第十项"私募股权众筹"修改为"互联网非公开股权融资"。

证监会（如图 5-52 所示）方面，2015 年 8 月 7 日，下发《关于对通过互联网开展股权融资活动的机构进行专项检查的通知》，明确定义众筹的概念，把市场上通过互联网形式开展的非公开股权融资和私募融资行为排除在股权众筹的范围之外。股权众筹明确为，通过互联网形式进行公开小额融资，公开、小额、大众作为股权众筹的根本特征，规定"未经国务院证券监督管理机构的批准，任何单位或机构不得开展股权众筹融资活动。"该文件属于证券监督管理机构下发的工作文件。

图 5-52　中国证监会首页

另外，2015 年 4 月 20 日全国人大常委会审议版的《证券法（修订草案）》第十三条规定，通过证券经营机构或国务院证券监督管理部门认可的其他机构以互联网等众筹方式公开发行证券，发行人和投资者符合国务院证券监督管理部门规定的条件的，可以豁免注册或核准。

关于众筹，目前依然存在着不少的争议。到底是新时代互联网金融的新风口，还是破坏经融秩序的凶手？到底是骗子忽悠钱，还是为创业保驾护航？这都是值得深思的问题。本章的开篇就曾说过，网络众筹是一把双刃剑。到底是对外的利刃，还是对内的凶器，就在于我们怎么去看待，怎么去利用，怎么去监管。下面就来从正反两个方面看一看众筹。

5.4.3　案例：大选众筹

最著名的众筹案例，可以追溯到 2008 年的奥巴马总统选举（如图 5-53 所示）。奥巴马所属的民主党，向来不受财大气粗的大企业喜欢，筹款能力弱于共和党。但由于 2008 年开始以 Facebook 为首的社交媒体崛起，大批草根用户可以在社交媒体上表达对奥巴马的支持并参与竞选筹款活动。

图 5-53 美国大选

众多小企业主甚至个人的支持达到了积沙成塔的效果，使奥巴马的筹款能力迅速提升。2008 年竞选，奥巴马团队筹集到 7.45 亿美元，筹款金额甚至超过麦凯恩 1 倍，成功入主白宫。当时，支持奥巴马的人有 320 万人之众，据估计这些资金超过 85% 来自互联网，其中绝大部分是不足 100 美元的小额捐款。而这些捐几十美元的人和捐几千美元的人的投票权是一样的。

不得不提到的是 Relolution Messaging，其开创性地实现了通过短信可以直接捐款的功能。为了实现这个功能，该公司与美国手机运营商协会达成了协议，允许桑德斯的支持者通过发送短信直接捐款，由运营商直接从电话费中扣钱，如果是曾经使用过 ActBlue Express 功能保存了自己的信用卡信息，支持者们也可以直接通过短信捐款。

5.4.4 案例：美微会员卡

创办美微传媒之前，朱江是爱奇艺会员频道的负责人，除了会员频道之外，他还负责 PAD 产品和互联网电视。朱江和美微传媒大规模曝光于媒体，源于去年底到今年初的网络私募之风。当时，朱江以在淘宝

上开设美微会员卡在线直营店的形式募集资金，取得了相当好的效果。

正当美微传媒的网络私募迅速发展之时，朱江和美微传媒引起了证监会、媒体乃至社会大众的高度关注。到底违法不违法的讨论一时间激烈地展开。朱江的这个众筹被置于风口浪尖，最后证监会出面监管并告之股民风险，由朱江起的网络私募事件才告一段落（如图5-54所示）。

图 5-54　朱江和美微传媒

证监会当时要求退还淘宝渠道资金约 38 万元，而之前朱江已经通过淘宝渠道募集了 187 万元，并转入美微传媒账户。证监会在紧急叫停网上叫卖原始股后，并未对其进行严厉处罚，只是向他提出了三点要求，一是不准再这样做；二是保护好现有股东的权益；三是定期汇报经营状况。

在媒体大规模报道之时，为了让外界相信美微传媒不是骗子公司，朱江也启动了紧急预案，第一时间公布电话、邮箱、微博、旺旺等联系方式，工作人员及时回复每一条咨询和质疑，回复每一封邮件和每一条微博，在旺旺聊天上，有一位员工一天之内回复了 7000 条信息。

朱江后来被人称作"走钢丝的人"。的确，在几年前，互联网众筹如狂风一般突然席卷了国内的金融行业和互联网企业，而究竟如何监管、如何界定，却也造成了不小的麻烦。

5.5　国内外的众筹平台

众筹平台可以简单地分为两类，垂直和非垂直。前者可以简单地理解为专门做众筹的网站。而另一类则是之前提到过的，以电商平台为首的一类众筹平台，它们或借助商城流量，或借助线下渠道等，将众筹与当下火爆的 O2O 结合起来，开创了一种全新的混合式众筹。这两种众筹究竟该如何区分，它们分别又涵盖了哪些领域？光说不练难以理解，这里以案例为依托进行分析。

5.5.1　国外的众筹网站

相对于国内的众筹平台（或者说众筹网站），国外的项目审核标准及职权都经历了较长时间的探索与磨合，更为成熟。对于项目发起人和投资者的干预程度也更为深入。下面来具体看一看。

1.AngelList

AngelList（如图 5-55 所示）是全球第一家成立的股权众筹平台，也是全世界最大的股权众筹平台。平台成立至今，已经成为集初创企业投融资、求职招聘，以及社交功能为一体的平台。目前平台上共有 55 万家企业，4 万多个合格投资者，6 千多家创投机构和 3 千多家创业孵化器。其构建的众筹平台生态系统已经成为了全球创业体系的重要组成部分。截至 2015 年 12 月，平台拥有活跃的投资者 2997 人，在过去的 12 个月之内，一共为 379 个企业筹得了 1.3 亿美元。

✌AngelList

图 5-55　AngelList

截至 2015 年 5 月，已经成功完成融资的公司有 7395 个，占公司总数的 1.5%。AngelList 统计了 7921 次成功的融资信息（某些公司

进行了多轮融资）。绝大部分成功融资（80.4%）位于种子阶段，成功进行 IPO 的公司有 5 家，如图 5-56 所示为其官方统计数据。

融资阶段	融资次数	占比
种子	6368	80.4%
A	689	8.7%
B	160	2.0%
C	27	0.3%
收购	244	3.1%
IPO	5	0.1%
关闭	37	0.5%

图 5-56　各融资阶段次数统计

AngelList 有两种投融资模式：Syndicate 模式和基金模式。

Syndicate 是由领投人发起，跟投人跟投的投资承诺关系。投资人需要在 Syndicate 里公开其投资计划，包括每年预期投资项目数、一般投资金额和收益分成。领投人平均可拿 19.5% 的附带收益，AngelList 可以拿到每笔 5% 的附带收益。Syndicate 分为三种投资方式，如图 5-57 所示。

	普通直接投资	跟投	自动跟投
投资优先级	最低	中间	最高
投资人要求	认证投资人	认证投资人跟投领投人的 Syndicate	认证投资人跟投领投人的 Syndicate 通过自动跟投申请并保证账户有一定余额

图 5-57　Syndicate 项目比较

	普通直接投资	跟投	自动跟投
投资项目方式	对公开的项目进行预约，通过后确认投资	对跟投或其他公开的项目进行预约，预约通过后进行确认再提交投资	一旦自动跟投的项目通过审核，将会收到提醒信息，有5天的时间可以退出投资，不然将会进行自动跟投

续图 5-57

另外一种投融资模式是基金模式。AngelList 平台上运作着由该平台募资的基金。该基金类似于指数型基金，用于投资早期科技公司，每个基金有不同的投资主题。该基金由 AngelList 的其中一个投资委员会管理，每支基金投资大概 100 个初创企业。该基金给没有专业背景又想分散风险的投资人一个投资初创企业的机会。如图 5-58 所示，为两种模式的比较。

类别	Syndicate	基金
项目挑选方	领投人	AngelList
投资项目数	领投人决定	100 个左右
是否可退出	支付投资款前可退出	不能单独退出某笔投资
附带收益	领投人 5%~20%，AngelList5%	领投人 15%，AngelList5%
最低投资金额	由领投人决定	$25000

图 5-58 两种模式的比较

下面分别整理了其成功获得融资的公司的估值分布（如图 5-59 所示）。

年份	公司数量	占比
小于 50 万	2501	31.6%
50-100 万	761	9.6%
100-200 万	737	9.3%
200-500 万	595	7.5%
500-1000 万	247	3.1%
1000-2500 万	174	2.2%
2500 万以上	67	0.8%
未知	2839	35.8%

图 5-59 估值分布

此外，该网站（如图 5-60 所示）还具备了一些其他的职能。

图 5-60 网站页面

　　求职和招聘：注意到募资成功企业的人才需求和募资失败企业员工的就职需求，AngelList 开发了求职招聘版块。招聘者可在该版块上发布招聘需求和职位信息，浏览求职者并申请获得求职者的详细介绍。AngelList 还提供了薪资和股权比较工具，供求职者参考。

　　投融资社交：AngelList 还是基于创业的垂直社交平台。用户可直接从其他社交网站导入朋友关系、关注感兴趣的投资人和机构、添加喜欢或者评论、查看用户之间的关系、向好友或者公司发送消息并为好友写推荐。同时，公司创始人可以为公司建立档案。

　　值得一提的是，2015 年 10 月 13 日，国内股权投资机构中科招商集团（如图 5-61 所示）宣布与 AngelList 达成战略合作，携手打造"硅谷直通车"。AngelList 也于周一宣布，获得中科招商集团的 4 亿美元投资。

图 5-61　中科招商

2.Wefunder

　　Wefunder 是美国国内一家颇具名气的在线债权和股权众筹平台（如图 5-62 所示），该平台在 2011 年成立于美国马塞诸塞州。Wefunder 依托 Y Combinator 创业孵化器融资成立并发展，每周只上线一个新项目，平台运作小型风投俱乐部以提供新的项目来源。截至 2015 年 12 月，Wefunder 上共有 48717 名合格投资人，为 105 个项目实现总计超过 1450 万美元的融资。

图 5-62　Wefunder

Wefunder 精选优质项目。只有从专业投资者或是 Y-Combinator/Techstars（美国知名孵化器）获得过 10 万美元以上投资金额的企业才被允许在 Wefunder 的平台上进行融资。Wefunder 平台会对融资企业的 CEO 或总经理做尽职调查，确保是真实存在的人。

Wefunder 同样提供两种投融资模式。

（1）普通投资模式（部分为基金运营模式）

企业通过发行可转换债券或股权来融资，平台上的投资者浏览企业后如有投资意向，即可在线签署投资协议并提供银行账户信息，企业可选择拒绝或者接受该投资者的投资。在这种模式下，为了避免面对众多投资者，创业企业通常会选择设立 Wefund（特殊目的公司）来更合理地管理股权结构。Wefunder 可以代理不超过 99 名的投资者进行相关的投资管理活动，融资企业只需面对一位投资人——Wefund。

Wefund 由 Wefunder 的关联子公司设立，因此，Wefunder 官方有权拒绝投资者的加入申请。项目过热时，Wefunder 网站（如图 5-63 所示）会筛选投资人，考虑因素包括投资金额、是否能为项目提供帮助等。

图 5-63　Wefunder 官网

（2）Venture Club：联合投资模式（类似领投－跟投模式）

联合投资（Venture Club）模式是利用群体智慧去筛选并投资的小型领投－跟投组织，他们会投资特定的产业，如 3D 打印，或由特定人群组成的创业者，如 MIT 校友等。在 Club 投资公司后，支持者可以通过预约来投资 Club 所投资的公司，这为投资者提供了更有效和节约时间的投资渠道。

联合投资由 Manager 发起（可为一人或多人），确定主题，制订投资规则并邀请或通过行业内的专家申请成为 Partners。Backers 可以选择跟随 Club，也可以选择随时退出（如图 5-64 所示）。

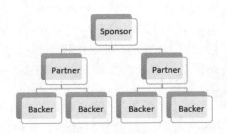

图 5-64　运营模式

其运营的基本条件为：

① 组织成立最初，每个 Partners 拥有 50 个 Venture Coins（基于该平台的"货币"）。

② 有项目来源的 Sponsor 将项目介绍给 Manager。

③ Manager 审核并通过项目后发起 5 天的 Partners 的投票环节。

④ Partners 需对项目选择支持、弃权或反对。

⑤ 支持项目的 Partners 需在企业上下注一定数量的 Venture Coins。

⑥ 支持的 Partners 可以获得优惠的投资机会。

⑦ 通过 Club 投票的项目将推送给支持者，支持者可以选择主动选择或自动跟投全部的公司，该资金是以 Wefund 的基金形式投入企业并通过 Wefunder 管理的。

项目成功获得收益后，一个联合投资（Venture Club）收取 Backers 一定比例的附带收益，Wefunder 在其基础上收取 5% 的管理费用，剩下的收益在 Sponsor、Manager 和 Partner 间按其联合投资自定的比例收费。其中，Partner 内部获得的收益是按其最初在项目上押注的 Venture Coins 的比例分成的。

小型领投 – 跟投组织的成立，一方面以对 Sponsor 激励的方式为平台提供更多的项目来源；一方面，由于 Partners 并不要求一定是合格的投资者，这能让具有专业知识、为企业提供指导资源的非合格投资者参与到股权众筹中来。而这些运营，全部由其官方团队来辅助完成（如图 5-65 所示）。

图 5-65　Wefunder 团队

3.CircleUp

CircleUp 是一家专注于消费品行业的众筹平台（如图 5-66 所示）。截至 2015 年 12 月，平台共为 128 家企业成功融资，平均融资超过 100 万美元，共募集金额 1450 亿美元以上。CircleUp 收取融资额的 5% 作为佣金。根据平台统计，其平台上成功融资的公司平均下一年收入增长率平均为 86%，投资者平均获得 81% 的内部回报收益率。

图 5-66　CircleUp

公司创始人 Ryan 和其团队成员都曾从事日用品消费领域的私募股权投资。在过去的从业经历中，他们发现虽然消费品销售占有经济份额的 20% 以上，但相较于其他行业，获得天使投资的比例不高。当公司进入 PE 阶段时，投资方通常要求公司至少有 1 亿美元的收入。

这类公司融资难的困境催生了他们建立网络平台来缩短公司和投资者双方距离的想法。公司使用机器学习算法对公司估价（如图 5-67 所示），用于简化平台上的商业投资流程。CircleUp 建立模型的数据来自 150 个数据源。通过这种估值方式，CircleUp 可以更好地服务在其他平台上融资的公司。

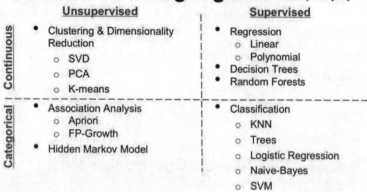

图 5-67　机器学习算法

关于投资模式，CircleUp 平台上的融资企业必须是已生产出实物产品或者有实体店的美国消费零售商品公司，平台会通过私募专家对企业提交的申请材料进行审核。而 CircleUp 平台为投资者提供普通模式和 Circle 基金两种投资模式。

（1）普通模式

投资者直接参与到公司的投资中。为了帮助投资者了解公司，CircleUp 为投资者提供了交流版块，投资者可以提问并获得与平台团队沟通的机会，聊天记录对所有投资者公开；同时，投资者可以通过电话会议、线上论坛来与 CEO 进行交流。感兴趣的投资者能收到由平台寄出的公司商品样本，或去实地考察公司实体零售店。

CircleUp 专注于为消费领域且有产品实物的企业提供融资。一方面，这能够让投资者通过产品对企业的价值进行更全面的评估；另一方面，相对于高科技公司的概念性产品，实物产品的可触摸性和实用性降低了投资者评估公司产品价值所需的知识门槛。融资企业也能够通过产品样本的试用权分发为产品进行一次市场宣传。

（2）Circle 基金投资模式

CircleUp 成立了一只用于投资平台上融资企业的私募基金——Circle 基金，通过 CircleUp 的分公司进行管理。Circle 基金分为领投型和主题基金。前者由 Circle 社区中具有丰富行业经验的投资者领投，当基金获得回报时，支持者向领投人分享一笔附带收益（如图5-68 所示）。后者是按照特定行业策略投资平台上不同的公司，起到分散投资的作用。该基金不向投资者收取附带收益。

图 5-68　收益模式

（3）增值服务——CircleUp Community

CircleUp 平台是专注于消费品行业的垂直模式，同时也提供配套服务，汇聚消费品行业的创新企业、知名投资人和大型企业进驻平台。CircleUp 同宝洁等大型消费品公司（如图 5-69 所示）达成合作关系，为平台上有融资需求的公司提供帮助或进行收购。融资成功后，平台上的融资公司可以获得行业资源和战略性的创业指导。这一专业优势确保了平台在消费品行业融资中的重要地位。

图 5-69　宝洁公司 Logo

4.Fundable

Fundable 成立于 2012 年 5 月，最初只是类似于 Kickstarter 的产品型众筹平台。美国《JOBS 法案》颁布后，开始提供股权型众筹。截至 2015 年 12 月，Fundable 上有超过 23000 个投资者与 377000 个企业主用户，平台累计完成的融资金额高达 2.11 亿美元。

Fundable（如图 5-70 所示）采用"固定最低融资额"（All or Nothing）模式。在融资期限结束时，筹资总额必须达到或超过设定金额，否则融资失败退还资金，融资期限通常为 60 天。最低起投金额为 1000 美元，融资金额通常为 5 万~1000 万美元，发起人多为产品、服务、B2B 类的企业。

图 5-70　Fundable 的 Logo

在众筹开始后，所有投资者只是先给融资企业一个投资承诺（Commitment），在融资结束后，投资者和融资者按照投资承诺线下交易（也可以不按照承诺交易，投资金额也可以有所变动），Fundable 平台并不参与资金转账与股权分配之类的各项事务。也就是说，对于股权融资，Fundable 只是作为信息发布平台，并不参与其间交易，也不涉及投后管理（如图 5-71 所示）。

图 5-71　信息发布

Fundable 收取项目发起者的发布费用。发起者在项目发起阶段需要向平台支付每月 179 美元的固定费用。项目融资失败也不会退回该笔费用，在项目成功后也没有其他费用。

5.OurCrowd

OurCrowd 位于耶路撒冷，对上线项目进行严格审核，并利用自有资金投资所有项目。OurCrowd 将风险投资模式精华——专业的尽职调查引入股权众筹平台。平台上目前只有申请成为投资人的入口，所有的筹资公司都来自于 OurCrowd 的线下考察。其每年对 2000 多家公司进行考察和调研，并从中筛选出合适的企业放在平台上进行筹资。截至 2015 年 12 月，OurCrowd 为 80 多个融资公司成功募集 1.7 亿

美元，累计投资人超过 1000 名（如图 5-72 所示）。

图 5-72　OurCrowd 公司 Logo

OurCrowd 平台上的项目包括种子期（Seed）、早期（Early Stage）、成熟期（Later Stage），以及股权众筹投资企业（Equity Crowdfunding Investment），主要集中在进行 A 轮至 C 轮融资的企业。与其他平台只投资种子和初创期相比，OurCrowd 募资公司更加宽泛，投资成功率也相对较高。

OurCrowd 通用专业分析师团队为每个早期创业公司进行尽职调查，融资要求审核十分仔细，只有 2% 的项目能够通过并上线。对于通过审核的项目，OurCrowd 将投资 5 万美元左右自有资金。目前，OurCrowd 投资了平台上所有的项目，并且都取得了董事会席位并参与公司管理。

OurCrowd 向投资者收取手续费和管理费。每个投资项目的手续费为投资额度的 4%，管理费为 4 年内每年 2%。在投资人退出时，OurCrowd 收取退出收益的 20%~25% 作为报酬（如图 5-73 所示）。

投资额度	$1000000
4 年总管理费	$80000
4% 手续费	$40000
总费用	$120000

图 5-73　收费模式

6.Kickstarter

Kickstarter 于 2009 年 4 月在美国纽约成立，专为具有创意方案的企业筹资。2015 年 9 月，报道称众筹网 Kickstarter 日前宣布重新

改组为公益公司。创始人称将不追求将公司出售或上市（如图 5-74 所示）。

图 5-74　Kickstarter

Kickstarter 网站致力于支持和激励创新性、创造性、创意性的活动。通过网络平台面对公众募集小额资金，让有创造力的人有可能获得他们所需要的资金，以便使他们的梦想得以实现。Kickstarter 平台的运作方式相对来说比较简单而有效，该平台的用户一方是有创新意识、渴望进行创作和创造的人，另一方则是愿意为他们出资金的人，然后见证新发明、新创作、新产品的出现。

值得一提的是，该网站还运营了 Kickstarter 中国公司，拓展了中国的业务（如图 5-75 所示）。

图 5-75　Kickstarter　China

通过对几家典型的美国众筹公司的分析，可以看出在基本的众筹模式之外，各家都或多或少地进行了流程创新和服务创新。例如AngelList提供社交服务；CircleUp提供大数据分析和分析报告；Ourcrowd提供基于平台的专业报告；Fundable则试图通过展示费获得盈利；而众筹界的鼻祖Kickstarter则转型做起了公益，围绕众筹所做的这些行业创新，出发点都是吸引资产端和资金端（如图5-76所示）。

图 5-76　吸引资金

5.5.2　国内的众筹网站

国外的众筹平台大多为垂直类平台，简单地可以理解为大多数都是专业的众筹。而国内则或多或少带有一些电商企业的背景，这一点之前已经强调过，在此举例详细说明。另外，国内众筹相对来说还处在探索阶段，更多值得探讨的话题在于其经营范围等更浅表的事物。

1. 京东

自2014年7月京东权益类众筹上线至今，京东众筹已成国内最大权益类众筹平台。京东众筹版块分为两类，第一类为奖励众筹，第二类为非公开股权融资，也就是"京东东家"。2015年3月，京东股权众

筹业务正式上线，交易规模和日均成交金额都位居国内股权众筹企业首位（如图 5-77 所示）。

图 5-77　京东众筹

此外，京东金融的众创生态圈已经与众筹深度连接在一起，目前已经形成产品＋股权＋众创生态三位一体的格局。这个格局目前在市场上比较独特，京东众筹也一直强调自己的众创生态为其核心竞争力。从市场表现来看，京东众创生态已经在众筹市场打出名声。

在京东股权众筹上线的项目，会享受一站式投后管理服务，可通过京东创业生态圈对接各种资源，例如京东内部的资源——京东商城、京东到家、京东保险等，还会享受到众创学院、创业门诊、资深投后顾问等培训咨询服务。还会根据不同项目的特点，实现不同项目间的黏性对接和交叉服务。

众筹平台门槛设置方面，京东股权对领投人提出了较高要求，要求必须在风投领域具有丰富的经验，有一定的投资经历和从业时长，并且有成功的案例。《私募股权众筹融资管理办法》（如图 5-78 所示）对投资人列出了很多条款，例如投资单个融资项目的最低金额不低于 100 万元人民币等。

关于就《私募股权众筹融资管理办法（试行）（征求意见稿）》公开征求意见的通知

中证协发[2014]236号

为拓展中小微企业直接融资渠道，促进创新创业和互联网金融健康发展，提升资本市场服务实体经济的能力，在证监会创新业务监管部支持下，协会起草了《私募股权众筹融资管理办法（试行）（征求意见稿）》，现向社会公开征求意见。请将相关意见和建议于2014年12月31日前以纸质或电子形式反馈我会，电子版发送至邮箱：wuzhg@sac.net.cn。

联系人：吴志国　　　联系电话：010-66575826

附件：

1、私募股权众筹融资管理办法(试行)(征求意见稿)

2、关于《私募股权众筹融资管理办法(试行)(征求意见稿)》的起草说明

中国证券业协会

2014年12月18日

图 5-78　征求意见通知

而相较于此前的征求意见稿的门槛，京东设定的门槛要相对低一些。目前，京东股权众筹要求跟投人只要满足年收入不低于30万、金融机构专业人士、金融资产在100万元以上，以及专业VC中的任何一项即可成为跟投人。在投资者教育方面，京东众筹平台不供任何隐性担保，一直对投资者进行投资风险教育。项目募集期间，京东股权众筹平台通过京东小金库对投资人的保证金进行冻结，但是项目募集过程中，资金的往来直接在创业者和投资人之间进行，不存在资金池的情况。

在非公开股权融资方面，京东东家过去一年的成功筹资金额将超7亿元，在130家含非公开股权融资业务的样本平台中排名第一，在已完成的项目中，成功筹资金额在千万级以上的有18个，其他项目也均在百万级别以上，如图5-79所示。

2015京东东家年度发展业绩	
总项目数	74 个
平均项目完成率	127.0%
年度预期筹资总数	54339 万元

图 5-79　发展业绩

2015京东东家年度发展业绩	
年度实际筹资总数	70028.28 万元
投资人次	3255 人次

续图 5-79

在 2015 年度京东非公开股权融资前十的项目中，成功筹资金额均超过 2000 万元，其中的一个项目乐禾以 3962 万元、150 投资人次，以及 147% 的完成率登顶京东东家年度最佳项目，如图 5-80 所示。

2015京东东家非公开股权融资前十的项目		
项目名称	成功筹资金额（万元）	投资人次
乐禾	3962	150
猫酷	3617	20
熙金资本	2600	22
言又几	2506	34
三个爸爸	2498	98
智能孕期助手	2400	16
推特网络	2122	43
紫辉基金	2100	11
NUT	2094	74
车生活	2028	85

图 5-80　2015 京东东家非公开股权融资前十的项目

京东众筹最重要的特色是推出众创生态圈，如图 5-81 所示。覆盖了京东资源（京东金融、京东到家、京东商城等）、投资（众创基金、雏鹰计划）、全产业链服务（赴筹者联盟、B2B 平台）、培训（京东众创学院、小众班）等体系，形成一站式创业创新的服务平台。

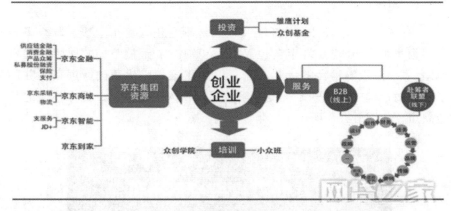

图 5-81　京东生态圈

非公开私募股权融资方面，融资额 1000 万元以上收取总额 3% 的平台佣金，以下收取总额 5% 的佣金。为了减少融资企业现金流的支出，京东众筹将佣金折算成股权，直接投入项目。

除了上线众筹平台外，京东金融还成立了京东创业基金，从资金层面大力支持众筹优质创业项目，帮助创业者突破资金瓶颈，力争投入力度更强、受惠面更广，为创业者创造更有利的创业环境。通过基金，京东金融将更好地为创业者服务，同时，京东金融（如图 5-82 所示）方面亦强调将会在相关法律法规的要求下严格操作，保障各方利益。

图 5-82　京东金融

2. 36Kr

2015 年 6 月 15 日，36 氪股权众筹平台正式宣布上线。与众多众筹平台类似，36 氪众筹平台也是采用"领投 + 跟投"模式以降低投资风险。36 氪众筹平台的优势在于，汇集了国内最优质创业项目，独创了老股发行模式，从一定程度上解决了投资人风险控制、退出机制的行业痛点（如图 5–83 所示）。

图 5–83　36Kr

36Kr 在技术和产品方面进行了一系列的创新举措。

（1）技术方面的创新

2015 年 7 月 27 日，36 氪发布了国内首款分析公司投资指数的专业工具——氪指数。该指数通过对创业公司基本面及细分领域发展趋势的多维度分析，帮助国内投资人降低投资风险，发现更多优质公司，为创业行业建立专业的评价体系。

目前，氪指数已对国内近 3 万家互联网公司做了数据跟踪，涵盖了电商、社交、智能硬件、汽车、旅游等各类细分领域，每家公司都有对应的一个氪指数，以反应公司的成长趋势。对投资人而言，氪指数越高的公司，反应出其成长趋势越好。其背后统计的数据维度有公司

Web流量、APP下载排名、搜索引擎指数、媒体微博关注指数及公司自身融资、规模、招聘信息等（如图5-84所示）。

图5-84　氪指数

（2）产品方面的创新

除新股外，36氪众筹平台首创老股发行产品。即已经步入高速成长期公司的创始人在不改变公司实际控制权及股权结构的前提下，由创始人或持股较多股东出让少量股份，放到36氪平台进行众筹。

对于投资人来说，成熟公司原始股份的低风险高回报可以有效保障收益；或有机会参与投资较大的公司。对于创业者来说，在过去出让少量股权，一般是由机构或单一投资人承接，如今通过众筹平台，投资人从几个变成多个，其背后便是资源，即公司还可以有更多的资源加入。

此外，在2015年6月15日，36氪宣布正式上线股权众筹平台的同时，也宣布与蚂蚁金服达成全面战略合作。合作将从股权众筹平台接

入支付宝，围绕支付全面展开，未来还将渠道互通、产品共建、技术和数据等方面展开进一步合作。蚂蚁金服（如图5-85所示）拥有金融服务底层平台的强大能力。

图5-85　蚂蚁金服

在大数据、互联网技术、风控上的优势，也将与36氪形成互补。继36氪与蚂蚁金服宣布战略合作之后，36氪股权众筹平台于2015年7月8日成为首家接入支付宝系统的融资平台。

3. 天使汇

天使汇（www.angelcrunch.com）是中国起步最早、总体交易规模最大、融资最快的天使合投和股权众筹平台，于2011年11月正式上线运营。它是助力天使投资人迅速发现优质初创项目、助力初创企业迅速找到天使投资的投融资平台。截至2015年7月底，天使汇已帮助近400多个创业项目完成融资，融资总额近40亿元人民币。平台上注册的创业者超过10万名，登记创业项目33000多个，认证投资人2200多名，全国各地合作孵化器超过200家，成为中国早期投资领域排名第一的投融资互联网平台。大家耳熟能详的嘀嘀打车与黄太吉煎饼都是在天使汇上成功募集到了天使投资的资金（如图5-86所示）。

图5-86　天使汇

　　最初，天使汇只是一个创业项目和投资人之间的信息中介平台。但是，天使汇借鉴了国外的先进经验，推出"领投 + 跟投"的运行机制。并于 2013 年 1 月，创造性地推出快速团购优质创业公司股权的快速合投功能，成功为创业项目 LavaRadio（如图 5-87 所示）募得 335 万元人民币的资金。

图 5-87　LavaRadio

　　其比预定目标的 250 万元超出 34%。这是国内第一个在网络平台上众筹成功的项目，也是天使众筹完成的第一单，从而使天使汇升级为众筹融资平台。这是天使汇项目领域细分的典型案例（如图 5-88 所示）。

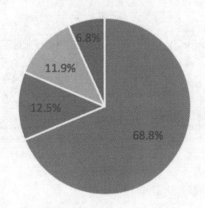

■ 互联网　■ 金融/大数据　■ 文体娱乐　■ 其他

图 5-88　天使汇项目细分

其特点主要有以下三个方面。

（1）平台多样化服务

天使汇股权众筹平台为投融资客户提供了多样化服务。为迎接中国IPO注册制和新三板的机会，国内最大的股权众筹平台天使汇在2014年与深交所成立了合资公司。并在2015年与新三板达成合作，为天使汇平台的创业者供从新三板到创业板转板的服务，为创业公司供一站式的资本市场解决方案。

天使汇众筹平台通过与交易所合资设立的中关村创业大街大屏幕，为创业者营造融资势头，举行上市的敲钟挂牌仪式；针对融资过程中可能出现的各种问题，天使汇为创业团队提供一对一的创投约谈服务，帮助创业者发掘项目亮点，使其能够在有限的时间内展示真正关注的内容（如图5-89所示）。

图5-89　一对一约谈

（2）平台盈利模式及专业投资人

天使汇的盈利模式的基本服务和增值服务全部免费，而对融资成功项目一次性收取1%的股权，并且未来也将遵循这种盈利模式。天使汇平台的天使投资人很多有过创业经验，对行业有深刻的理解，专业背

景极强，其中包括机构合伙人、上市公司高管和专家等。

目前天使汇平台有 2545 位认证投资人，增长速度并不快，但每一个投资人都有做领投人的资质，每年累计在天使阶段和 A 轮阶段的投资需求超过 600 亿元人民币。

（3）业务拓展及创新

为了高融资效率，天使汇持续不断地进行投融资模式创新，"闪投"就是改变创投玩法的手段之一。截至目前，天使汇在北京共举办了 17 期"闪投"，深圳一期、杭州两期，共 163 个项目成功路演，有近 50% 的项目能够当场获得超额认购，超募幅度最高达到 460%，有954 人次的中国最活跃投资人参与其中。从全球范围来看，闪投创下了融资效率最高的纪录（如图 5-90 所示）。

图 5-90　闪投

天使汇正式进入正轨，行业受到国家重视，正式合法化，公司连续开展多方向的业务拓展，加强了作为股权众筹平台的服务深度。具体体现在：

（1）O2O 服务

天使汇开始进行线下闪投路演活动（Speeddating），定期组织投资人参与天使汇筛选项目的路演，进一步在现场进行对接服务，全程把控项目进展。由于线下沟通更加方便，且防止了跑单的发生，在天使汇上融资成功的项目比例得到了明显升。

（2）提升流量

投资人、创业者两端：创业咨询服务。2015 年，天使汇开展 100× 加速器活动，效仿美国的 YC 模式，帮助优秀的创业项目团队进行一系列的培训。

投资人端：2014 年 10 月设立天使汇跟投指数基金，为具有投资倾向的人提供一个新渠道和方式，吸引了大量天使投资人的关注。

创业者端：2015 年成立 Dotgeek 咖啡馆（如图 5-91 所示），以及创业大街的宣传巨屏。从线下将创业者聚集起来，提供活动沙龙、线下广告宣传等一系列服务，弥补了天使汇线下流量，使线上线下并举。

图 5-91　Dotgeek 咖啡馆

4. 人人投

人人投（如图 5-92 所示）作为国内实体消费行业股权众筹行业的代表，于 2014 年 1 月 15 日上线，主要业务垂直于和人们密切相关的实体店铺，是以实体店为主的股权众筹交易平台，针对的项目是身边的特色店铺，投资人主要是以草根投资者为主。

图 5-92　人人投

这种模式比较适合创业者二次开店，只要本身具备了自主实体店铺，想在此基础上扩大店面规模，有开更多分店的需求就可以在人人投众筹平台上发起融资需求，获得支持者的融资。人人投 2015 年实际筹资金额将近 4 亿元，平台共成功完成 240 个项目，并有超过 6000 位天使投资人参与（如图 5-93 所示）。

2015 人人投年度发展业绩	
总项目数	240 个
平均项目完成率	96.0%
年度实际筹资总数	399426396 元
投资人次	6314 人次

图 5-93　2015 人人投年度发展业绩

人人投在整个 2015 年成功筹资达千万级的项目超过 5 个，其中项目全季酒店成功筹资 2400 万元；佰家汤泉项目也在 2015 年成功筹资 2057 万元。两个项目均达到 2000 万元级，成功筹资金额排名人人投

240 个项目中的前两位（如图 5-94 所示）。

2015 人人投非公开股权融资前五的项目		
项目名称	成功筹资金额（万元）	投资人次
全季酒店	3962	150
佰家汤泉	3617	20
麗枫酒店	2600	22
王子扒房	2506	34
莫泰酒店	2498	98

图 5-94 2015 人人投非公开股权融资前五的项目

人人投众筹平台具有以下特色。

（1）聚焦经营：聚焦实体店铺，以众筹的模式帮助优质品牌开设直营连锁店铺。

（2）定向众筹：开辟了定向众筹模式，企业可以结合当地经济水平、市场前景及商业模式的分析，根据项目的上线时间、所在地域、市场资源有选择地寻找投资人。

（3）诚信体系：人人投诚信体系主要涵盖三部分，征信查询、行业联盟，与国内 29 家非公开股权融资平台通过股权互换方式进行战略合并，共享资源，以及黑名单制。

目前，人人投平台上融资成功的项目将会交纳融资总额 5% 的中介费，其中，4% 的金额分给项目所属地方的分公司，1% 的金额归属人人投。截至目前，人人投分站数量迅速增长到 320 家，遍布全国大中小城市，会员数量已突破百万，上线项目近 200 个，成功融资项目 177 家，成功分红店铺 52 家，总交易额近 4 亿元，估算市值 10 亿元。人人投名列"中国证监会股权众筹协会首批八家会员"之一。

5. 云筹

云筹（如图 5-95 所示）是一家专注于天使投资的私募股权众筹投资平台，2015 年实际筹资金额超过两亿元，虽然仅有 24 个众筹项目，但都取得了良好的效果。

图 5-95　云筹

云筹作为创业投资云平台，集天使投资股权众筹、孵化服务、投后管理结为一体，以帮助创业者融资、帮助创业企业成长、帮助投资人增值。期间也做出了许多经典的项目（如图 5-96 所示）。

2015 云筹股权众筹的千万级项目		
项目名称	成功筹资金额（万元）	投资人次
倚天能空气净化器	3962	150
易生活	3617	20
喜付	2600	22
汇盟	2506	34
午右电影公司	2498	98
童伴教育	2400	16
念加	2122	43
传达科技	2100	11
远航纵横	2094	74

图 5-96　2015 云筹股权众筹的千万级项目

云筹佣金向项目方和投资人收取，一般收取项目方的股份及投资人在投资退出后的收益分红，项目方的分配比例会根据项目领投方而有所差异，如果项目自己寻找的领投方则比例相对较低，如果领投方是通过云筹找到的则比例相对较高（如图 5-97 所示）。

2015 云筹年度发展业绩	
总项目数	24 个
年度预期筹资总数	16095 万元
年度实际筹资总数	21314 万元
投资人次	1405 人次

图 5-97 2015 云筹年度发展业绩

值得一提的是，云筹是全国第一个开展筹后管理的股权众筹平台，配置筹后团队，为投资人提供定期巡检报告及投资退出通道的开辟和手续办理，为创业者提供投资资源导入、下轮融资渠道对接等服务。

6. 聚募

聚募（如图 5-98 所示）是一家非公开股权融资服务平台，2015年全年实际筹资金额将近 9000 万元，平台共成功募集 59 个众筹项目，获得了近 5000 人次的投资。

图 5-98 聚募

　　聚募 2015 年成功筹资超过百万元的项目达到 41 个，其中项目成功筹资额度最高的为火星工厂，此项目是为年轻人打造文化活动中心，通过当下热门的娱乐活动作为媒介，同时孵化文创工作室；另外，项目"问安健康"为聚募众筹最快的项目，上线 1 小时内超募；还有"水果无忧"项目，上线仅 7 天便成功筹资 260 万元，最终以 265.7 万元结束，创造了聚募超 250 万元成功筹资额最快的项目（如图 5-99 所示）。

2015 聚募股权众筹的千万级项目		
项目名称	成功筹资金额（万元）	投资人次
火星工厂	616.9	69
白墙印记	333.3	87
幼发拉底	294	138
水果无忧	265.7	97
华领养老	265	113
童伴教育	2400	16
念加	2122	43
传达科技	2100	11
远航纵横	2094	74

图 5-99　2015 聚募股权众筹的千万级项目

　　聚募主要以种子轮和天使轮项目为主，此类项目的成长空间较大。另外，聚募也打造了自己的创业生态圈，为创业者提供创业孵化器场地、技术外包、资源对接等支持。聚募为项目方提供融资服务，以收取股份作为报酬，且所持股份与众筹的股份共进退，彼此利益绑定。

第6章

创业计划

无论面对什么事情，订最好的计划，尽最大的努力，做最坏的准备。

——古谚语

6.1　创业计划书

上一章已经详细介绍了众筹融资，而创业计划书正是企业成功融资的重要工具之一，同时可以帮助管理者有计划地开展商业活动，增加成功的概率。如何打造一份既吸引人又很实用的创业计划书呢？我们需要通过认识创业计划书的内涵、了解读者对象的需求、掌握撰写方法与技巧、熟练运用创业计划书模板及有关分析工具、常用附件等，来完成一份完美的创业计划书。

6.1.1　创业计划书的定义

创业计划书是公司或项目单位为达到招商融资或其他发展目标之目的，在前期对项目进行科学调研分析的基础上，从企业内部的人员、制度、管理、财务，以及企业的产品、营销、市场、风险等各个方面，对即将展开的商业项目进行可行性分析，全面展示公司和项目的背景、现状与规划、未来发展前景，进而形成的实现计划的策略文件。

创业计划书是一份全方位的项目计划，既可以成为创业者成功获取融资的"利器"，又可以帮助创业者有计划、有步骤地开展创业活动。其主要功能体现在以下三个方面。

● 沟通功能。对于创业者而言，创业计划书是创业者与投资人之间必要的，也是最佳的沟通工具，你的项目价值、创业前景、实现计划等重要信息，都可以通过创业计划书向融资对象全面展示。

● 管理功能。创业计划书可以引导创业者走过企业发展的各个阶段，尤其是在创业过程中，还可以依据创业计划书来跟踪监督企业的业务流程、分析实际成果与预期目标的差距等，及时调整自己的策略与方法。

● 承诺功能。一方面，创业计划书通常会作为创业者与投资人所签署的合同附件，因此，从法律意义上讲，创业计划书将成为

创业者对投资人的承诺书；另一方面，创业计划书也体现了核心领导对团队成员或者上级对下级的承诺，尤其是战略目标的定位、未来发展的规划、行动方案的提出都是一种书面的承诺，从而避免出现朝令夕改的问题。

大部分创业计划书由以下几部分内容构成。

- 封面与内容目录。
- 内容摘要。
- 项目描述（包括公司概况、项目背景或资源情况、产品与服务说明等）。
- 行业及市场分析。
- 竞争性分析。
- 项目执行计划（包括总体战略目标与规划、研发与生产计划、营销计划、经营管理计划等）。
- 财务预测与融资计划（包括历史财务状况、财务预测、投资分析、盈亏平衡点分析、融资计划说明等）。
- 风险与机遇。
- 管理团队概述。
- 附件（有关工作进度说明、团队详细介绍、数据、表格等）。

需要注意的是，以上所列内容为创业计划书必备的一般要素，不能完全作为创业计划书的目录使用。在具体的撰写过程中，创业者应根据自己项目的特色、内容侧重点，以及实际需求灵活安排章节和目录标题，例如产品与服务、营销计划、经营管理计划、财务预测分析等。

小故事：无中生有的"月子宾馆"

王琪本是一家医院的护士，经常参加医院组织的母婴护理培训，并取得了资格证书。有一次她到北京帮亲戚照顾坐月子的新妈妈，却发现了一个大商机。一位在妇幼保健医院工作的同乡告诉她，平时自己每

天都要接触很多孕产妇，发现她们多半是北京的"新移民"，因为娘家和婆家都离得太远，老人又不能来京照顾，因此她们只能靠自己和丈夫。但由于缺乏产期护理知识和对新生儿的护理经验，小夫妻对此十分头痛，有人甚至还因为恐惧患上了产后忧郁症。

听到这里，王琪脑海里突然灵光一现：北京市每年有数以万计的产妇，如果自己开家小型宾馆，专门为那些没有亲人在身边的产妇提供"坐月子"的专业护理服务，一定会大有市场！

想法倒是有了，但是可行吗？于是她开始马不停蹄地奔走在北京各大医院的妇产科病房，进行市场调查。王琪询问一些老家在外地的年轻新妈妈：如果有一个既宽敞又卫生的地方，能专门照顾产妇和婴儿，不需家人帮忙和插手，你们会愿意吗？结果许多产妇说，如果真有这么个好地方，我们马上就去！这下王琪心里有底了，开始认真制订她的创业计划。

在看完了她的创业计划之后，开宾馆的同乡马先生觉得可行，于是把自己部分房间承包给她做成"月子客房"，由她提供专业配套服务，而宾馆提供日常必需品，收费略低，房间租金也便宜。就这样，北京首家月子宾馆——新妈咪月子屋成立了（如图6-1所示）。

图6-1 新妈咪月子屋内部装修

　　在报纸上登出广告的当天，她就接到 30 多个咨询电话，并很快迎来了第一对顾客。因为她的护理十分专业，那里的环境温温馨而舒适，在新妈咪月子屋坐月子期间都觉得十分轻松、开心。通过产妇们的口口相传，仅仅半年多时间，王琪的"月子宾馆"就渐渐有了名气。

　　但是业务越来越多之后，问题也接踵而来。例如权责问题、客户层问题等。于是王琪又开始重新制定创业计划。

　　凡是入住"月子宾馆"的产妇，她都要在与其签订的合同书上注明母亲的饮食禁忌和责任划分，这样就可以有效避免意外纠纷。

　　同时为了吸引高端顾客，她认为"月子宾馆"应该提供更科学、更专业的服务。为此，她特意高薪聘请了几位退休的妇科医生和教授，作为自己的专业顾问进行工作指导。同时，根据顾客不同的消费能力和护理要求，王琪把收费档次分为从 5000~13000 元不等。收费不同，服务的"星级"也不相同。如收费 1 万元，不但 24 小时有专人陪护，而且婴儿用的也是高级奶粉、高档纸尿裤等。

　　王琪又把护士和营养师、保健师的职业联合到一起，给具备这些综合知识的人员定岗为"高级护理师"，并且进行岗前培训，直到考试通过后高级护理师才有资格为来此坐月子的妈妈们制定护理计划。护理计划中还包括排除产妇生育后体内残存的淤血、废气，定期使用器械设施让月子期间的妈妈们收缩子宫和盆腔等内容。

　　考虑到都市女性们还承担着事业的压力，对体型的恢复着很高的要求，王琪还特意在休息区里摆上健身球和体型恢复器，供准备回到职场的妈妈们恢复形体所用。产妇人数达到一定数量后，她还聘请了专业的瘦身教练，辅助这些妈妈们恢复身材。

　　很快，王琪已包下整栋宾馆的 300 个房间，手下有上百号员工。不仅北京的白领把来此坐月子当成一种时尚，她的"月子宾馆"还吸引了大批在京工作的外国产妇！

创业计划对于创业者来说，至少相当于一幅地图对于旅行者所起到的作用。制定创业计划的整个过程，也是创业者的一个开业模拟实验。在此过程中，创业者会发现许多问题，并为解决问题设计方案。而且随着创业过程的实施，专业计划也要相应做出细节上的调整。确实可行的计划，不仅能增强创业者的信心也能赢得投资人的信任，让创业者获得竞争优势。

6.1.2 成功创业计划书的特征

通过对大量成功创业计划书案例的分析，我们发现，它们基本上都具备以下六个特征。

1. 内容完整

包括全部的或者核心的构成要素，例如内容摘要、项目描述、行业及市场分析、竞争性分析、项目执行计划、财务计划、风险分析、管理团队介绍等。

2. 亮点突出

主要突出自己项目的特色、商业模式的特色、项目的价值、成熟的团队与超强的运营能力等，尤其是面对投资人这类读者对象时，能够快速吸引投资人的目光。

3. 逻辑清晰

思路清晰、文笔流畅。有一些创业计划书，内容的构成要素十分齐全，但是缺乏一根主线将其串联起来，各要素几乎都处于"散落"的状态，甚至让读者读完之后觉得不知所云，这是典型的逻辑不清晰。

4. 依据充分

所有的分析结论都有充分的依据，包括客观的调研分析数据、科学的分析工具应用等，例如重要的财务预测、营销预测都有充分的财务

数据、市场调研数据予以支撑。

5. 主次分明

根据不同的读者对象，能够做到内容主次分明，尤其是针对相应的读者对象，突出体现对方所关注的内容，对投资人、上级领导、董事会等，在内容方面的设计与重点安排都应有所区别。例如，针对投资人，往往侧重于关注产品、竞争实力、发展潜力、营销计划、切实可行的行动方案、出色的管理团队、突出的内容摘要、满意的投资回报、周详的退出方案等。

6. 可行性强

一方面是指商业模式本身的可行性；另一方面是指具体行动方案的可行性，包括合理的预算、易实现的销售目标、可实施的营销计划、清晰的工作进度安排、明确的工作成果等。

6.1.3　创业计划书的作用

创业计划是创业的行动导向和路线图，既为创业行动提供指导和规划，也为创业者与外界沟通提供基本依据。如果有了一份业务发展的指示图，它会时刻提醒创业者应该注意什么问题，规避什么风险，并最大限度地帮助创业者获得来自外界的帮助。其主要作用有以下三点。

1. 帮助创业者自我评价，理清思路

在创业融资之前，创业计划书首先应该是给创业者自己看的。办企业不是"过家家"，创业者应该以认真的态度对自己所有的资源、已知的市场情况和初步的竞争策略做尽可能详尽的分析，并提出一个初步的行动计划，通过创业计划书做到使自己心中有数。另外，创业计划书还是创业资金准备和风险分析的必要手段。对初创的风险企业来说，创业计划书的作用尤为重要，一个酝酿中的项目，往往很模糊，通过制定创业计划书，把正、反的理由都书写下来，然后再逐条推敲，创业者就

能对该项目有更加清晰的认识。

2.帮助创业者凝聚人心，有效管理

一份完美的创业计划书可以增强创业者的自信，使创业者明显感到对企业更容易控制、对经营更有把握。因为创业计划提供了企业全部的现状和未来发展的方向，也为企业提供了良好的效益评价体系和管理监控指标。创业计划书使创业者在创业实践中有章可循。

创业计划书通过描绘新创企业的发展前景和成长潜力，使管理层和员工对企业及个人的未来充满信心，并明确要从事什么项目和活动，从而使大家了解将要充当什么角色、完成什么工作，以及自己是否胜任这些工作。因此，创业计划书对于创业者吸引所需要的人力资源、凝聚人心，具有重要的作用。

3.帮助创业者对外宣传，获得融资

创业计划书作为一份全方位的项目计划，它对即将展开的创业项目进行可行性分析的过程，也在向风险投资商、银行、客户和供应商宣传拟建的企业及其经营方式，包括企业的产品、营销、市场及人员、制度、管理等各个方面。在一定程度上也是拟建企业对外进行宣传和包装的文件。

一份完美的创业计划书不但会增强创业者自己的信心，也会增强风险投资家、合作伙伴、员工、供应商、分销商对创业者的信心。而这些信心，正是企业走向创业成功的基础。

小故事：大公司要有大计划

默克公司（如图6-2所示）的 CFO 朱迪·鲁文特于 1980 年加盟了这家公司。当她在 1990 年出任默克公司首席财务官的时候，她已成为美国企业界最有权势的女人，同时也是第一位担任大企业首席财务官的女性。

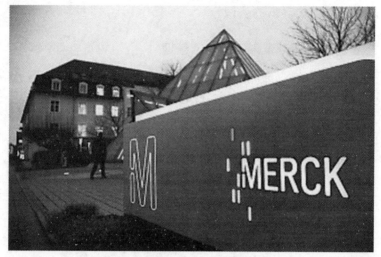

图6-2 曾遭遇转型困难的默克公司

但在2004年的秋天，鲁文特遭遇了她在默克公司长期任职以来最困难的体验——员工围绕在公司大楼周围，害怕拿不到他们的工资；股价大跌；公司面临着雪片般的诉讼案传召书，也陷入了前所未有的公关危机之中。但这位业绩优秀的首席财务官，同时还是一位极具创新能力的领导者，凭着勇气、热情、毅力、远见最终熬过了这次财务危机。

2006年上半年，公司的盈利超过了预期。与盈利同样重要的是，她又开始谈论公司的未来规划："从2005年到2006年，我们一直都在规划未来。令人兴奋的是我们有着非常出色的业务模式。2004年的时候我很苦恼，因为那时候我就在构想公司的未来。不论发生任何事情，我们都有必要按照自己希望的方式来实现增长。"

坚持不懈的努力让她开始规划未来远景，她的理由是："远景对于公司领导层来说至关重要。公司需要聆听远景规划，并且对这个规划充满信心。过去几年的事实告诉我们，多数员工留在默克公司是因为他们对公司规划的远景，以及我们的福利制度信心十足。个别员工有些焦虑情绪，则是因为当时他们非常疑惑，想知道公司的变化会对自己造成

什么样的影响，自己又为什么要留在公司，未来的机会在哪里？非常坦率地说，谁都想加入一个盈利的企业，一个欣欣向荣的企业。"

远景规划对创业者来说非常重要，并且他是打动风险投资者、凝聚人心的有力武器。有了对未来的规划，企业的未来就有了发展方向，创业者也就有了奋斗目标。在创业过程中，在企业发展环境发生重大变化的时候，更应该加强对企业未来规划的研究，调整和重新制定切实可行的企业发展战略规划，这才是企业稳步发展的可靠途径。

当你希望创造比现在更好的未来时，怎样才能制定出万无一失的周密计划呢？其实你只需要好好想想以下 3 个问题应该怎样回答即可。

- 我渴望的美好未来究竟是什么样的？
- 为了实现这样的未来，我应该怎样计划？
- 为了达到目标，我又该做些什么？

只要将这三个问题回答好，你就给未来勾画出了一幅美好的蓝图，人生是这样，创业也是这样。未来发展规划是企业形成核心竞争力的根本，也是企业可持续发展的关键所在。企业发展规划的目的，既是为了拨开前方的重重迷雾，也是为了应对企业各种变化因素的法宝。

6.1.4　与创业计划书相关的重要文件

除了创业计划书本身，还有若干文件需要创业者事先准备好。

1．战略规划书

企业战略规划是指依据企业外部环境和自身条件的状况及其变化，来制定组织的长期发展目标、规划与具体的实施战略。战略规划是一个动态的过程，在特定的时期，企业往往会根据之前战略规划的实施情况来调整战略，并制定新的战略规划。战略规划书是反映企业战略规划的文件。

清晰的战略规划决定着商业项目的发展方向、市场定位，以及重大经营策略，是商业计划最终获得成功的重要基石（如图6-3所示）。因此，战略规划书也可以单独列出来，为后期撰写创业计划书提供充分的依据，由于战略规划书的内容与创业计划书的内容有重叠部分，因此，其核心内容通常在创业计划书中突出体现即可。

图6-3　战略规划书指导发展方向

2. 项目可行性分析报告

项目可行性分析通常是指在投资决策之前，对与拟实施项目相关的自然、社会、经济、技术等条件进行调研、分析和比较，预测项目完成后的社会经济效益，并在此基础上科学性地综合论证项目实施的必要性、财务的盈利性、经济上的合理性、技术上的先进性和适应性，以及实施的可能性和可行性，从而为投资决策提供科学依据。编制项目可行性分析报告是确定启动和实施项目前具有决定性意义的工作。

项目可行性分析也是创业计划书撰写的前提，创业计划书的定义中明确指出，创业计划书是基于项目科学调研分析形成的。因此，项目可行性分析报告是创业计划书衍生的重要内容之一。

3. 年度经营计划

年度经营计划是指企业为达到战略目标、实现企业长远发展而制定的下一年度的一系列目标、计划及行动方案。由于年度经营计划是创业计划书中初期工作计划落地实施的有力保障，因此，它也是创业计划书的重要补充内容之一。

4. 项目管理规划

项目管理规划是对项目管理的各项工作进行的综合性的、完整的、全面的总体计划。

我们可以将创业项目理解为一个整体项目，将创业过程中产生的一些项目理解为独立的子项目。这里主要指后期的一些子项目管理规划，项目管理规划是确保创业计划书中各个子项目得以有效实施的重要方案，也是创业计划书的重要补充内容之一。

6.1.5 创业计划书的关键点

创业计划书的读者是谁，他们关注什么？这恐怕是创业者在撰写创业计划书之前必须了如指掌的。做到有的放矢，必然会事半功倍。由于创业计划书的主要功能是用于融资，因此，本书根据国内外投资机构或者投资人在融资过程中发表的一些观点，并结合创业计划书的内容规范，梳理出 10 个关键点，并对每一个关键点以及注意事项进行了详细说明。处理好这 10 个关键点，既可以帮助创业者制作一份"高效搞定投资人"的创业计划书，又可以帮助创业者在与投资人沟通的过程中，把握内容重点，以及有关沟通的技巧。

需要提醒的是，这 10 个关键点并非创业计划书的内容模板，也不完全是沟通过程中的陈述逻辑与顺序，只是罗列出了沟通过程中需要把握的核心内容，具体撰写或者沟通过程中，使用者应该根据个人的习惯以及项目的实际情况，重新组织撰写或者陈述的逻辑。

1. 内容摘要

摘要是对创业计划书的概述，也是对其基本框架（每个部分重要内容）及特点的描述。这是吸引投资人进一步了解项目的唯一机会。内容摘要需要注意以下两点。

● 合理控制内容摘要的篇幅。在硅谷，比较标准的创业计划书一

般不会超过 20 页，内容摘要不超过 300 字，如果用 PPT 演示，最好不要超过 10 张。

● 内容言简意赅、突出亮点。即用最简洁的语言表达最具价值的精华。内容应着重展现：产品或服务（特殊和独有的商业机会）、创造的客户价值、行业与市场分析（包括竞争者分析）、获得成功的关键战略、管理团队的出色技能、融资要求，以及投资回报前景。

2. 战略定位与商业模式

一个与众不同的战略定位与商业模式，常常会引起市场的变革并给投资人带来巨大的商业回报，也一定会从众多的创业计划书中脱颖而出，并吸引无数投资人的眼球。与此同时，投资人还期望你能够给出一个令人充满期待、看得见够得着的愿景与近期发展规划。

具体内容包括明确的产品或者服务定位、清晰的经营战略，以及可实现的企业发展目标、特色的商业模式等。同时，要说明你选择这个战略定位与商业模式的理由，包括细分市场的选择、时机的选择、关键策略的制定等。

3. 产品或服务的价值

产品或者服务的价值是一个企业生存的根本。投资人必然会关心你的企业是否具备很强的生命力，即你的产品或服务是否具有创新性，又是否能够为顾客可以带来独特的价值，或者可以解决市场上的什么问题。因此，这一部分不一定要展现你的核心技术或者商业机密，不过只需要突出产品或者服务的创意之处即可，尤其是要适当保护自己的专有技术。

4. 营销计划与市场预测

营销计划与市场预测主要指你的顾客定位，以及开发客户、维护客户、拓展市场的有效策略，这实际上就是将你的产品或者服务销售出

去的过程，是创业项目成功的关键步骤。投资人会关心的问题是：你的顾客在哪里？有多大的量？你能否将产品或者服务成功销售出去？你能否留住这些客户并不断扩大市场规模？你的市场占有率将会怎样？如何实现你的市场占有率目标？

5. 竞争情况

投资人关注创业计划书中竞争方面的信息，主要目的有两个。一是期望了解你拥有什么样的核心竞争力，你的竞争优势在哪里，以及你将如何弥补自己的短板，如何突破行业壁垒；二是预测目前的竞争对手，以及潜在的竞争对手是否会给他的投资带来一些潜在的风险。

6. 创业团队

私募股权投资界有一句十分流行的话："投资只有三个标准：第一是人，第二是人，第三还是人。"投资人会非常关注你的创业团队的技能组合能否支撑你的创业梦想，这将直接关乎创业的成败。技能组合具体包括团队的知识、技能、经验与品质等。当然，在陈述团队优势的同时，不要担心暴露自己团队的一些弱点，可以提出弥补团队劣势且具有说服力的方案。而且，通过坦诚的沟通，你还有可能获得投资人的帮助，例如提供团队能力提升的经验或者直接推荐优秀的合作伙伴给你。当然，这也要视不同的对象采取不同的沟通策略。一定要让投资人对你的创业团队充满信心与信任。

7. 盈亏平衡点与投资回报

获得较好的投资回报，对于任何投资人都应该是一件值得鼓舞与高兴的事。因此，一般而言，投资人会关注盈亏平衡点大致出现在什么位置，什么时候开始有较好的回报，是否还有可持续的、更大回报的潜力。在创业计划书中，这些内容主要在财务计划、融资说明部分得以详细阐述。

8.投资风险

回报与风险是相伴相随的。对于投资人来说，对项目投资收益与风险概率的分析，是一项重要的投资分析工作。因此，除了了解竞争者可能带来的投资风险，投资人还需要综合考虑资源风险、市场不确定性风险、研发风险、生产不确定性风险、成本控制风险、竞争风险、政策风险、财务风险、管理风险、破产风险等，从而明确整体项目投资的风险系数及风险概率，为投资决策提供重要依据。

9.你的投入

作为创业团队的核心领导者，你的投入热情与创业决心，将在很大程度上影响团队的创业热情、项目发展的稳定性与公司持续成长的动力，也就直接决定着投资人对你的信任及投资的决心。具体而言，投资人期望了解你为这个创业项目投入了多少时间、多少金钱、多少资源，甚至牺牲了哪些资源与机会，长期专注于一个项目或者一项事业的创业者往往更受投资人青睐。

10.易懂的项目

易懂是从整体创业计划书最终展示效果的角度来说的，你给投资人呈现的应该是一个对方容易看懂或者听懂且乐于接受的项目，而不是一个令人费解的项目。因此，面对投资人，除了必要的沟通能力与逻辑能力（即要求能够清晰、连贯地讲清楚以上各个要点），在沟通过程中还有必要将项目涉及的专业词汇或者专业知识转化为对方能听懂的内容，从而让一些即使对你所处专业领域不熟悉甚至过去不感兴趣的投资人，也对你的项目给予较多的关注。

6.1.6 案例：清华紫光的"不合时宜"

2003 年，当业界人士纷纷惊呼"台式机的微利时代已经来临"，当人们看着一个又一个企业销声匿迹时，清华紫光公司却不合时宜的进军台式机市场。

一年都过去了，李志强的努力没有白费。紫光 PC 走完了同类厂商三到五年才走完的路，再坚持不放账销售的情况下，销售突破 16 万台，库存周期 23 天，资金的平均在途时间只有 2.5 天，被业界人士惊叹为"紫色奇迹"。

这个奇迹的诞生并不是偶然的，它来源于周密的计划。在决定进军 PC 领域之前，李志强已经反复考虑过了。他决定挥起技术利剑，向笔记本的"同价同质化"斩去。在他的计划中，紫光笔记本的产业导向必须与用户导向并重，为每一个特定用户群专门定制产品。所以，紫光笔记本的家族中添加了好几个新成员：专为女性设计的、专为学生设计的、专为商务人士设计的、专为高端需求人士设计的，等等，如图 6-4 所示。

图 6-4　紫光公司专为学生设计的电脑

正当紫光的台式机、笔记本、扫描仪、智能交通、智能楼宇、渠道分销、医疗电子搞得热热闹闹的时候，李志强又萌发了"巩固优势，整合资源"的新灵感——带领紫光勇闯手机行业。

当然，李志强知道紫光的生产基地从零做起是不现实的，但是不怕，

他同样有周密的计划。第一步，他同来自中国台湾的手机生产巨头——仁宝公司——联手在天津建立的紫光海泰手机生产基地。仁宝公司向紫光授权的 100 万台手机生产订单，紫光首批 100 万台手机将出口海外。与此同时，紫光还与韩国的手机设计公司深入合作，并且从摩托罗拉揽入 100 多位精英骨干，从此形成了紫光手机生产的大型团队。

紫光"不合时宜"的进军台式机、笔记本、手机行业，但却在发展道路上一帆风顺，这些都离不开最初有效、完善的企业计划。因而，作为创业者，在创业之初不能完全仅靠自己的想象去做，而是要制定有效、贴切的创业计划书，并不断地完善和分析创业计划。这份详细而周密的计划书，将比任何宏伟的想象更靠谱、更具说服力。

6.2　计划书的撰写步骤与技巧

计划书按文章分类来说，属于应用文的一种，因此有一定的框架与写作技巧。本节便为读者进行梳理。

6.2.1　创业计划书撰写步骤

一份完整的创业计划书，在撰写时应注意如下顺序。

步骤一：确定创业计划书的编撰目的

一般而言，根据创业计划书的功能定位，其编撰目的主要有两种。一种是广泛应用于融资工具，以吸引投资人并成功获取资金资源。在这种情况下，通常是创业者处于资源匮乏的环境，或者需要更多的资金来实现自己的创业计划。如果是为了实现融资的目的，创业计划书就应该侧重于商业环境分析、竞争性分析、营销计划、管理团队介绍，以及财务计划等内容。

另一种是用于公司内部，主要是便于组织内部沟通并认同项目的

价值，并明确项目的战略规划与行动方案，便于项目的实施管理。在这种情况下，通常是企业本身的资源还比较丰富，重点在于如何高效地执行这个项目。因此，该类创业计划书对于管理团队、经营管理计划方面的内容（通常情况下，公司内部已经很熟悉）无须过多描述，而应该强调项目的重要性、项目的实施进度等偏实务方面的内容。

步骤二：确定创业计划书的读者对象

不同的读者对象所关注的创业计划书内容侧重点会有较大的差别，这当然与你编撰创业计划书的目的，即你的个人需求存在密切的关系。如果你对个人的需求非常明确，对读者对象了如指掌，一定能够将重点信息提供给目标读者。因此，明确你个人的需求、了解读者对象的需求，是成功撰写创业计划书的必要准备，也是你成功实现个人目的的前提。

1）明确自己的需求

● 获取资金支持，还是与其他投资人、商业伙伴建立战略联盟关系？
● 借款、贷款，还是与投资人分享所有权和利润？
● 获得投资人的青睐，还是获取公司高层的更多支持？

2）了解你的读者及他们的需求

如果你的创业计划书是为了获取资金等资源支持，那么读者就是投资人或者贷款方。投资人最关注的是盈亏平衡点、投资回报、项目的长期发展潜力，以及管理团队的能力，贷款方则更多地关注项目的风险。

如果你的创业计划书仅仅用于企业内部的沟通交流，或者说是内部创业的创业计划书，那么读者对象就应该主要是负责投资决策的董事会或者利益相关者。他们最关注的是项目的可行性分析、投资回报，以及具体的行动方案。

步骤三：收集你所需要的信息资料

充足的信息资料将有助于你完成一份分析透彻、论据充分、内容丰富的创业计划书。因为创业计划书涵盖面很广，你可能需要就各个构成要素准备所需信息资料。而且，你的商业环境分析、竞争性分析、目标市场定位，以及项目的可行性等关键内容都需要充分的数据、信息来支撑。因此，信息资料的收集与准备也是创业计划书撰写过程中的关键环节。具体的实施步骤及相关要点如下。

1）设计创业计划书的主要结构

依据一般创业计划书的主要构成要素，针对你的创业项目的性质与特点，用全局的眼光来设计创业计划书的主要结构。这个主要结构便是你的创业计划书所需信息资料的总体指导性纲领，例如商业环境、市场、竞争者等主要构成要素。

2）确定你所需的重要信息资料及详细分类

由于创业计划书的主要结构会涵盖一般创业计划书的各个要素，因此，在确保各个部分内容有充足的信息资料支撑的前提下，应该依据你的创业项目的关键成功要素，锁定所需的重要信息资料，例如能突出宏观经济政策优势、商机优势、竞争优势、管理团队优势的信息等。同时，要求就每一项重点内容明确细分的信息资料类别，并列出准备收集的信息资料清单，不可盲目地去收集繁杂的信息资料。例如针对竞争者分析，应该按照竞争对手分析的理论框架或者关键要素，明确更加细分的数据、资料与信息类别。

3）找出已有的关键信息与缺乏的信息资料

这个步骤也非常重要。大多数创业者平时都有收集一些商业信息的习惯，身边的朋友或者合作伙伴也会向他们提供一些商业数据与信息。这些数据信息中，可能有一些正是本次创业计划书中所要收集的信息资料，这样就避免了重复劳动，不会造成时间浪费、资源浪费。

与此同时，对照你的信息资料清单，明确你缺乏的信息资料，因为这些信息资料需要你花费大量精力与时间去寻找与收集，甚至需要借助他人的帮助来完成。

4）开始收集信息资料

信息资料的收集是一个比较复杂的工程，通常需要你的创业团队来共同完成。当然，你也可以聘请一些兼职的学生甚至一些专业人士来帮助你，例如开展系列市场调研活动、获取竞争对手的信息、监测有关商业数据等。以下是常见的信息渠道来源。

通过公开媒介查询，例如各类媒体（包括网络媒体）、出版物、与创业项目相关的各类网站、信息开放平台。

● 通过与顾客、供应商访谈取得一手资料。
● 通过问卷调查获取有关数据与信息。
● 通过现场考察、评估获取直接的数据与信息。
● 通过专业公司或者专业人士的参与分析，获取有关数据和信息，例如情报公司、专业咨询公司等。

5）对信息资料进行重新编码

在原有信息资料清单的基础上，将收集完善的信息资料进行重新分类编码，便于在后期撰写创业计划书的过程中查询、使用。

步骤四：设计创业计划书框架

这里所称的创业计划书框架，并非通用的创业计划书内容结构框架，而是一个充分体现你的创业项目特色、各部分子标题更加细分明确的创业计划书框架。具体设计原则如下。

1）五个依据

一是依据你的撰写目的；二是依据你的读者对象；三是依据一般

创业计划书的主要构成要素；四是依据你的创业项目的性质与特征；五是依据你所收集的信息资料。

2）两个便于

一是便于撰写者后期的撰写，这就要求各部分的子标题越详细越好，当然，整体逻辑应当非常清晰，让人读起来很连贯；二是便于读者找到自己关注的重点内容（一般通过子标题来体现）。

3）一大特色

充分体现创业项目的特色，在设计的总体框架中，一是整体的思路与逻辑要体现出创业项目的优势；二是一些子标题要体现出创业项目的亮点。

步骤五：开始撰写创业计划书

这是完成创业计划书的关键步骤，由于本章其他部分已经对该部分内容提供了详细的阐述及明确的示范，这里不再详述。但是，在这里，我们仍然要强调一下有关撰写的基本要求。

- 把握创业计划书的各个要素，且内容完整。
- 创业项目的特色得以充分体现。
- 整体逻辑清晰，行文流畅。
- 分析透彻，论据充分、客观。
- 针对性强，根据不同的读者对象能够突出自己要表达的重点信息，而一些相对不重要的内容不必用过多的笔墨。
- 令人信服。无论是你的论证，还是你的团队能力与具体行动方案，都要让人觉得可以信服。

6.2.2　计划书的内容结构及撰写技巧

具体内容如表6-1所示。

表 6-1 创业计划书的内容结构与撰写技巧

项目	内容要点	撰写技巧
封面	项目名称、公司名称、联系方式、版权声明，或者保密须知	1. 页面整洁规范 2. 封面最好选用较硬，质量较好的纸张或者塑料材质，但是颜色不一定艳丽 3. 突出公司或者项目的名称 4. 写上你的姓名和联系方式 5. 加上公司的 Logo 6. 列出版权保护声名，或者保密须知（尤其是一些专利发明项目需要具备）
目录	突出创业计划书内容的各项核心要素，例如内容摘要、项目描述、行业及市场分析、营销计划、财务分析等。	1. 便携性。方便读者迅速了解后面的主题内容，还可以提示读者根据目录找到相关章节的内容 2. 完整性。即包含所有重要内容的标题 3. 逻辑性。注意前后章节内容，以及各级目录直接的逻辑性。思路清晰而且结构严谨，切忌随意罗列内容项目 4. 突出亮点。即突出特色内容的一些标题，以吸引读者 5. 标注页码。即每个子标题都应该有相应的页码，便于查询
摘要	行业与市场分析结论、产品或服务及其客户价值（特殊或独有商业机会，获取成功的关键、管理团队、融资要求，以及投资回报前景）	1. 切记太长，不宜超过两页 2. 切忌追求多而全，应该突出亮点，不能简单地将其理解为浓缩的章节摘要，而应该既能让读者对整体内容有一个大概的了解，又有吸引读者的亮点，从而有效激发读者继续阅读你的创业计划书的兴趣。例如，突出你的创新能力，你的产品和服务为客户所创造的新价值，项目的盈利能力等

项目	内容要点	撰写技巧
公司概况与项目描述	公司基本信息，价值观与战略规划，组织结构历史经营状况，各项资源情况	1. 简明扼要，重点是体现与项目紧密相关的信息，尽量控制在两页之内 2. 一些重要但无法简单陈述清楚的内容，可以采用附件形式予以补充 3. 注意与后面内容的衔接，例如团队成员技术创新能力等方面的内容介绍，在本部分可简明描述，到后面章节中再突出描述即可 4. 关于公司发展历程，需要列出关键发展期，及公司是如何实现转折跨越式发展的，其目的是让投资人了解公司的韧性以及成长力 5. 关于历史经营业绩，主要描述公司过去的经营业绩状况，所建立的营销基础、相关历史财务数据、营销渠道数据可以以附件的形式体现 6. 关于公司的战略规划，要求尽可能列出公司未来可完成的目标（关键阶段）的信息，让投资人能够清楚看到你是如何完成计划书所规划的关键指标的
行业及市场分析（一）	项目基本性质，项目的历史及现状产品或服务及其所创造的价值，市场前景、发展目标	1. 让读者快速了解项目的性质及其背景情况、项目的商业模式及其商业理念、创业者对项目的热情，以及创业者获取成功的承诺与能力。让投资人树立起对你的信心 2. 注意与摘要部分内容的衔接，以及协调安排，避免过多的重复 3. 发展目标描述简明扼要，不要与战略规划内容重复
	产品和服务的基本信息、特征、优势及其独特的客户价值，以及影响产品和服务的，关键成功要素（获取成功的承诺与能力）	1. 应该对商业计划项目中产品和服务的内容及其创造的客户价值进行详细的阐述（一些技术含量较高，或者需要特别说明的产品和服务，可根据需要设立独立的章节进行描述） 2. 多使用图表表示。例如产品和服务介绍中展示主要产品的分类名称、规格、型号、产量、价格等信息 3. 部分重要内容。尤其是体现产品和服务的关键成功要素，可以以附件形式体现。例如产品和服务特色有关的质量管理体系、售后服务体系、成本控制体系等

项目	内容要点	撰写技巧
行业及市场分析（二）	行业发展历史现状与趋势，行业准入与政策环境分析，对产品利润率影响较大的行业发展因素分析	1. 撰写前要做好充分的准备。具体包括三个方面：一是明确行业及市场分析的内容要点；二是掌握必备的行业及市场分析工具；三是收集充分的数据与信息，甚至开展深入的市场调研活动，并撰写相关的分析报告。 2. 明确你的主要目的并紧紧围绕此点和主线来撰写相关的内容 3. 多用数字图标表示，例如行业发展相关数据细分市场、潜在客户数量等。
	目标市场定位说明（细分市场定位，细分市场现状及需求预测选择该市场的理由）	
	行业垄断态势分析，主要竞争对手对比分析，竞争策略	
	分析项目优势、劣势、机会，并给出结论	
项目执行计划（一）	公司愿景与使命，近期总体战略目标与规划	1. 列出远期及近期明确的发展方向及目标。通常是指公司的愿景与使命；近期目标通常是指 3~5 年的财务目标和业绩目标，关键指标包括销售额、利润增长率、产品创意、市场占有率、行业地位、品牌影响力、上市计划等 2. 注意内容的逻辑性。切忌随意罗列各类职能性的战略目标，例如首先提出公司的愿景与使命，然后提出明确的阶段性目标（业绩目标），再阐述支撑愿景与使命、业绩目标的关键职能战略目标，例如研发、生产、财务、营销、品牌人才、企业文化社会责任等方面的战略目标 3. 在战略规划描述中，突出项目成功要素，例如研发方面的技术创新、生产能力的保障、产品质量的保障、市场占有率的发展、营销渠道的开拓等 4. 值得特别说明的是详细的财务计划、研发与生产进化营销计划、经营管理计划，包括盈亏平衡点控制、组织结构管理、人才规划、知识产权管理、企业文化管理、生产质量管理、成本控制管理等，通常以独立篇章的形式出现在创业计划书中
	目前的研发能力和技术资源优势，以及未来研发计划与管理，目前的生产条件和生产能力优势，以及未来生产制造计划与管理	1. 文中位置安排及内容篇幅控制的原则是不是项目成功的关键因素 2. 重点阐述研发实力，以及拥有的生产条件及生产制造能力 3. 若研发成果较多，可以用表格形式，将其与项目相关的突出成果进行陈列 4. 注意与知识产权专利发明部分相关内容的协调，避免过多的重复

项目	内容要点	撰写技巧
项目执行计划（二）	营销目标、营销策略（产品、价格、渠道、促销策略）、客户服务营销管理、公共关系等内容	1. 在赚钱之前开展营销调研分析工作，例如市场分析与预测、消费者分析、竞争者分析、产品分析、价格分析、渠道分析、促销分析等 2. 根据目前所掌握的最精准、最客观、最新的信息资料来制定营销计划
	组织结构及公司治理、管理团队介绍、人力资源、企业文化管理、知识产权管理、研发与生产管理	1. 正确理解经营管理计划的内涵及项目运营的日常工作，以及指导这些工作的战略 2. 描述那些支撑项目获取成功的关键因素及影响，为利益相关方创造经济价值回报的重要因素 3. 注意与公司概况部分的经营管理区分开来 4. 注意与其他相关章节内容的协调，切忌过多的重复
财务预测与融资计划	公司过去的财务状况，并突出经营成果	1. 列出你的所有数据，并注明数据的来源 2. 特别注意有关现金的计划方案。尽管大多数读者首先考虑的问题一般都是利润、如何投资、回报如何，但是对于一个创业公司而言，现金流往往显得更为重要 3. 亲自完成与财务相关的数字工作，对财务数据做到心中有数 4. 切记选择过度负债经营的方式，即债务负担不宜过重，因为一旦负债累累、经营不善，将会给公司造成毁灭性的打击 5. 做出详细的结论性财务分析说明。包括：假设的条件损益预估、现金流预估、资产负债预测、盈亏平衡分析、资产价值分析、规划融资需求、投资回报等
	假设说明、财务预测与分析、利润表、资产负债表、现金流量表，分析财务报表综合分析及结论	
	投资效益评价。投资净现值、内含报酬率、获利指数分析评价	
	项目在什么时候，并且在什么销售情况下才能达到盈亏平衡点	
风险与机遇（一）	融资需求、资本结构、投资回报与偿还条件、投资人监督与管理权限、投资人退出说明	1. 明确你的读者对象所关注的、关键的资金需求与使用计划融资前后资本结构情况，投资回报与投资退出说明、投资人管理参与权限等 2. 在融资需求中明确你的需求数量需求、实现贷款方式，以及资金使用计划说明中最好明确近一年的使用规划 3. 在资本结构设计方面把握好股份稀释的比例最好不要超过30%，追求公司与投资人的双赢 4. 在投资回报说明中明确投资回报的方式，投资回报周期，让投资人清楚自己投入的价值，何时回报 5. 投资退出说明中明确投资退出的方式与时机，并就相关利益做出说明

项目	内容要点	撰写技巧
风险与机遇（二）	资源风险、市场不确定风险、研发风险生产不确定风险、成本控制风险、盈利风险、政策风险	1. 如实描述项目可能存在的风险，以及风险控制策略，让投资人对项目发展树立信心 2. 项目的风险描述最好选择可控的风险内容，除非是众所周知无法控制的风险 3. 风险通常是与机遇并存的，因此在描述风险的同时，也有必要描述项目将迎来的良好发展机遇
	项目面临的行业及市场发展机遇与良好前景，项目为投资人带来的财务收益及其他回报	
	项目面临的机遇，以及为投资人带来的收益与回报	
管理团队概述	突出团队核心成员的个人特长，相互弥补的整体优势，以及已经取得的合作成就	关于个人介绍，应该突出个人成员的工作经历、知识与技能、历程成就、业界影响力、创业态度及动机

6.2.3 创业计划书的信息收集

创业前或在创业过程中对企业所处的环境进行仔细分析，准确地预测市场行情，而在分析和预测市场行情前，创业者必须收集一些必要的市场信息。信息的收集过程，就是分析并预测环境进而化解未来不确定性的过程。

创业收集的信息是指在一定时间和条件下，与生产与服务经营活动相关的各种信息、情报、数据、政策法规、资料等的总称。创业时应该了解与创业有关的或与今后创立的企业相关的市场信息，主要包括以下几个方面。

1. 政治政策信息

不同的国家有着不同的社会性质，不同的社会制度对组织活动有着不同的限制和要求。即使社会制度不变的同一个国家，在不同的时期，政府的方针政策对经济活动的态度和影响也是不断变化的。主要的政治政策信息有：

● 政府管制。体现为企业必须无条件服从和接受，如药品安全、

食品安全、危险品制造一方面。管制的目的是为了保证国家集权民利益不受损害，是强制执行的。如果创业企业在选择项目时不了解相关政策，那么企业将会遭受损失。

- 经营许可。个人和企业获得合法经营某项业务的授权，并不是所有经营都要许可，但有些行业是必需的，如我国的医药、食品生产销售、种子经营、林木采伐、资源开采、房屋拆迁、公路运输、汽车维修、民航客票销售代理、射击场、小件寄存、证券之星评估、企业信用评价等。

- 产业政策与贸易协定。政府的产业政策、投资管理和反垄断法规。入世以来，中国国内的产业已经成为了国际产业分工体系的一个组成部分，基本上所有的行业都处于与国际企业同一舞台竞争的地位，因而必须了解有关国际贸易协定的规定和发展趋势信息。

- 税收政策与政策鼓励。税收是国家调控经济的政策杠杆，它的变化直接影响着创业企业及创业者个人的收入。关注并利用国家的优惠政策，可以有效地缓解创业初期的资金压力。此外，需要注意搜集地区新的创新创业鼓励政策，如提供政府补贴、基金支持、担保融资、低息，甚至贴息贷款、税收全免、给予场地减租等。

不少地方政府对大量安置下岗职工与残疾人的企业给予财政支持或税收减免等，这些都是创业者应该充分利用的政府政策信息。1987年中国诞生了第一个科技企业孵化器——武汉东湖创业服务中心。它为创业青年提供创业培训、政策引导、资金扶持、融资对接等全方位创业帮扶措施。

2. 经济信息

经济发展状况主要包括宏观和微观两个方面的内容。宏观经济环境主要包括社会经济结构、经济发展水平、经济体制改革和国家经济政策等方面的内容；微观经济环境主要指企业所在地区或所服务地区的消费者的收入水平、消费偏好、储蓄情况、就业程度等因素。这些因素直

接决定着企业目前及未来的市场大小。

主要的经济发展状况信息包括：国民生产总值（GDP）及其增长率、贷款的可得性、可支配收入水平、居民消费倾向、利率、通货膨胀率、规模经济、政府预算赤字、消费模式、失业趋势、劳动生产率水平、汇率、证券市场状况、外国经济状况、进出口因素、不同地区的消费群体间的收入差别、价格波动、货币与财政政策等信息。

3. 社会文化与人口统计信息

社会文化环境包括一个国家或地区的居民教育程度和文化水平、宗教信仰、风俗习惯、审美观点、价值观念等。文化水平会影响居民的需求层次；宗教信仰和风俗习惯会禁止或抵制某些活动的进行；价值观念会影响居民对组织目标、组织活动，以及组织存在本身的认可与否；审美观点则会影响人们对组织活动内容、活动方式，以及活动成果的态度。

4. 技术发展趋势

技术发展趋势除了要考察与企业所处领域的活动直接相关的技术手段的发展变化外，还要及时了解以下4点。

- 国家对科技开发的投资和支持重点。
- 该领域技术发展动态和研究开发经费的总额。
- 技术转移和技术商品化速度。
- 专利及其保护情况。

现在的技术发展信息也更多地与国家政策导向相结合，节能减排、生态环保是国家重要的发展战略，现阶段的技术发展也向节能环保方向高速发展。

5. 竞争者信息

行业竞争者信息实际上是对市场同类产品供给者状况的相关信息。

要特别注意主要竞争对手、主要经营者的变动情况、行业龙头企业的技术水平、竞争对手的产品品种、质量标准和服务特色、品牌建设、销售方式、市场占有率等信息的收集。

6.3 学会讲故事

目前人们对讲故事的兴趣急剧增加。在文学领域关注讲故事是理所当然的事情，但是在商业领域中对讲故事的关注也大幅增加了，这是为什么呢？

6.3.1 为什么要会讲故事

随着互联网的普及，人们的注意力集中的时间越来越短，记忆力越来越差，分析力越来越弱。在这个信息发散、时间碎片化的年代里，这些因素导致人们传统的沟通技巧、沟通方式都不好用了，甚至以前借助 PPT 开展的演讲也被如今的微信群分享等线上手段所取代。

举一个小例子：去大学报到的第一天晚上，一群哥们围在一起聊天，互相了解。有位仁兄显得少年老成，讲起话来也是头头是道，说以前中学怎么成为风云人物，去过哪个地方，参加过各种看似上档次的比赛……不管他说得是否属实，肯定有人崇拜性地看着他，觉得他阅历丰富。在随后的大学生活中，也会收获更多的人缘与好感。

这种例子在大学生活中很常见，它告诉我们做人要有故事，这样才有"高谈阔论"的资本。既然可以被称为"故事"，当然跟一般的经历有所区别。故事是有媒体属性的，可以拿出去说；而吃饭打水这种人人都有的经历，是没有传播价值的。

一个有故事的人似乎会更有吸引力，起码别人都有点兴趣去了解他背后的故事是什么。同样，一个有故事的企业，也会被某种吸引力笼

罩，做起生意来更加得心应手；相反，一个没故事的企业，则可能碌碌无为、惨淡经营。就像一个没有故事的人生活没有高低起伏一样。创业者如果不会讲故事，根本没办法说服任何人，没办法创业，没办法管好公司。

而这种讲故事的方式，正是今天在创业圈中盛行的"内容营销"。其本质是把自己的故事用别人喜闻乐见且善于接受的方式表达出来。通过讲各种各样的故事，将自己的品牌理念、企业文化、产品信息、服务水平、员工素质等信息无形地输出出去。

6.3.2　讲故事的技巧

一个好的故事能解决"信任"的问题，让用户相信你不会骗他，这是新秀产品最需要解决的。同时故事也向用户传达你的创业理念。

好的故事不需要你挖空心思去发明、创新，故事需要能够回答为什么做（Why）、怎么做（How）、做出了什么（What）这三个问题。这就是万能的2W1H法。

Why——你为什么要做这个产品？你的初衷是什么？

很多创业者做的产品在市场上都是罕见的，或者是市场上没有针对某个用户群体的产品出现，此时你创造的产品就刚好能够解决该用户群的需求。

所以这样的产品就可以站在目标用户的角度来放大痛点，让用户认为你的产品就是来帮助他解决痛点的。

拿小米举例，最初小米的目标用户群是发烧友，而当时没有一款智能手机能满足发烧友玩机。小米就可以讲："我们的研发团队也是发烧友，他们也有玩机的需求（用户角度），在用其他手机玩机时遇到哪些困难、不爽（放大痛点），最终他们走到一起，开发小米手机（解决

痛点）。"

还有一类创业的产品同质化很严重，并且行业可能已经有巨头，这种情况就可以从热爱的角度切入。自己曾经热爱某个领域，并且从小就有这方面的天赋，现在开始一心一意地专注这项事业。这种故事最能引发听众的共鸣。试想谁当年没有梦想，最终却因为种种原因没有实现，故事中的主人公却实现了，听众自然而然地就完成了角色代入。

How——为什么要相信你能做好产品？你是怎么做的？

只能经过了努力得到的东西才是好东西。反之，没注入心血，很轻松就得到了，人就不会珍惜，这就是人性。

所以怎么做的过程一定是艰辛的，需要经历九九八十一难。什么样的故事能打动他们？穷人逆袭、富二代吃苦、融资失败、用户增长缓慢、人员流失、服务器宕机、合作伙伴毁约等，此时故事达到一个低谷。但创业者仍不忘初心，坚持高品质的标准，最后通过奋斗，克服这些困难逆袭成功，完成华丽的转身。

What——你创业的发展目标是什么？

作为创业者，你必须制定切实可行的发展目标。像"3年占领国内市场，5年上市"这种纯商业性的空话可能会起到适得其反的效果。创业者的目标应该是站在用户的角度，例如能够帮助用户解决什么问题，像"未来几年要帮助更多人实现……"这类话语便能很好地引起用户的好感。

除了上述三点，讲故事时还要注意以下几点。

- 故事必须"实在"，它并不一定就是真人真事，但要能够自圆其说，不被用户抓住漏洞。
- 故事不能平铺直叙，要像电影一样有低潮也有高潮，这样才能突出主题，才能够打动用户。一个好的故事，能够带领听众进

入那个场景，让他们想象自己就是故事的主人公，真切地感受主人公所经历的困难，听众自然而然就会产生共鸣。

● 要贴近大众的生活，不能有太多的行业术语、缩写。用专业术语是能让人感到高档，但这些词对普通用户来说生涩难懂，与用户生活就离得远了，用户没法角色代入，这样就共鸣不起来了。乔布斯最令人佩服的特质就是他对简洁的执着追求。他的观念是，不要期望你的客户来适应你的产品，而正相反，你的产品必须要去主动适应客户。

● 一定要个性化，不是所有的故事都适合你的产品。有太多的故事被讲烂了，用户早已开启防御模式，不买你的账。所以，无论是匠心、情怀都要重新包装一个新的故事，适合自己的故事。

6.3.3 案例：听罗胖子讲罗辑思维

"罗辑思维"是目前影响力较大的互联网知识社群，包括微信公众订阅号、知识类脱口秀视频及音频（如图6-5所示）、会员体系、微商城、百度贴吧、微信群等具体互动形式。主要服务于80、90后有"爱智求真"强烈需求的群体。"罗辑思维"的口号是"有种、有趣、有料"，倡导独立、理性地思考，推崇自由主义与互联网思维，凝聚爱智求真、积极上进、自由阳光、人格健全的年轻人。它是国内微信营销的典范。

图6-5 《罗辑思维》视频

"罗辑思维"在2015年10月完成B轮融资,估值13.2亿元人民币。究其火爆缘由,可以总结为如下五点。

1.用死磕自己唤醒尊重

每天早上六点半的60秒语音是"罗辑思维"死磕精神的最典型体现。为何非要60秒呢?在罗振宇看来,60秒代表一种仪式感,代表对用户的尊重,通过死磕和自虐获得用户发自内心的尊重与信任。

普通电视台在录节目时,通常会有提词器来提醒,可是"罗辑思维"不这么做。罗振宇采用纯脱口秀的方式来进行讲述,这使节目充满强烈的对话感,一旦出现BUG便立即从头开始进行录制,所以导致每期不到1小时的节目都将要花8~10小时甚至更长时间才能录制完成。

2.用情感共鸣粘住用户

在第一次做线下活动的时候,"罗辑思维"曾设置了两个特殊的环节。第一个是通过爱的抱抱来鼓励人们表达自己的真实情感,结果导致演讲一结束后就有一群年轻人冲上台去与罗振宇拥抱;第二个设计是两个名为打赏箱和吐槽箱的箱子,对活动满意可以进行不限金额的打赏,不满意者也能写下建议以助改进。

在日常生活中,罗振宇也长期坚持亲自在微博、微信及客服系统中对用户意见给予回复,解决用户问题,与用户进行直接互动。

"为什么我们能够感动这些用户呢?在中国有太多的年轻人活在体制里,活在组织里,他们希望享受互联网带来的自由连接,让他们可以去平等、去分享、去创造、去自由。我们帮助用户打开这样一扇窗,在我们与用户之间建立真实的连接。"这也是罗振宇曾说过的话。

3.用人格思维凝结社群

由于身处于互联网时代,人之间连接的成本迅速降低,每个人都有潜力成为一个具有高连接力的节点。在很多创新领域,魅力和人格都有

可能战胜庞大的传统组织。在工业社会中，需要用物来连接大家，而互联网社会则是要用人来连接大家。创新就必须从以前那种物化的、外在的东西，转变到人的层面进行思维。"罗辑思维"一直强调的U盘化生存，"自带信息，不带系统，随时插拔，自由协作"，很好地诠释了这一点。在未来，大家完全可以应用自己的人格和禀赋，为自身创造价值，使市场进入万物有灵的时代。

4. 用势能思维建立品牌

罗振宇将传统的品牌建设与"势能思维"分别比喻为"塔"与"浪"。他认为：工业社会一直在造塔。品牌就如同塔，由于坚实的地基，它们将很难改变，只要足够有钱、有时间，你就能造出塔来；然而在移动互联网时代，我们只能造"浪"。水无常形，急剧变化，我们就如同像造浪机一般，不断掀起新的浪潮。在工业时代，我们的愿景是基业长青，而在移动互联网时代，我们将不会再拥有长久的商业势能，势能将呈现出"浪"的特征。以"浪"为本质的势能就有着被连接的可能性，"势能思维"就是造浪的能力，养成这种能力，则需要跨界协作。

5. 用社群力量拓展边界

与其他自媒体、互联网产品相比，"罗辑思维"最大的差异在于，以数百万用户为基础，"罗辑思维"构建了一个数万人组成的付费会员群体。而在"罗辑思维"不断扩展事业边界的过程中，这个群体成为核心力量。目前，在每年只开放一次招募会员，而且明确宣布"罗辑思维"会员群体最终上限为10万人，以后也绝不扩大。所以，在每次会员招募时，"罗辑思维"都不会承诺给予任何的会员物质回报权益，会员更多的是秉持"供养社群"与"价值认同"这些理念来支付会员费。显然，"罗辑思维"的会员群体是一个以价值观为基础的创业和知识社群。

尽管从网上用户的体验来看，对"罗辑思维"的褒贬不一，且不说贬的那方如何，"罗辑思维"确实火了。就"罗辑思维"这档节目的本身而言，其实就类似于"知识的搬运工"，其成功的方法也就在于如

何将故事有意思地说给观众听。从说故事的技巧，还有罗振宇自身鲜明的态度，造就了这档节目独特的个性。也就是这种个性，才吸引了众多的观众，一个好的故事才能够有说服力。

第 7 章

新企业的开办

7.1 选择合适的企业组织形式

如果创业者已经为创业做好了充分准备，包括个人对创业的正确认知、个人的心态调整、创业相关知识与能力的掌握、机会的识别与选择、团队的组建、商业计划书的撰写、资金的储备，就"万事俱备，只欠东风"了。这时，创业者就可以考虑迈出"改变世界"的第一步，即正式启动你的公司。具体包括公司法律组织形式的选择、公司地址的选择，以及公司注册登记等重要事项。

7.1.1 我国企业的主要法律组织形式

选择合适的企业形式是创业过程中非常重要的一环，不同的企业形式意味着不同的启动条件和资金。有远见的企业家必须确定最符合企业需求的法律组织形式。

我国经营主体的主要法律组织形式包括个体工商户、个人独资企业、合伙企业、有限责任公司、股份有限公司等，表7-1列出了几种不同形式的公司之间的对比，供参考。

表7-1 不同形式的公司间的对比

内容	有限责任公司	合伙企业	个人独资企业
法律依据	公司法	合伙企业法	个人独资企业法
法律基础	公司章程	合伙协议	非法人经营主体
法律地位	企业法人	非法人营利性组织	非法人经营主体
责任形式	有限责任	无限连带责任	无限责任
投资者	无特别要求，自然人皆可	完全民事行为能力的自然人，法律、行政法规禁止从事营利活动的人除外	完全民事行为能力的自然人，法律、行政法规禁止从事营利活动的人除外

内容	有限责任公司	合伙企业	个人独资企业
注册资本	最低 3 万元，一人有限责任公司最低 10 万元	协议约定	投资者申报
出资方式	法定：货币、实物、工业产权、非专利技术、土地使用权	约定：货币、实物、土地使用权、知识产权或其他财产权利、劳务	投资者申报
出资评估	必须委托评估机构	可协商确定或评估	投资者决定
财产权性质	法人财产权	合伙人共同共有	投资者个人所有
出资转让	股东过半数同意	一致同意	可继承
经营主体	股东不一定参加经营	合伙人共同经营	投资者或其委托人
事务决定权	股东会	全体合伙人或从约定	投资者个人
事务执行	公司机关、一般股东无权代表	合伙人权利同等	投资者或其委托人
利亏分担	投资比例	约定，未约定则均分	投资者个人
解散程序	注销并公告	注销	注销
解散后义务	无	5 年内承担责任	5 年内承担责任

为了帮助创业者全面了解各种法律组织形式的基本概念、特征及其设立要求，从而正确选择适合自己的法律组织形式，我们从基本概念、特征、设立条件、设立程序或方式、优势、劣势等角度对各类组织形式进行了说明与分析，分别介绍如下。

1. 个体工商户

公民在法律允许的范围内，依法经核准登记，从事工商业活动的为个体工商户。

个体工商户的字号名称在申请登记管辖机关范围内同一行业中不得重名。个体工商户的字号名称一般应体现所属行业，字号名称前冠以区县地点，直接冠市名的须经市级工商行政管理部门核准后方可使用。

个体工商户可以个人经营，也可以家庭经营。个人经营的，以个人全部财产承担民事责任；家庭经营的，以家庭全部财产承担民事责任。除以上形式外，个体工商户也可以个人合伙形式经营，即由两个以上公民自愿组成，共同出资，共同劳动经营，但从业人数不得超过 8 人。

2.个人独资企业

个人独资企业是指依照《个人独资企业法》，在中国境内设立，由一个自然人投资，财产为投资人个人所有，投资人以其个人财产对企业债务承担无限责任的经营实体。

1）个人独资企业设立的条件

- 投资人为一个自然人，而且只能是中国公民。
- 有合法的企业名称。个人独资企业不能使用"有限""有限责任"或"公司"字样。个人独资企业的名称可以是厂、店、部、中心、工作室等。
- 有投资人申报的出资。设立个人独资企业，投资人可以用货币出资，也可以用实物、土地使用权、知识产权或其他财产权利出资。以家庭共同财产作为个人出资的，投资人应当在设立登记申请书予以说明。
- 有固定的生产经营场所和必要的生产经营条件。
- 有必要的从业人员。

2）个人独资企业的法律特征

- 在组织结构形式上，个人独资企业是由个人创办的独资企业，其投资者是一个自然人。国家机关、国家授权投资机构或国家授权的部门、企业、事业单位等都不能作为个人独资企业的设立人。

- 在责任形态上，投资者个人以其个人财产对企业债务承担无限责任。投资人若以家庭共同财产作为个人投资的，以家庭共有财产对企业债务承担无限责任。这是个人独资企业区别于有限责任公司和股份有限公司等企业形式的基本特征。
- 从性质上看，个人独资企业是非法人企业。个人独资企业没有独立的资产，企业的财产就是投资人的财产，企业的责任就是投资人的责任。因此，个人独资企业无独立承担民事责任的能力。个人独资企业虽然不具备法人资格，但是即是独立民事的主体，能够以自己的名义从事民事活动。

3）个人独资企业的经营方式

是指经登记机关核准登记的个人独资企业经营活动所采用的方式或方法。一般有：自产自销、代购代销、来料加工、来样加工、来件装配、零售、批发、批零兼营、客运服务、货运服务、代客储运、装卸、修理服务、咨询服务等。代理销售、连锁经营是新产生的经营方式。国家允许个体工商户和私营企业采取的经营方式，个人独资企业均可以采用。

4）个人独资企业可以从事的业务行业

个人独资企业是私营企业，凡是个体工商户和私营企业可以从事的行业，个人独资企业均可从事；凡是国家禁止个体工商户和私营企业从事的行业、经营的商品，个人独资企业也不得从事和经营。个体工商户和私营可以从事的行业有工业、商业、交通运输业、建筑业、饮食服务业、修理业、科技咨询以及文化娱乐业等，个人独资企业也可以从事这些行业。

国家有关法律、行政法规规定，个体工商户和私营企业不得从事下列行业：军工业、邮电通信业、铁路运输业、金融保险业等，个人独资企业也不可以从事这些行业。

独资企业对投资人的限制

根据《个人独资企业法》规定，法官、检察官、警察、公务员、现役军人不能作为个人独资企业投资人。

6）个人独资企业对投资人出资的规定

个人独资企业是无限责任形式的企业，企业投资人不仅要以其出资对企业承担责任，还要以个人的其他财产承担无限责任。《个人独资企业法》规定，设立个人独资企业应当有投资人申报的出资即可。个人独资企业的出资额由投资人自愿申报，投资人不必向登记机关出具验资证明，登记机关也不审核投资人的出资是否实际缴付。个人独资企业投资人应当在申请设立时明确是以个人财产出资还是以其家庭财产作为个人出资。

小故事：做自己老板的大学生们

2006年1月1日正式实施的新《公司法》首次赋予一人独资公司的合法地位。一人独资公司是指，由一名股东持有公司的全部出资或所有股份的有限责任公司。在一人独资公司创业选择的行业中，零售业、建筑工程设计和餐饮业等行业成为主流领域。那是因为这些行业具有一共同特点，即需要投资的规模不太大，经营灵活、管理简单，更适合个人初次创业。

陈文彬是福州大学阳光学院工商管理系2005届得毕业生。那一年的7月8日，他成为福州大学阳光学院第一个获得毕业生创业基金的人。根据他的创业计划，他将在家乡泉州开一家加盟特色粥店。毕业之后他一直都在筹备开店事宜：选址、装修、职员培训、申请执照……在那年毕业的学生中，有4人向学院提出申请，而只有陈文彬的创业项目通过了审核，获得了3.5万元的资助。他的创业举动成为该届毕业生中的亮点。

2004 年从厦门大学计算机本科毕业的张伟武也是该系第一个自主创业的毕业生。张伟武早在上大一、大二时就小试过创业，那时成立的是一家设计工作室，专门做委托设计出版物。但是从大二那年起，他才真正有了创业的念头。不过由于资金不足等原因，一直等到大四，他才注册成立自己的公司。他在厦门独资创办了国内第一家为 IT 市场专营提供软件服务的公司——锐业软服。此后不久，他聘任德国商会首席信息长言绍英先生，前往北京开设国际业务分理机构。目前，锐业软服已经成功地与德国几家大软件公司达成了合作协议，运营状况良好。

如果你有一定的从业经验、有一定的资金积累，需要快速决断业务、需要一定的企业形象，那么可以考虑个人独资。现在的市场竞争不全是大鱼吃小鱼，更多的是快鱼吃慢鱼。小企业在创业阶段要快速决断，这是独资的最大优势。

3. 合伙企业

合伙企业是指依照《中华人民共和国合伙企业法》在中国境内设立的，由各合伙人订立合伙协议，共同出资、合伙经营、共享收益、共担风险，并对合伙企业债务承担无限连带责任的营利性组织。

合伙企业是一种古老而富有生命力的共同经营方式，它以自身的特点和优势大量存在于世界许多国家的诸多行业之中，有许多国际知名的大企业在创业阶段甚至已经成长为大规模企业后都采用了合伙企业的组织形式。

1）合伙企业的主要特征

● 合伙企业以合伙协议为成立的法律基础。合伙协议是调整合伙关系、规范合伙人相互权利义务、处理合伙纠纷的基本法律依据，对全体合伙人具有约束力，是合伙得以成立的法律基础。
● 合伙企业须由全体合伙人共同出资，合伙经营。出资是合伙人的基本义务，也是其取得合伙人资格的前提条件。合伙人必须

合伙参与经营活动，从事具有经济利益的营业行为。

- 合伙人共负盈亏，共担风险，对外承担无限连带责任。合伙人既可以按其对合伙企业的出资比例分享合伙盈利，也可按合伙人其他办法来分配合伙盈利。当合伙企业财产不足以清偿合伙债务时，合伙人还需要以其他个人财产清偿债务，即承担无限责任，而且任何一个合伙人都有义务清偿全部合伙债务，即承担连带责任。

合伙制企业的数量不如个人独资企业和公司制企业多，一般在广告、商标、咨询、会计师事务所、法律事务所、股票经纪人、零售商业等行业较为常见。

2）合伙企业的设立条件

- 有两个以上的合伙人，并且都是依法承担无限责任者。人数上限没有限定。合伙人只能是自然人，不能是法人。
- 有书面合伙协议。合伙协议应当载明的事项有：合伙企业的名称和主要经营场所的地点；合伙目的及合伙企业的经营范围；合伙人的姓名及其住所；合伙人出资的方式、数额和缴付出资的期限；合伙企业的解散与清算；违约责任。
- 有各合伙人实际缴付的出资。可以是货币、实物、土地使用权、知识产权或其他财产权利出资，甚至可以用劳务出资。对出资的评估作价可以由合伙人协商确定，无须验资。
- 有合伙企业名称。合伙企业在其名称中不得使用"有限"或者"有限责任"字样。
- 有经营场所和从事合伙经营的必要条件。

小故事：与朋友合开公司

陆先生原先在复旦大学读物理专业，和现在的工作搭不上关系。其实他自己对法律很感兴趣，所以一直在进修法律知识，自己也乐于研究。

毕业后他在复旦大学工作了将近20年。在这段时间里，由于一直在学习、听讲座，思想与潮流同步，他的思维也越来越敏捷，同时他感到学校终究不太适合自己，于是萌生了自己创业的想法，想与几个同学一起合开律师事务所。

一开始，他的创业压力比较大，担心做不好，因为这还关系到家庭。但因为这是他的兴趣所在，而且又考虑过社会大背景的因素，所以最终他决定放手去做，开办了广厦律师事务所。那时候，国内刚刚允许私人经营律师机构，可以说他的创业选准了时机。所以现在他们的律师事务所运作得很不错。

之所以选择合资的创业形式，他的理由是开律师事务所不像其他行业可以一个人当老板，必须要几个人共同合作。但问题是学法律的人往往个人主观意识比较强，而且合作中一定会产生意见分歧，所以大家合伙干事就需要不断地磨合。在陆先生的事务所里，他和"铁杆"的哥们有时也难免会发生争执。也许小吵大吵是无法避免的，关键要看你如何巧妙地化解分歧。最严重的一次，他被一个男生掐着喉咙逼到墙角，就因为他和对方的女朋友产生了争执，但没几天他们就和好如初了。毕竟大家都是为了做得更好，所以不必想办法去避免冲突，只要想怎么做最好就行了。

一般来说，个人小额资金创业的限制会比较多，因为个人的能力和精力毕竟有限。如果想要从事一些个人无法当老板的行业，就必须要与他人合作。合资的好处是显而易见的，只是正如同上面所说，你与合作伙伴之间很有可能产生意见分歧，并且还不仅限于此。如果在利益分配、权责分配方面产生矛盾就更严重了，这些都是需要注意的。

如果你打算与人合资创业，那么遇事一定要有决断力。你们几个人可以分头行动，但凡遇到必须马上拍板决定的事情，你就一定要当机立断给出决定。这个决定呈然是一个人做出的，但它却要代表集体"合伙人"的意见。

5. 有限责任公司

有限责任公司是指股东以其出资额为限对公司承担责任，公司以其全部资产对公司的债务承担责任的法人企业。

股份有限公司由于注册资本要求较高，且需经省级政府部门的批准，不为一般的创业者所采用。合伙或个人独资公司因创业者须承担无限责任，选择这两种企业形式的也较少。有限责任公司内部的法律关系界定得比较清楚，规范起来也相对容易，企业以注册资本对外承担责任，投资者不负连带责任。因此，有限责任公司是绝大多数创业者所乐于采用的组织形式。

有限责任公司的组织机构要素如下。

1）股东会

有限责任公司股东会由全体股东组成，股东会是公司的权力机构。

股东会行使的职权有：决定公司的经营方针和投资计划；选举和更换董事、决定有关董事的报酬事项；选举和更换由股东代表出任的监事，决定有关监事的报酬事项；审议批准董事会的报告；审议批准监事会或监事的报告；审议批准公司的年度财务预算方案、决算方案；审议批准公司的利润分配方案和弥补亏损方案；对公司增加或减少注册资本做出决议；对发行公司债券做出决议；对公司向股东以外的人转让出资做出决议；对公司合并、分立、变更公司形式、解散和清算等事项做出决议；修改公司章程。

2）董事会

有限责任公司设立董事会。董事会是股东会的执行机构，由3~13名董事组成。董事会设董事长1人，可以设副董事长1~2人，董事长为公司的法定代表人。股东人数较少和公司规模较小的有限责任公司可以只设1名执行董事，不设董事会。

股东会会议由董事会召集，董事长主持，董事长因特殊原因不能履行职务时，由董事长指定的副董事长或其他董事主持。

董事会对股东会负责，行使下列职权：负责召集股东会，并向股东会报告工作；执行股东会的决议；决定公司的经营计划和投资方案；制订公司的年度财务预算方案、决算方案；制订公司的利润分配方案和弥补亏损方案；制订公司增加或减少注册资本的方案；拟订公司合并、分立、变更公司形式、解散的方案；决定公司内部管理机构的设置；聘任或解聘公司经理（总经理）；根据经理的提名，聘任或解聘公司的副经理、财务负责人，决定其报酬事项；制定公司的基本管理制度。

3）监事会

有限责任公司经营规模较大的，可以设立监事会，其成员不得少于3人。监事会应在其组成人员中推选1名召集人。

监事会由股东代表和适当比例的公司职工代表组成，具体比例由公司章程规定。监事会中的职工代表由公司职工民主选举产生。有限责任公司股东人数较少和规模较小的，可以设1~2名监事。

董事、经理及财务负责人不得兼任监事。

监事会或监事行使下列职权：检查公司财务；对董事、经理执行公司职务时违反法律、法规或公司章程的行为进行监督；当董事和经理的行为损害公司的利益时，要求董事和经理予以纠正；提议召开临时股东会；公司章程规定的其他职权。

4）经理

有限责任公司设经理，由董事会聘任或解聘。

经理对董事会负责，行使下列职权：主持公司的生产经营管理工作，组织实施董事会决议；组织实施公司年度经营计划和投资方案；拟订公

司内部管理机构设置方案；拟订公司的基本管理制度；制定公司的具体规章；提请聘任或解聘公司副经理、财务负责人；聘任或解聘除应由董事会聘任或解聘以外的管理人员；公司章程和董事会授予的其他职权。经理列席董事会会议。

小故事：易趣网

易趣网（如图7-1所示）创办人邵亦波的第一个创业项目不是Eachnet（易趣），而是一家美国医疗行业的IT公司。那一年他22岁，在波士顿咨询集团（BCG）的老板与他的朋友们成立了这家公司，并邀请他加入。他们的生意做得很大：耗资10亿美元收购了一些公司，合并起来运作了几年，把公司推到了世人的面前，那仍然是一个很大的买卖，可是失败了。什么原因呢？他的老板与朋友出现了严重的分歧、争吵。

图7-1 易趣网首页

当然，创始人之间的分歧和争吵是正常的。如果创始人之间总是保持意见一致，反而不是一件好事情。但是，在这个故事中，争议的焦点在于谁应该占有51%的股权，谁应该占有49%的股权。邵亦波的老板说："我为这家公司贡献了这么多，我应该持有51%的股份"；他的朋友也说了："一年前我们就决定了，我们是对等的，你怎能说话不算话呢？"俩人争吵了好几个月，最后还是分家了。这之后邵亦波才去了哈佛商学院，毕业后创办了易趣。

在随后的两年中，5 个创业公司的经历让他对这一问题认识得更清楚了。这 5 个公司中，有 4 家因创始人间产生争议而到了失败的边缘，而这 4 家公司中有 3 家是因为股份分配问题，其中一家彻底失败了。另外两家在他的帮助下解决了彼此的争吵、分歧，活了下来。

这些经验让他总结出了创业者通常犯的两个错误。

● 第一，合作的第一天，没有把股权的分配谈清楚并记录下来。
● 第二，没有考虑假如一个合伙人中途走人，股份该如何分配。

波士顿咨询公司的老板犯了第一个错误，很多时候创始人之间不想对谁应该占多少股份进行艰苦的争论，怕伤感情，他们或者避免进行全面的讨论，或者搞得模棱两可，例如，我们之间是平等的，延后再讨论；我们都是讲理的人，还有什么不好说，以后再说……如果合伙人有 3 个或者更多，讨论就更复杂，因此人们往往趋向于延迟讨论。可最终的结果，往往是不欢而散。

讨论彼此的利益与责任分配是所有合伙人之间都无法回避的问题，尽管大家都不愿意面对。美国人尚且如此，我们中国人当然更不愿意明确地讨论。但问题是这种讨论拖得越久越难定夺，越等得久事情就越糟糕。所以，关于股份分配的问题还是尽早讨论比较好，理想的讨论时间是：在创始人达成合作意向之后，在真正开始创业工作之前。

7.1.2 如何选择合适的创业组织？

关于如何正确选择适合自己的创业组织形式，美国知名创业管理研究专家罗伯特·巴隆和斯科特·谢恩认为，只需考虑下列问题即可。

① 创业者（投资人）有多少人？
② 承担有限责任对创业者是否重要？例如，如果创业者有许多个人财产，这对创业者可能比较重要；而如果创业者没有什么个人财产，承担有限责任对创业者可能就不太重要。

③ 所有权的可转让性是否重要?

④ 创业者想过自己的新企业可能会支付股利吗? 如果想过, 这些股利承受双重征税对创业者有多重要?

⑤ 如果创业者决定离开企业, 会担心自己不在的时候企业能否持续经营下去吗?

⑥ 保持企业较低的创办成本对创业者有多重要?

⑦ 将来筹集企业所需追加资金的能力有多重要?

结合中国的主要法律组织形式的现状, 以及优劣势比较分析, 我们认为, 创业者应该从以下几方面进行梳理, 从而确认适合自己的创业组织形式。需要注意的是, 进行梳理的前提是充分了解中国主要法律组织形式的现状、特征, 以及优劣势。

1. 你的创业目标

具体包括: 是否期望企业持续经营下去, 是否想打造一番长久的事业。

2. 你的创业团队规模

这里主要指创业初期可能成为股东的人员规模, 包括你引进的投资人。

3. 你的创业资金资源

这里主要指你的资金与资产资源。对于这个问题要从两方面来分析: 一是如果你拥有巨额的私人财产, 选择无限责任公司可能不太合适; 二是如果你拥有充足的资金资源, 企业未来对资金的需求似乎并不强烈, 而且对企业创办成本也不会有太多顾虑, 就需要你进行充分的权衡, 并对不同的法律组织形式进行进一步的分析。

4. 你对所有权与经营权的掌控程度

这一点也非常重要, 因为所有权的可转让性、所有权与经营权的

分离等因素，在不同的法律组织形式中是不同的。而是否看重这些问题，将影响你的决定。

5. 你对双重税收的接受程度

你是否考虑过新企业未来可能会支付股利？这些股利需要承受双重征税，你是否能够接受？

6. 你对外部资源的开放程度

有的创业者喜欢单枪匹马、独闯江湖，这与个人的性格、个人的创业目标有关，例如比较霸道、与他人合作不愉快、喜欢个人安稳、小富即安等，他们往往比较保守，不太愿意或者不善于接受过多的外部资源及新生事物。不过，更多的创业者愿意发挥团队的力量、借助外部更多的资源来支撑新企业的快速成长。这些因素决定了未来公司的治理结构、股权的转让程度、产权的流动流程、筹资的愿望、资本运作的需求等，会在很大程度上影响创业者对创业组织形式的选择。

7.1.3 案例：另类的创业——很多人的咖啡馆

顾名思义，"很多人的咖啡馆"是由很多人共同集资筹建、很多人共同协同管理的咖啡馆。

这个概念起源于 2011 年 1 月 7 日，一个网名为蚊二妞的网友在豆瓣网"吃喝玩乐在北京"小组上发了一个题为《我们用 2000 块钱来开咖啡馆吧》的帖子。蚊二妞在这个帖子中这样写道：每天背靠阳光面朝电脑坐在办公室的时候，我总是想面对阳光端上一杯咖啡……进而，我又很奢侈地想：我要开咖啡馆……所有和我一样想开咖啡馆的朋友，拿不出几十万上百万，也不可能辞掉工作专门开店，自己也承担不了那么大的风险。大家一起来做一个咖啡馆，用我们一点点的钱、一点点的时间，凑成很多的钱，很多的时间。名字就叫响亮的"很多人的咖啡馆"。

一石激起千层浪，蚊二妞的号召引起了广泛的网友关注，集资纷

至沓来。在 2011 年的 9 月 10 日，很多人的咖啡馆还真的就在北京正式开业了，如图 7-2 所示。

图 7-2　网友集资创办的"很多人咖啡馆"

自蚁二妞在网上发起了共建咖啡馆的号召，"很多人的咖啡馆"成功筹建了之后，全国各地涌现出了许多类似的由众多股东集资筹建并共同管理的咖啡馆。例如青岛市漳州二路 19 号的"多米人咖啡店"，还有南京市建邺区河西万达广场的"DreamHouse 很多人咖啡馆"，以及广州市天河区体育西路的"梦享家咖啡生活馆"，等等。

关于"很多人"的模式探讨。

- 很多人模式有别于一般意义的众筹模式，每家店的规章制度、经营理念、运作方式会有所不同，它鼓励共同参与运作管理，并没有统一的标准。
- 很多人模式是一种资金筹集的组织决策管理模式，也就是说其实很多人模式是可以运用到各行各业的公司组成和运营中的。
- 很多人模式讲究的是能有效地解决董事决策层面共同表决的低效率现象的民主集中决策机制，不过，稍不注意民主决策会变成独断决策。
- 很多人模式其实是一把双刃剑，它能为筹集资金、带动客源提供便利，但也会带来管理权限交叉、责任分配不均、意见无法统一等问题，需要有完善的制度去规范它。

如今，在全国各地"很多人咖啡馆"已经开始出现。

于2012年9月4日由木木发起的广州很多人的咖啡馆正名为："梦享家咖啡生活馆"，它由130名股东共同开设，以草根创业和传递正能量为主旋律，秉承着北京"很多人咖啡馆"的众筹模式和民主核心理念。他们的项目理念是：以民主决策为核心原则，提倡天然健康的饮食生活，倡导行动力，传递正能量，共同成长，打造草根创业新模式和公益平台。

深圳"很多人咖啡馆"能够成功得到广大网友的拥护，最重要的一点，就是因为21世纪中创业群众的心理，这些没有事业或者仍在创业路上孤独打拼奋战的创业者们，圆了大家的创业梦。

7.2 企业的选址策略

企业选址是指如何运用科学方法决定企业设施的地理位置，使之与企业的整体经营运作系统有机结合，有效、经济地达到企业的经营目的。

7.2.1 企业选址的重要性

人在购置住宅时会讲究一些朝向、通风，那企业在选址时是不是也会有这些讲究呢？选址的重要性又具体表现在什么地方呢？本文对此总结如下。

1. 地址是制订经营战略及目标的重要依据

想要确立经营战略及目标，首当其冲要考虑的就是所在区域的社会环境、地理环境、人口、交通状况及市政规划等因素。依据这些因素明确目标市场，按目标顾客的构成及需求特点，确定经营战略及目标，制定包括广告宣传、服务措施等在内的各项促销策略。

2.地址选择是对市场定位的选择

地址在某种程度上决定了客流量的多少、顾客购买力的大小、顾客的消费结构、对潜在顾客的吸引程度，以及竞争力的强弱等，这就是"地利"带来的优势。

3.地址选择是一项长期性投资

不管是租赁还是购买，企业地址一旦被确定下来，就需要投入大量的资金。企业选址本身就具有长期性、固定性的特点。因此，对地址的选择要做深入的调查和周密的考虑，妥善规划。

4.地址选择反映了服务理念

地址选择要以方便顾客为首要原则。从节省顾客的购买时间、节省其交通费用的角度出发，最大限度地满足顾客的需要。否则就会失去顾客的信赖和支持，也就失去了存在的基础。

经过以上的分析，我们也能够对选址的重要性有一个比较清晰的了解，但是，如何才能根据具体的自身和环境的因素来进行选址呢？

众所周知，门店的选址对于连锁企业来说，可谓是门店成败的决定性因素，那么，以下我们便以连锁企业的门店选址为例来进行分析。尽管随着我国经济的飞速发展，许多连锁企业正在蓬勃地发展，但是，由于专业及经验的限制，国内的连锁企业在选址方面的成功率一直不高。经过一系列的咨询及数据分析，多数企业在选址方面主要有着以下一些问题。

第一种选址方案就是凭感觉。这样的情况经常出现于一些中小企业，这些企业中，老板的选址方法多半是依据多年的开店经验或者直觉来判断店面的选址，甚至还会归咎于风水问题。而这些选址经验，多半没有科学依据，仅凭自身感觉，风险率极高。曾经还有过这样一个故事，有位美体连锁店的女老板介绍自己选店经验时自豪地说："站在那里闻

一下空气，就知道能不能开店。"结果在深圳发展时连开三家都失败了。

第二种情况比第一种情况已有一定的改善，这些连锁企业已经拥有一定的选址标准和经验，对于选址问题也有了一些策略，已经知晓了占据有利位置的重要性。但是这些企业往往面临的问题是：尽管企业老板明白了占据有利位置的重要性，但是拿下一个旺铺是需要很大的成本的，成熟商圈的店址更是千金难求。企业家们直接面对的问题就是高昂的租金、押金，这导致了一些企业家们在面临高额的成本需要时，不能准确预测投资收益，甚至租金成本高于本行业利润率，最终以失败告终。除此之外，还出现了另一种选址类型。为了降低成本或避开强势竞争实现"农村包围城市"策略，一些企业选择在次商圈进行布点，但是通常也因为其不能科学、准确地预测商圈成熟时机，从而也难逃失败。其中比较著名的案例就是东方家园建材超市在广州的选址方案。东方家园广州门店是作为东方家园在华南地区开设的第一家大型建材家居连锁店。在 2004 年选址时，如同上述的策略，东方家园选择在城乡结合部的未成熟商圈——芳村进行发展。原预期可获得周边楼盘未来发展带来增长收益。但由于选址过于偏僻，周围都是批发市场，消费层次较低，客流量太少。整个市场至少需要 2~3 年的投入培育才能修成正果，选址先天不足加之经营手法上的缺陷，在辛苦煎熬 1 年多又歇业 7 个月之后，芳村店最终无奈地被百安居接管。

第三类问题的产生则是由于连锁业自身的特性。连锁业必须进行快速的扩张，凭此来降低运营成本。在这个扩张的过程中，由于没有建立和完善选址的标准及规范，缺少有效的组织和系统，一旦开始批量地开店选址，人员分身乏术，一时间无法找到理想的开店地址，最终导致扩张计划一再延迟，从而成为扩张计划的最大阻碍。

7.2.2 企业选址时要考虑的问题

企业工厂的选址需求随着中国经济转型升级正在发生变化，企业开始转变为倾向于选择产业环境及配套设施完善的同时能够为企业提供

人才、资金、科技、优惠政策等服务的成熟产业园区。企业选址产生需求的原因也为多样：投资新办、增设分厂、增产扩容、战略性搬迁、政策牵引等。

企业选址时，需要考虑的一些具体问题总结如下。

● 位置，位置决定了企业的市场与其生产成本。
● 园区的政策配套、产业分配和后期发展的服务配套。
● 园区发展理念。园区的产品定型不同，决定了园区为哪一种类型的企业服务，这直接关系到你在发展过程中企业类型与园区的对接，还有就是园区内的潜在客户和潜在升值。

除了选址时需要考虑的具体问题，企业选址还需要根据自身的发展策略和企业特性等因素考虑选址。

1. 在企业中决定选址成败的关键因素

影响企业选址的主要因素是成本、市场、政府等。企业的运营成本影响着企业的成本利润率与企业的投资意向；市场需求则是决定了市场供应量；而政府的服务效率、透明程度，以及产业政策的导向和限制，会直接对产业的区域发展环境产生影响，进一步则影响企业选址。因而企业的选址决策需要考虑不同的影响因素和各因素的权重差异。

2. 产业特性

在产业选址的过程中，除了考虑成本因素，产业特性也是需要十分重视的一个方面。例如，钢铁厂和硅料等提纯厂的选址策略就尽量接近原料、燃料动力的供应地，这样大大减少了运输等各方面的成本。而一些需要众多人工的劳动密集型的制造业则选择向人工供应充沛、质量高、工资低、综合运价成本更低的地区转移。

3. 价值链环节

企业所处价值链环节不同，企业选址考核的侧重点面也随之发生

变化。总部基地、研发中心等企业的选址，则更多关注的是政府因素的影响。风险投资在布局上更多的是偏好聚集在大城市或新兴城市；制造型企业的选址则更加注重于成本因素，如能否容易以较低的成本获取土地、能源、劳动力等资源；营销及售后服务企业就更考虑市场的因素。

总而言之，企业的选址不仅需要权衡成本、市场、政府等因素，还需要从自身的产业特性与价值链环节进行综合考察，选址时目光不能仅聚焦于这些市场政策等外部因素，还要根据自身实际的内部需要，从内外兼顾的综合方面考虑企业选址的问题。

7.2.3　正确的选址技巧

企业家们如何准确地找出自身企业的特性，将选址正确地进行下去呢？首先，我们将从 6 个方面进行门店开发的分析。

1．目的性消费

商业消费可细分为目的性消费和随意性消费。目的性消费就是消费行为由预选设定的目的来指导，为了达到某种特定目的的消费。目的性消费强调对消费的预先计划，对去消费的商家有指定性或较强的倾向性。

2．随机消费

随机因素是指消费者进行购买决策时所处的特定地点和具备的一系列条件。随机因素对消费行为的影响往往是多方面的。有时，消费者购买决策是在始料未及的情况下做出的，有时，某种情况的出现会延迟或缩短人们的决策过程。例如，一个正在考虑购买计算机的消费者可能会在品牌的选择上耽搁，这种耽搁势必会减缓决策过程，甚至会导致他放弃购买。相反，假如一个人在工资上涨的情况下，购买决策过程就会加快。

3.品牌定位与目标客户群

品牌定位是企业在市场定位和产品定位的基础上，对特定的品牌在文化取向及个性差异上的商业性决策，它是建立一个与目标市场有关的品牌形象的过程和结果。换言之，即指为某个特定品牌确定一个适当的市场位置，使商品在消费者的心中占领一个特殊的位置。

4.城市群

城市群也是选址时不得不考虑的一个因素。城市群指以中心城市为核心，向周围辐射构成城市的集合。城市群的特点反映在经济紧密联系之间的产业分工与合作，交通与社会生活、城市规划和基础设施建设相互影响。由多个城市群或单个大的城市群即可构成经济圈。

5.商圈

商圈是指商店以其所在地点为中心，沿着一定的方向和距离扩展，吸引顾客的辐射范围。简单地说，也就是来店顾客所居住的区域范围。商圈由核心商业圈、次级商业圈和边缘商业圈构成。各个商业圈的特性对企业选址有着直接的影响。

6.市场驱动

市场驱动式营销是一种把顾客作为营销过程的着重点的营销方式，通过仔细地市场研究，为目标市场开发生产出他们所需要的产品。这种营销方式把顾客作为企业一切营销活动的对象。市场驱动型营销要求产品管理者不断地分析关键问题和挑战因素，从而找到合适的战略与战术拉动客户，由客户的购买欲望拉动整个公司的运作。在这个过程中，对于企业的选址问题也产生了一定的影响。

7.2.4 企业选址的步骤

在了解了一系列与企业门店选址开发有关的问题后，我们将从以下 10 个步骤来具体地实施企业选址。

1. 市场勘察

市场勘察作为选址的第一步，其重要性不言而喻。从上文中，我们能够对市场勘察的重要性有一个初步的了解。市场勘察并不是只从市场一方面进行考察，企业家们需要从综合的方面来考虑选址的因素。

2. 商圈等级评估

商业圈的选择也是企业选址成败的一个关键因素。关于这一点，我们可以从上文提到的东方家园案例中得出一个较为具体的概念。

3. 确定商业销售驱动

如何准确地把握商业销售驱动，也是企业家们需要重点考察的问题之一。

① 分析与交通相关的因素。
② 客流动线分析。
③ 评估能见度和可接近性。
④ 企业选址位置的能见度和可接近度直接影响到了企业门店的人流量。
⑤ 确定门店设计。
⑥ 一个独特的设计可能会更加容易吸引消费者的注意力。
⑦ 选择可比门店。
⑧ 周边同类型门店的对比优劣性问题，也是需要考虑的。
⑨ 新店财务预算。
⑩ 开业后分析评估。

7.2.5 案例：肯德基的选址技巧

肯德基对快餐店（如图 7-3 所示）选址是非常重视的，一次选址必须通过两个委员会的同意——地方公司和总部两级审批。其选址成功率几乎是百分之百，是肯德基的核心竞争力之一。

图7-3 无处不在的肯德基

通常肯德基选址按以下几步骤进行。

1. 商圈的划分与选择

1）划分商圈

肯德基计划进入某城市前，首先要通过有关部门或专业调查公司来收集这个地区的资料。其中有些资料是免费的，但有些资料需要花钱去买。在把资料买齐并整理后，就开始规划商圈。

商圈规划采取的是记分的方法，通过打分把商圈分成几大类，以北京为例，有市级商业型（西单、王府井等）、区级商业型、定点（目标）消费型，还有社区型、社商两用型、旅游型等。

2）选择商圈

在商圈选择的标准上，除了考虑商圈的稳定度和成熟度，还要考虑餐馆自身的市场定位。餐馆的市场定位不同，吸引的顾客群也不同。

肯德基与麦当劳顾客群基本上重合，市场定位相似，所以在商圈选择方面也是一样的。经常可以看到是，有些地方麦当劳与肯德基基本相邻。

2. 聚客点的测算与选择

1）要确定这个商圈内最主要的聚客点在哪里

肯德基开店的原则是：努力争取在最聚客的地方及其附近开店。这跟人流活动的线路有关，有时差不了一个拐弯，可能生意差很多。这些在选址时都要考虑进去。

人流动线是怎么样的，在这个区域里，人从地铁出来后是往哪个方向走等。这些都需要派人去计时、测量，得到一套完整的数据之后才能确定地址。

2）考虑人流的主要动线会不会被竞争对手截住

人们现在对品牌的忠诚度还没有那么高，只要你在我跟前，为什么非再走 100 米去吃别的。除非这里人特别多，找不着座了，我才往前挪挪。

但人流是有一个主要动线的，如果竞争对手的聚客点比肯德基选址更好那就有影响。

3）聚客点选择影响商圈选择

聚客点的选择也会影响到商圈的选择。因为一个商圈有没有主要聚客点是这个商圈成熟度的重要标志。

为了规划好商圈，肯德基开发部门投入了巨大的努力。以北京肯德基公司而言，其开发部人员常年跑遍北京各个角落，对这个每年建筑和道路变化极大的地方了如指掌。根据自己的调查划分出的商圈，肯德基在北京已经成功开了 56 家餐厅。

由于肯德基与麦当劳市场定位相似，顾客群也基本上重合，所以我们经常看到麦当劳与肯德基选址相近的情况，这就是肯德基采取的跟进策略。麦当劳在选址前已做过大量细致的市场调查，挨着它开店可省

去考察市场的时间和精力，以及许多选址成本。

3.参考肯德基选址开家饮食店

一项事业的成功往往离不开天时、地利、人和。开店选址是很有讲究的，一旦决定开店，一定对所选地点做全面的考察，了解该区人口密度、人缘等。通常应控制下列10个细节。

① 交通便利。
② 接近人们聚集的场所。
③ 选择人口增加较快的方面。
④ 要选择较少横街或障碍物的一边。
⑤ 选取自发形成某类市场的地段。
⑥ 根据经营内容来选择地址。
⑦ 要有"傍大款"意识，即把店面开在著名连锁店或品牌店附近，甚至能够开在它的旁边。
⑧ 位于商业中心的街道。
⑨ 要选择有广告空间的店面。
⑩ 选择由冷变热的区位。

7.3 企业的管理方法

在现今的公司管理中，管理者们为了提高公司管理的质量采用了很多不同的做法，下面便介绍几种最基本的公司管理方法。

7.3.1 产品管理

在20世纪中期，一代产品的概念通常意味着20年左右的时间。而到了21世纪初，一代产品的概念不超过7年，而这其中，生命周期最为短暂的就是计算机类产品。根据摩尔定律，计算机芯片的处理速度每18个月就要提升一倍，而其芯片价格，则是以每年25％的速率下降。如此快速的产品更替速率，直接导致了企业中产品的开发与管理问题。

所谓的新产品，是指采用新技术原理、新设计构思研制、生产的全新产品，或在结构、材质、工艺等某一方面比原有产品有明显改进，从而显著提高了产品性能或扩大了使用功能的产品。一般来说，新产品具有以下的几个特点。

- 具有新的技术原理、新的设计构思或者设计。
- 采用了新材料，从而大幅提升了产品性能。
- 产品结构有明显的改进。
- 扩大了产品的使用功能。

前文也曾提到过，在创新一个新的产品时的思路与方法，但是，开发一种新的产品考虑的不仅仅是设计方面的思路，与市场的结合、消费者的需求等因素也同样重要。所以，如何把握产品的管理开发策略就是一个不能忽视的问题。

新产品的开发要以满足市场需求为前提，企业获利为目标。在这个过程中，企业应当遵循的原则是"根据市场需要，开发适销对路的产品；根据企业的资源、技术等能力确定开发方向；量力而行，选择切实可行的开发方式。"

在产品的开发管理过程中，采用何种策略则要根据企业自身的实力，根据市场情况和竞争对手的情况。同时，企业决策者的个人因素也直接影响着开发策略的不同。那么，在这个新产品开发管理的过程中，究竟有哪些开发管理策略呢？接下来，我们将展示几种常用的管理策略。

1. 先发制人策略

这个策略的优势在于根据新产品的独特，企业率先推出新产品，占领市场，争取市场上的有利位置。因为对于广大消费者而言，第一个上市的产品就是正宗的产品，其他的产品都要以"第一"作为参照标准。因此，首先占据市场上"第一"的有利位置，对于一家企业来说，具有

相当大的意义。当然，争取"第一"的位置，对于一家企业来说要求不低。采用这样的开发管理策略的企业应当具备强烈的争取"第一"的意识；其次，对于企业的硬性要求也不低，如企业的开发团队、资金等问题；还有就是企业需要对市场需求，以及变动趋势有着超前的预判能力。不过，一旦成功运用了先发制人的策略，利用先入为主的优势，在消费者群体中建立好企业品牌的偏好，那么取得丰厚的利润指日可待。

2. 模仿式策略

与第一策略正好相反，模仿式策略就是等别的企业推出新产品后，立即加以仿制和改进，然后推出自己的产品。这种策略绕过了新产品开发这个环节，将注意力集中于产品的仿制和改进，专门模仿市场上刚刚出现的畅销产品，进行跟随性模仿甚至改良，借此分享市场利益，甚至后来居上。采取这样的开发策略，尽管不是市场上"第一"的上市产品，但是，运用这样的策略，有效地降低了企业开发的冒险性，极大地降低了开发的风险，同时还能够节约开发费用，甚至还可以用节省下的开发费用进行产品改良，达到后来居上的效果。这种开发管理策略十分适合一些资金并不是那么雄厚的中小型企业，能够有效地规避创新的风险。

3. 系列式产品开发策略

与模仿式策略有些类似，不过系列式产品开发就是从横、纵两个方向进行产品的延伸，开发出一系列类似，的但又各不相同的产品，形成不同类型、不同规格、不同档次的产品系列，满足不同消费水平的消费者。

在这些不同产品开发策略的基础上，企业还可以根据自身具体的情况选择相应的开发方式。

① 独立研制方式：是指企业依靠自己的科研和技术力量研究开发新产品。这样的研究方式对企业的硬性要求较高，需要拥有属于企业自己的专业性开发团队，以及较高级的技术力量。

② 联合研制方式：这种方式指的是企业通过与其他单位的联合，如大学、科研机构或者其他企业共同研究开发新产品。

③ 技术引进方式：技术引进方式是通过与外商的联合，从国外引进先进的科学技术来开发新产品。我国众多企业在 20 世纪 90 年时多采用这种技术引进的方式来提升自身企业的竞争力。

④ 自行研制与技术引进相结合的方式：这种方式更注重于将引进先进的科学技术后，将这些科学技术研发的产品进行本土化，以求其产品更加适应本土的消费者需求。

⑤ 仿制方式：按照样机或专利技术产品，仿制国内外的新产品，是迅速赶上竞争者的一种有效的新产品开发方式。

7.3.2 营销管理

所谓的"营销管理"是指为了实现企业或组织目标，建立和保持与目标市场之间的互利交换关系，而对设计项目的分析、规划、实施和控制。从实质上来说，营销管理就是需求管理，即对需求的水平、时机和性质进行有效的调解。在市场行为中，以营利为目标，把组织、架构、人员、培训、绩效、考评、薪资等众多要素综合制定、优化实施。

在市场行为中，营销管理涉及了许多方面，各个环节的需求都要考虑到。营销管理中，企业强调团队合作，强调供应链。一个好的营销政策，要充分考虑营销政策推行的各个方面，其中主要是企业、消费者、经销商、终端、销售队伍这 5 个方面。

1. 满足企业的需求

企业追求的是可持续发展，在短期内，企业可以不盈利，追求扩张、发展，但是最终的目的还是盈利。在实际中，企业按照"以销售者为中心"的思考方式，但仍然要按照企业自身的利益来行动。在企业发展的不同阶段，市场发展的不同阶段，企业的需求不同。

● 市场孕育期：当一个企业开发了新产品，首先面临的两个问题就是

要迅速完成资金的原始积累和迅速打开市场。这个时期企业会注重于销量，可能会采取高提成、高返利等政策。

● 市场成长期：在这段飞速发展的时期，企业出现了类似的竞争对手。因此，此时扩大市场份额、占领市场高点就是企业的主要任务。

● 市场成熟期：这个时期，企业需要继续延续产品的生命周期，开始追求稳定的现金流量，同时推出各种翻新的促销政策。

● 市场衰退期：主要是尽快回收投资。

尽管从上面的产品生命周期中，各个时期企业的政策各不相同，但是有一个根本的需求——满足企业的需求。营销管理是对企业需求的管理，以满足企业的需求为根本。所以营销决策者首先要做的就是具体落实企业的需求，然后再考虑剩下的 4 个需求。

2. 满足消费者的需求

消费者需求是什么呢？消费者对好的产品质量有需求，消费者对合理的价格有需求，消费者对良好的售后服务有需求。这就是消费者真实、理性的需求，从这几点来看，中国的消费者并不成熟，所以才经常被企业误导。但是对于企业来说，消费者的需求是最重要、最长久的，如果企业只满足于短期盈利，忽略消费者的需求，那么消费者也不会选择这样的企业。

3. 满足经销商的需求

根据产品的不同，经销商的需求也是随之改变的。

● 销量需求。如果产品十分畅销，经销商需要的可能只是销量，畅销的产品能够带动其他的产品，经销商能够从其他的产品中赚取利润。

● 利润率的需求。对于毛利较高的新产品，即使产品走得慢，但是利润足够高，这样同样能够满足经销商的需求。

● 稳定下家的需求。经销商通过对紧俏产品的把持，能够维持自己产品渠道的忠诚，这样的产品同样能够满足经销商的需求。

企业在制定营销方针的时候需要考虑到经销商的需求。有时候不能对接的营销方针与不同的经销商的需求，可能导致产品滞销等一系列问题。

4. 满足终端的需求

有句话是："终端为王"，事实上也确实如此。中小终端的倒闭问题导致企业做终端的风险和成本很大，而大型的终端则会索取一系列费用，但是终端又不得不做。所以怎么满足终端的需求也是不能忽视的问题。

5. 满足销售队伍的需求

任何营销政策，最终都靠销售队伍来贯彻，销售代表执行力度的大小，可能比政策本身的好坏更重要。这是一个"打群架"的时代，营销竞争是靠团队的，所有的经销商、终端、消费者的需求，都要通过销售队伍来满足。销售队伍的需求又有哪些呢？他们对合理的待遇有需求，对培训机会有需求，对发展空间有需求。满足销售队伍的要求可能并不难，但是很多企业都会将他们忽视，"宁予外寇，不予家奴"，这是部分企业对待销售队伍的态度。从表面上看来，可能销售队伍并不是那么重要，其实，并非如此。一个销售代表的背叛可能会导致一个地区的业务失控。

7.3.3 财务管理

财务管理是在一定的整体目标下，关于资产的购置（投资），资本的融通（筹资）和经营中现金流量（营运资金），以及利润分配的管理。财务管理的目标分为5个。

- 产值最大化。
- 利润最大化。
- 股东财富最大化。

- 企业价值最大化。
- 相关方利益最大化。

在力求实现 5 个"最大化"的过程中，企业财务管理还应当考虑到一些原则问题，主要整理如下。

原则一：风险收益的权衡：对额外的风险需要有额外的收益进行补偿。

原则二：货币的时间价值：今天的 1 元钱比未来的 1 元钱更值钱。

原则三：价值的衡量要考虑的是现金而不是利润。

原则四：增量现金流：只有增量是相关的。

原则五：在竞争市场上没有利润特别高的项目。

原则六：有效的资本市场：市场是灵敏的，价格是合理的。

原则七：代理问题：管理人员与所有者的利益不一致。

原则八：纳税影响业务决策。

原则九：风险分为不同的类别：有些可以通过分散化消除，有些则不能。

原则十：道德行为就是要做正确的事情，而在金融业中处处存在着道德困惑。

财务管理是一项涉及面广、综合性和制约性都很强的系统工程，在现代企业管理中，财务管理通过价值形态对资金活动进行决策、计划和控制的综合性管理，是企业管理的核心。财务管理贯穿于企业管理的各个环节之中，任何环节的失误都可能给企业带来财务风险，因此，企业的管理者应当注重此方面，将财务管理的风险防范工作始终落实到位。

7.3.4　人力资源管理

人力资源指的是在一定范围内的人，所具有的劳动能力的总和；

或者说，是指能够推动整个和社会发展的、具有智力劳动和体力劳动的总和。而人力资源管理则是运用现代科学的方法，对与一定物力相结合的人力进行合理的培训、组织和调配，使人力、物力经常保持最佳比例，同时对人的思想、心理和行为进行恰当的诱导、控制和协调，充分发挥人的主观能动性，使人尽其才，事得其人，人事相宜，以实现组织目标。

在学术界，一般将人力资源管理分为 6 大模块。

1. 人力资源工作规划

人力资源的规划工作主要有几个目标。

- 获得并保持一定数量的具有专业技能、知识结构和能力的人员。
- 充分利用现有的人力资源。
- 能够预测企业中潜在的人员过剩或不足。
- 建立一支运作灵活的劳动力团队，以增强企业适应环境的能力。
- 减少企业在关键技术环节对外部招聘的依赖。

2. 招聘与配置

员工的招聘通常是为了按照企业经营规划的要求，将优秀、合适的人员招聘进入企业，同时将这些优质员工合理地安排在合适的岗位上。一般的招聘方法有：招聘面试情景模拟、心理测试、劳动技能测试。企业可以委托各种劳动就业机构或者自行招聘录用员工。通常，通过招聘的员工在入职前还需要通过岗前培训。其目的是为了使员工熟悉工作流程、企业文化与制度、熟悉工作内容与性质等。

3. 培训与开发

培训与开发就是组织通过学习、训导的手段，提高新雇员的工作能力、知识水平和潜能发挥，传授其完成本职工作所必需的基本技能，最大限度地使员工的个人素质与工作需求相匹配，进行促进员工现在和将来的工作绩效的提高。

4. 绩效管理

绩效考评是通过对人与其工作状况进行评估，体现人在企业中的相对价值或贡献程度。绩效考评是作为人事管理系统的组成部分，运用一套系统的制度性规范、程序和方法进行评价。主要是通过员工日常生活中体现出来的工作能力、态度，以及成绩来进行评估。这样的评估，从企业发展的角度来说，有助于企业经营目标的实现。

5. 薪酬与福利

薪酬是指员工为企业提供劳动而得到的各种货币与实物报酬的总和。通常薪酬的结构意味着一个企业中各项职位相对价值及其对应的实付薪酬间保持着什么样的关系。

6. 劳动关系

劳动关系指的是劳动者和用人单位（包括各类企业、个体工商户、事业单位等）在劳动过程中建立的社会经济关系。劳动关系在劳动者与用人单位签订劳动合同后确定。签订劳动合同时要秉承自愿平等、协商一致的原则，所有违反法律、行政法规的劳动合同，以及采取欺诈、威胁等手段订立的劳动合同属无效的劳动合同。

人力资源管理的主要职责是如何的呢？加里·德斯勒在他所著的《人力资源管理》一书中曾提到过，一家大公司人力资源管理者在有效的人力资源管理方面所负的责任描述为以下十大方面。

① 把合适的人配置到适当的工作岗位上。
② 引导新雇员进入组织（熟悉环境）。
③ 培训新雇员适应新的工作岗位。
④ 提高每位新雇员的工作绩效。
⑤ 争取实现创造性的合作，建立和谐的工作关系。
⑥ 解释公司政策和工作程序。
⑦ 控制劳动力成本。

⑧ 开发每位雇员的工作技能。

⑨ 创造并维持部门内雇员的士气。

⑩ 保护雇员的健康，以及改善工作的物质环境。

那么，人力资源管理如何在企业中发挥其功能呢？我们可以从以下 5 个方面来分析。

● 根据企业目标确定的所需员工条件，通过规划、招聘、考试、测评、选拔获取企业所需的人员。

● 通过对企业文化、员工人际关系等方面的有效整合、协调，使企业内部的员工个体、群体的目标、行为、态度等方面更加契合企业的发展理念，从而提升企业的生产力与效益。

● 人力资源管理通过保持员工的工作积极性与员工健康安全的工作环境来增进员工的满意度，使之能安心、满意地工作。

● 管理部门通过员工的绩效考核、工作评价等方面对其做出评估，做出奖励、惩罚、去留等决策。

● 管理部门根据员工的个人整体素质，展开职业发展管理。通过员工培训来促进员工知识、技巧和其他方面的素质提升，增强员工的能力，从而能够最大限度地实现其个人价值和对企业的贡献度。

长期以来，人力资源管理由于受国内计划经济体制的限制，在企业中经常被忽视，仅仅看作是需要时才发挥作用，严重地阻滞了人才的流动，造成了巨大的人力资源浪费。到现在，国有企业管理人员的人力资源开发与管理的理念仍然十分落后，很少做长期的人力资源预测、规划和开发。同时，国有企业中的企业权限过于集中，过分的权限极大地阻滞了竞争机制发挥作用。为了面对经济全球化的现状，人力资源管理是不得不关注的一块。我国人力资源管理要采用计划、组织、领导、监督、协调、控制等有效措施和手段，不但要考虑人才需要和人才配备，而且要着眼于未来，重视人力资源的规划与开发。

7.3.5　发展战略管理

发展战略管理通过对公司在完成具体目标时对不确定因素做出的一系列判断，对一个企业或组织在一定时期的全局的、长远的发展方向、目标、任务和政策，以及资源调配做出的决策和管理艺术。主要包括战略制定和形成，以及战略实施两个部分，对高级管理层相关能力及素养有较高的要求。

由于各企业对于危险和机遇的区别有着不同的理解，所以战略管理也成为了一个不确定的过程。在实施一套战略管理的措施时，战略管理大师迈克尔·波特认为一项有效的战略管理必须具备 5 个关键点：独特的价值取向、为客户精心设计的价值链、清晰的取舍、互动性、持久性。

企业战略管理体系的设计究竟是如何实现的呢？

其实，企业战略管理体系的实质就是围绕着企业的三个核心问题进行细化的设计过程。企业的 3 个核心问题分别是："企业在哪里""企业去哪里"和"我们何时竞争"。

- 所谓的"企业在哪里"，是指认清企业的位置、明晓企业的优势所在，以及企业如何从广泛的市场参与中选择有价值的目标市场与顾客，以提供满足其需求的服务举措。
- "企业去哪里"则指的是企业未来的发展方向。
- "我们何时竞争"要求企业竞争对手有较详细的了解，仔细分析，运用获取较高价值的各种策略手段，明了展开竞争行动的合适的时机。

在理论上，一个成熟的战略管理理论认为战略管理通常是由环境分析、战略制定、战略实施和战略控制这 4 个不同阶段组成的。通常，我们在理论的过程中会按照步骤，进行分步管理，然而，在实际应用的过程中并非如此。这 4 个不同阶段往往是同时发生的，甚至不按照以上的步骤一步步进行，这使整个战略管理变成了一个动态的过程。企业的

管理者们不得不根据战略管理过程的动态变化，设计出一种具有足够弹性的、能够适应时刻变化的外部环境的战略管理系统。

7.3.6　企业文化管理

企业文化从本质上来说就是企业的个性，就是企业这一经济组织的经营意识及组织文化内涵。优秀的企业文化，在精神上能够带动员工树立与企业一致的目标，使员工在个人奋斗的过程中保持与企业目标相同的步调，营造出一种积极的工作氛围、共享的价值观念和管理机制，产生鼓励积极创造的工作环境，在实质上，优秀的企业文化也会对企业的绩效产生强大的推动作用。

事实上，国内大多企业都是仅仅将企业文化管理作为一个面子工程在企业内部实行的，"说起来重要，做起来次要，忙起来不要"，这就是大多企业文化管理中的一个现实问题。那么，如何才能有效地实施企业文化管理呢？我们首先要做的是，将企业文化管理与企业文化建设区分开来。

2014 年到 2016 年，根据企业文化的实际落实情况的全国性调查，有不到 1/4 的企业员工能够在日常工作中，经常运用企业文化的管理理念来指导和规范自己的行为，大部分的企业员工认为企业文化对实际工作并没有起到十分明显的促进作用，工作的时候跟着领导的思路走就可以了。部分企业的文化工作也没有落实到位，只是匆匆忙忙地走一个过场罢了。

从上文的叙述我们也可以了解到，企业文化管理对于企业持续发展的影响，那么，企业管理者们应该如何才能实现企业文化管理呢？可以参考如下方法。

1. 晨会、夕会、总结会

利用晨会、夕会的时间宣讲公司价值观。在月度、季度、年度部

门和全公司的总结例会中，也进行适当的宣传，将这些会议固定下来，成为公司的制度及公司企业文化的一部分。

2. 思想小结

思想小结就是定期让员工按照企业文化的内容对照自己的行为，自我评判是否做到了企业要求，又该如何改进。

3. 张贴宣传企业文化的标语

把企业文化的核心观念写成标语，张贴于企业的显要位置。

4. 树先进典型

给员工树立了一种形象化的行为标准和观念标志，通过典型员工可形象、具体地表明"何为工作积极""何为工作主动""何为敬业精神""何为成本观念""何为效率高"，从而提升员工的行为。上述的这些行为都是很难量化描述的，只有具体形象才可使员工充分理解。

5. 权威宣讲

引入外部的权威进行宣讲是一种建设企业文化的好方法。

6. 外出参观学习

外出参观学习也是建设企业文化的好方法，这无疑向广大员工暗示：企业管理当局对员工所提出的要求是有道理的，因为别人已经做到这一点了，而我们没有做到这些是因为我们努力不够，我们应该改进工作向别人学习。

7. 企业故事

有关企业的故事在企业内部流传，会起到企业文化建设的作用。

8. 企业创业、发展史陈列室

陈列一切与企业发展相关的物品。

9. 文体活动

文体活动指唱歌、跳舞、体育比赛、国庆晚会、元旦晚会等，在这些活动中可以把企业文化的价值观贯穿进行。

10. 引进新人，引进新文化

引进新的员工，必然会带来一些新的文化，新文化与旧文化融合就形成另一种新文化。

11. 开展互评活动

互评活动是员工对照企业文化要求当众评价同事工作状态，也当众评价自己做得如何，并由同事评价自己做得如何，通过互评运动，摆明矛盾、消除分歧、改正缺点、发扬优点、明辨是非，以达到工作状态的优化。

12. 创办企业报刊

企业报刊是企业文化建设的重要组成部分，也是企业文化的重要载体。企业报刊更是向企业内部及外部所有与企业相关的公众和顾客宣传企业的窗口。

7.3.7　案例：淘宝（阿里巴巴）的创业管理

"良好的定位，科学的管理，优秀的服务，出色的盈利模式"使阿里巴巴成为全球首家拥有 210 万商人的电子商务网站，成为全球商人网络推广的首选网站，被大家评为"最受欢迎的 B2B 网站"，如图 7-4 所示。

图7-4　阿里巴巴

在互联网发展的初期，全球互联网所做的电子商务基本上是为全球顶尖的 15% 的大企业服务的。马云是从底层的市场打拼出来的，他生长在私营中小型企业发达的浙江，因此他深知中小型企业的困境，所以他决定选择 85% 的小企业，放弃那 15% 的大企业。马云觉得小企业才是最需要互联网的群体，他们什么都没有，而大企业有自己的信息渠道，有巨额的广告费。马云想要提供这样一个平台，将全球中小型企业的进出口信息汇集起来。

创业初期的企业对人才的需求十分重要。企业的管理者要让员工自己的发展和切身利益与企业发展捆绑在一起，并且要将自己的决策贯彻到企业经营管理的各个环节，让每个员工知道经营管理者的理念。"阿里巴巴"的管理层可以说是绝对豪华。它的顾问是孙正义和前世贸组织总干事萨瑟兰，而在这里，聚集了来自 16 个国家和地区的网络精英，并且，越来越多的哈佛大学、斯坦福大学、耶鲁大学的优秀人才正涌向阿里巴巴。创业 5 年，尤为令人惊讶的是，从来没有人提出来要走，公司最初的 18 个创业者，到现在一个都不少。即使别的公司出 3 倍的工资，员工也不动心。对其中的奥妙，马云也说得很简单，"在阿里巴巴工作 3 年就等于上了 3 年研究生，他将要带走的是脑袋而不是口袋。"

正确、严格的财务控制是新创企业和小公司成败的关键之一。企业财务管理首先应该关注现金流量；其次，要加强企业财务风险控制。

成才期的公司需要大量的运营资本来应付快速增长的应收账款和存货，举债经营成为企业发展的突起之一。 阿里巴巴网站注册成立一个月后，由高盛牵头的 500 万美元风险资金立即到账。1999 年，马云得到孙正义的赏识，单独谈判后，获得 3500 万美元的风险投资。2000 年，阿里巴巴引进软库的 2000 万美元投资，2003 年，阿里巴巴投资 1 亿元人民币推出淘宝网，致力打造全球最大的个人交易网站，2004 年 7 月，又追加投资 3.5 亿元人民币，2005 年 10，再次追加投资 10 亿元人民币。2003 年 10 月，阿里巴巴创建独立的第三方支付平台——支付宝，正式进军电子支付领域，目前，支付宝已经和国内的工商银行、建设银行、农业银行和招商银行，国际的 VISA 国际组织等各大金融机构建立战略合作，成为全国最大的独立第三方电子支付平台。2005 年 8 月，阿里巴巴和全球最大门户网站雅虎达成战略合作，阿里巴巴兼并雅虎在中国的所有资产，阿里巴巴因此成为中国最大的互联网公司。

一个优秀的创业家，可以不具有精深的技术知识，但必须具有强烈的创新精神和创业意识，有追求成就的欲望，富于冒险精神、忍耐力，具有敏锐的洞察力和高超的决策水平。

阿里巴巴的创始人马云成为中国电子商务网站的开拓者。他曾经说过："我自己觉得，算，算不过人家，说，说不过人家，但是我创业成功了。如果马云创业成功了，我相信 80% 的年轻人创业都能成功。"大学生可以自主创业，但是不能只因一时冲动就毫无计划地去创业。我们应该优先考虑自己条件，是否具备创业者得素质、敏锐的市场洞察力、高超的决策能力。